COMUNIDADES QUILOMBOLAS NA AMAZÔNIA
EXPERIÊNCIAS, IDENTIDADES EM (RE)CONSTRUÇÃO NO TAMBAÍ-AÇU

Editora Appris Ltda.
1.ª Edição - Copyright© 2023 da autora
Direitos de Edição Reservados à Editora Appris Ltda.

Nenhuma parte desta obra poderá ser utilizada indevidamente, sem estar de acordo com a Lei nº 9.610/98. Se incorreções forem encontradas, serão de exclusiva responsabilidade de seus organizadores. Foi realizado o Depósito Legal na Fundação Biblioteca Nacional, de acordo com as Leis nos 10.994, de 14/12/2004, e 12.192, de 14/01/2010.

Catalogação na Fonte
Elaborado por: Josefina A. S. Guedes
Bibliotecária CRB 9/870

S586c
2023

Silva, Ellen Rodrigues da
  Comunidades quilombolas na Amazônia : experiências, identidades em (re)construção no Tambaí-Açu / Ellen Rodrigues da Silva. – 1. ed. – Curitiba : Appris, 2023.
  250 p. ; 23 cm. – (Educação, tecnologias e transdisciplinaridades).

  Inclui referências.
  ISBN 978-65-250-5074-4

  1. Quilombolas – Amazônia. 2. Trabalho. 4. Capital (Economia). I. Título. II. Serie.

CDD – 305.8

Livro de acordo com a normalização técnica da ABNT

Appris
editora

Editora e Livraria Appris Ltda.
Av. Manoel Ribas, 2265 – Mercês
Curitiba/PR – CEP: 80810-002
Tel. (41) 3156 - 4731
www.editoraappris.com.br

Printed in Brazil
Impresso no Brasil

Ellen Rodrigues da Silva

COMUNIDADES QUILOMBOLAS NA AMAZÔNIA
EXPERIÊNCIAS, IDENTIDADES EM (RE)CONSTRUÇÃO NO TAMBAÍ-AÇU

FICHA TÉCNICA

EDITORIAL	Augusto V. de A. Coelho
	Sara C. de Andrade Coelho
COMITÊ EDITORIAL	Marli Caetano
	Andréa Barbosa Gouveia - UFPR
	Edmeire C. Pereira - UFPR
	Iraneide da Silva - UFC
	Jacques de Lima Ferreira - UP
SUPERVISOR DA PRODUÇÃO	Renata Cristina Lopes Miccelli
ASSESSORIA EDITORIAL	Débora Sauaf
REVISÃO	Juliane Soares
	Rafaela Mustefaga Negosek
PRODUÇÃO EDITORIAL	William Rodrigues
DIAGRAMAÇÃO	Andrezza Libel
CAPA	Lívia Costa

COMITÊ CIENTÍFICO DA COLEÇÃO EDUCAÇÃO, TECNOLOGIAS E TRANSDISCIPLINARIDADE

DIREÇÃO CIENTÍFICA: Dr.ª Marilda A. Behrens (PUCPR) — Dr.ª Patrícia L. Torres (PUCPR)

CONSULTORES:

- Dr.ª Ademilde Silveira Sartori (Udesc)
- Dr. Ángel H. Facundo (Univ. Externado de Colômbia)
- Dr.ª Ariana Maria de Almeida Matos Cosme (Universidade do Porto/Portugal)
- Dr. Artieres Estevão Romeiro (Universidade Técnica Particular de Loja-Equador)
- Dr. Bento Duarte da Silva (Universidade do Minho/Portugal)
- Dr. Claudio Rama (Univ. de la Empresa-Uruguai)
- Dr.ª Cristiane de Oliveira Busato Smith (Arizona State University /EUA)
- Dr.ª Dulce Márcia Cruz (Ufsc)
- Dr.ª Edméa Santos (Uerj)
- Dr.ª Eliane Schlemmer (Unisinos)
- Dr.ª Ercilia Maria Angeli Teixeira de Paula (UEM)
- Dr.ª Evelise Maria Labatut Portilho (PUCPR)
- Dr.ª Evelyn de Almeida Orlando (PUCPR)
- Dr. Francisco Antonio Pereira Fialho (Ufsc)
- Dr.ª Fabiane Oliveira (PUCPR)
- Dr.ª Iara Cordeiro de Melo Franco (PUC Minas)
- Dr. João Augusto Mattar Neto (PUC-SP)
- Dr. José Manuel Moran Costas (Universidade Anhembi Morumbi)
- Dr.ª Lúcia Amante (Univ. Aberta-Portugal)
- Dr.ª Lucia Maria Martins Giraffa (PUCRS)
- Dr. Marco Antonio da Silva (Uerj)
- Dr.ª Maria Altina da Silva Ramos (Universidade do Minho-Portugal)
- Dr.ª Maria Joana Mader Joaquim (HC-UFPR)
- Dr. Reginaldo Rodrigues da Costa (PUCPR)
- Dr. Ricardo Antunes de Sá (UFPR)
- Dr.ª Romilda Teodora Ens (PUCPR)
- Dr. Rui Trindade (Univ. do Porto-Portugal)
- Dr.ª Sonia Ana Charchut Leszczynski (UTFPR)
- Dr.ª Vani Moreira Kenski (USP)

Às flores e borboletas de Oyá.

À experiência quilombola...

Tia Cecília

AGRADECIMENTOS

Agradeço por estar neste plano, cumprindo a tarefa de manter viva a história dos que construíram, a partir do trabalho, os chãos e terreiros das Comunidades Quilombolas. Assim, venho construindo esse processo de gratidão, pois a oportunidade de ter entrado no curso de Pós-Graduação em Educação e Cultura vem me fazendo refletir sobre a gratidão, como um ato coletivo, já que o processo de mestrado envolveu "coletivos de gente", como um grande "mutirão".

Esses "coletivos de gente" materializaram o "eu" nesse processo chamado mestrado, ou seja, sem esses "coletivos de gente" não teria chance alguma. Os processos que envolveram o trabalho nesta pesquisa se configuraram como o próprio princípio educativo, pois, à medida que avançavam a investigação e as análises e (re)construía o objetivo deste estudo, eu também, envolvida com as experiências de bem viver do povo quilombola, fui me (re)construindo e me humanizando. O processo desta obra me tornou, portanto, mais humana, mais feliz.

Dessa forma, arrisco-me a listar os coletivos que me ajudaram a construir este processo educativo do trabalho de pesquisa.

Agradeço aos seres de luz, guias, orixás.

Agradeço ao chão do terreiro de meus ancestrais, que sustentam minhas raízes, em nome de minha avó (mãezinha) Maria Lima da Silva, mulher negra, descendente de pretas e pretos do Maranhão.

Agradeço também aos meus outros avós: Francisco Dorin, Francisco Acácio (*in memoriam*), Maria Acácio (*in memoriam*). Com eles, aprendi sobre a humildade e a luta dos/das trabalhadores/as.

Agradeço aos meus pais, Antonio e Marinete, pela oportunidade de viver.

Agradeço à minha família, aos meus irmãos, Eliton, Elke e Egilla, em especial à minha mãe/mulher, Dona Nete, que, desde o momento em que concebeu seus quatro filhos, precisou abdicar de seus sonhos para dar condição para que pudéssemos construir os nossos. Mãe, você é a minha luz companheira!

Agradeço aos homens, companheiros da vida: Aldo Serrão, que acredita na minha pessoa, no meu ser mulher e, nesta caminhada, tem sido meu "guru" no trabalho de construção do conhecimento e da vida, e ao meu filho Eduardo, que não me deixa esquecer ao dizer: "Mãe, a vida não é só estudar, estudar...", ou seja, trabalhar, trabalhar.

Agradeço aos meus amigos/às camaradas fiéis; aos que já não estão mais neste plano, mas de quem possuo muito do que ficou; aos que estão longe, mas que tiram uns minutos de sua vida pra enviar mensagem, a exemplo do camarada Dedé Brandão, ao dizer: "Força na caminhada, companheira, estamos torcendo por você!"; aos que estão perto, contribuindo com a escuta atenta e as críticas necessárias; e aos que estão do meu lado: Dona Shirley, Sr. Sérgio, Eliana, Aguinaldo, pela parceria; ao grupo de oração São Benedito, pela ajuda ao equilíbrio, e a todos do ramal Sete Irmãos, em nome dos quilombolas Dona Maria e Patrício, nossos curandeiros.

Agradeço ao Melque e à Morena, por contribuírem com o meu crescimento cultural; à Suzi e ao Marcio, pela recepção carinhosa e atenciosa no estado do Acre e na Universidade Federal do Acre (Ufac); à cunhada Adriana, companheira incansável; à cunhada Maria (tia Maroca), pelas orações; ao Sr. Mimico, companheiro das madrugadas (de luar e de chuva), ao me levar até o barco nas tantas viagens que fiz a Cametá; à Dona Jandira, sempre preocupada ao dizer: "Já se alimentou?"; à Crislene, mulher guerreira, pelo respeito e reconhecimento da minha luta, e à Claudilene, pelas boas energias; à Erica, por torcer pelo meu sucesso, e à Lidiane, por acreditar que é possível.

Agradeço ao professor Edir (mocajubano), parceiro que me recebeu respeitosamente em sua casa em Cametá (PA), obrigada pela escuta e pela crítica atenta, pelos mapas tão bem elaborados; à professora Zenaide, grande mulher, parceira, que também me recebeu em sua casa em Cametá, agradeço pelas resenhas diárias que tantas vezes me fizeram sorrir e me emocionar; e à Dona Luciane, nossa cuidadora de Cametá.

Agradeço a Eder Jacson (mocajubano), meu irmão, grande parceiro, da ajuda mútua, prova de que no mestrado, podemos sim, fazer amizades, partilhar angústias, até mesmo compartilhar orientações; e à Carlene Serrão, grande mulher, parceira (desde a graduação), de olhar no olho e dizer: "Siga firme, mulher!".

Agradeço aos meus professores, da educação infantil ao mestrado, pela formação humana do saber ser... Em especial ao meu orientador professor Dr. Doriedson S. Rodrigues, exemplo de superação humana, que acreditou no meu projeto, que procurou entender o meu objetivo e que mutuamente ajudou-me a caminhar com passos firmes na pesquisa, incentivando-me e dizendo: "Ellen, leia! Estude! Anote! Escreva! Não canse!".

Agradeço a todos os professores do curso de mestrado, bem como a toda a turma 2017 do PPGEDUC, com quem aprendi que a parceria deve estar além dos projetos e das conquistas individuais. Nesse espaço, construí grandes amizades que adicionaram muita sabedoria à minha vida, como a das camaradas "minhas irmãs": Sara, Ilda, Nancy, Antonilda, Sirlane, Dilma, Joênia, Isabel, Geanice, Marianela, Leidiane, Carla Alice, e dos camaradas "meus irmãos": Eder, Laércio, Dori, Dércio, Oberdan e Alexandre.

Agradeço ao Grupo de Estudos e Pesquisas sobre Trabalho e Educação (Gepte), que, mesmo diante das contradições inerentes ao meu objeto e aos estudos de Karl Marx (1818-1883), procurou respeitar a pesquisa e contribuir com críticas atentas. E, neste sentido, registro ainda agradecimentos ao grupo de pesquisa – Minka do GT 9 – Anped, que se desponta nos caminhos do método dialético materialista histórico a pensar-fazer pesquisas sobre economia-cultura, cujas discussões me mobilizam. Nesta partilha do fazer científico, agradeço a todos os membros em especial ao companheiro cubano Prof. Dr. Jesús Jorge Pérez Garcia pela leitura atenta na fase de revisão deste livro.

Igualmente, agradeço à mulher/professora Dr.ª Benedita Celeste M. Pinto (UFPA), por aceitar contribuir com seu olhar analítico e pela atenciosa recepção em sua biblioteca particular.

Agradeço à mulher/professora Dr.ª Lia Tiriba (UFF), por atender ao nosso chamado e se prontificar a contribuir na construção deste trabalho.

Agradeço à mulher/professora Dr.ª Mara Rita Duarte Oliveira (UFPA), pelas contribuições por meio das atentas críticas.

Agradeço à turma de licenciatura em Educação do Campo (2016), do polo universitário Sérgio Maneschy da UFPA, em Mocajuba, e ao Fórum Mocajubense de Educação do Campo (Formec), em nome do Professor e amigo Dr. Oscar Barros (UFPA), pelo espaço sempre aberto aos estudos e debates sobre a realidade quilombola do Campo de Mocajuba (PA).

Agradeço à Escola Municipal Raimundo da Costa Caldas, onde trabalho como professora da educação básica, em especial aos professores Isaac Caldas e Leomara Pantoja, por compreenderem a estrada que estou caminhando; ao João Paulo Alves, pela generosidade em ouvir minhas dúvidas e abrir as portas de sua biblioteca particular; aos companheiros do transporte que nos leva todos os dias ao trabalho, obrigada pelas conversas irreverentes que tiram a tensão da rotina e tornam a labuta mais leve; bem como à companheira Professora Andresa, que, na reta final da escrita da obra, auxiliou-me em sala de aula.

Agradeço à Comunidade Quilombola do Tambaí-Açu e à Associação da Comunidade Remanescente de Quilombo Tambaí-Açu (ACREQTA), por terem me adotado como quilombola de raízes maranhenses, oportunizando-me a experiência de ser aquilombada nesta comunidade que amo e por me tratarem como igual na diferença; em especial ao quilombola Raimundo Maria, nosso presidente (até 2021), à quilombola Professora Livramento, lutadora da Educação Escolar Quilombola, e à quilombola Professora Ligiane, defensora das crianças quilombolas; à quilombola Tia Cecília, matriarca, símbolo de sabedora, à quilombola Dona [tia] Biro, minha parceira das ervas e flores; ao quilombola Sr. Manduca, homem simples e sábio; ao quilombola Diácono Junior Neves e à sua esposa, quilombola Dona Rosa, exemplos de serenidade; à quilombola Dona Nazaré, sempre firme na fé; ao quilombola Sr. Dico, exemplo de luta, e à sua esposa, quilombola Dona Terce, pela atenção carinhosa; ao quilombola Sr. Raimundo, grande camarada, grande músico; ao quilombola Sr. João Caldas (*in memoriam*), exemplo de firmeza e coragem, símbolo cultural; ao quilombola Sr. Ananias, exemplo de entusiasmo e de orgulho de ser o que é, seu sorriso nos preenche com alegria; ao quilombola Sr. Adilson, grande homem, e à sua mãe, quilombola Tia Sabá, dona do glorioso São Benedito do Tambaí-Açu; à jovem quilombola Dayrlem, pelo respeito e pela esperança de que outro mundo é possível, e às quilombolas Deisi e Deuza, pela amizade; aos quilombolas Tiago e Marcia, pela esperança renovada.

Agradeço ao trio (mulheres de garra): professora Ana Mira Valente, pela atenção, cuidado à leitura perspicaz a este trabalho e aos artigos, que sempre lê antes de submetê-los a eventos; à comadre professora Carmem Lúcia (*in memoriam*), pelo cuidado e carinho; e à Mariza, pela dedicada alegria.

Agradeço à Mayara e à sua mãe (mãezona), Dona Maroca, ao Carlos Alberto, à Andreia e à Marlecy, pela acolhida carinhosa em Belém para os diversos seminários e encontros que precisei participar no campus de Belém da Universidade Federal do Pará.

Agradeço a todos por existirem, esta obra se configura como resultado desse mutirão. Trabalho de pesquisa que se alimentou da experiência do trabalho solidário, colaborativo, festivo e humanizante do povo quilombola de Tambaí-Açu. Portanto, jamais poderei dizer que se trata de um trabalho individual, pois este é nosso.

*Eu percebo que as pessoas são felizes no mutirão.
Eles participam feliz, ninguém cria dificuldade pra ir
pro mutirão, o mutirão já é cultural pra nós.
A gente convida e as pessoas vão. Quando a gente tá lá,
no mutirão, a gente percebe eles felizes ajudando
um ao outro. Eles são felizes ajudando o outro.*

(Irlê, 21 anos, 17 out. 2018).

*Em todos os aspectos do trabalho que vejo, o mutirão,
de todas as formas foi quem contribuiu muito pra que a gente pudesse ter uma
comunidade formada e hoje reconhecida, identificada como comunidade quilombola.
Uma comunidade que é de um povo, que tem uma história.*

(Mundico, 45 anos, 11 abr. 2018).

*Os cunvidados de certo ajudou muito
a organizar a comunidade.*

(Tia Preta, 87 anos, 26 nov. 2018).

PREFÁCIO

Os quilombos Contemporâneos da Região do Tocantins/Pará e as Estratégias de Lutas e Resistências dos seus Habitantes

É com muita alegria que tenho a honra de apresentar esta obra, *Comunidades Quilombolas na Amazônia: experiências, identidades em (re)construção no Tambaí-Açu*, de autoria da professora/pesquisadora Ellen Rodrigues da Silva, mulher preta, como se autoidentifica, integrante de vários grupos de estudos e pesquisa, além de militante do *Movimento Negro Quilombola de Mocajuba*, no qual participa diante de lutas, principalmente, relacionadas a Educação Quilombola da região Tocantina, no norte da Amazônia. Neste livro, Ellen R. Silva analisa, a partir das materialidades produtivas da Comunidade Quilombola Tambaí-Açu, no município de Mocajuba, nordeste paraense, a (re)construção da(s) identidade(s) na contradição capital-trabalho. Em diálogos com estudiosos que se ocupam do processo histórico de resistências negra ao estado opressor, que os mantinha em cárcere, no período escravista, evidencia as fugas e a formação de quilombos, na Amazônica, entre os séculos XVIII e XIX.

Na Região do Tocantins, nordeste do Pará, várias povoações negras rurais têm suas origens sinalizadas pela existência de redutos de fugitivos, de resistentes do processo escravista, cujos traços culturais são fortemente marcados pela mistura de crenças e credos religiosos afros e indígenas, que ao constituírem os mocambos ou quilombos nessa região, compartilhavam meios de crer, lutar e sobreviver. Ao serem perseguidos pelas autoridades legais, espalhavam-se pelas matas, criavam outros redutos negros, gerando, portanto, estratégias de resistências (PINTO, 2004). Sem dúvidas, o processo escravista brasileiro não se deu de forma passiva, uma vez que negros e negras levados à condição de escravizados desenvolveram estratégias de lutas e resistências, construíram histórias contra a escravidão, impondo-se de diversas formas por liberdade, que foram essenciais para a constituição dos redutos de negros resistentes à escravidão, os quilombos. Conforme afirma Funes (1996), não houve aceitação tácita do escravizado à sua condição social, "por um lado e, por outro, uma benevolência explícita, ou mesmo implícita, dos senhores". Deixando evidente que a luta de classe não deixou de existir, e isso ocorria de várias formas, era no cotidiano que o escravizado construía a sua contraordem escravista (FUNES, 1996, p. 472).

Contudo, Ellen R. Silva afirma que embora as pesquisas demonstrem como ocorrem as relações de trabalho no "antagonismo com o capital e de como se dão as mediações/contradições nesse processo, ainda não se realizaram na região compreendida neste contexto, nos municípios do nordeste paraense e suas comunidades quilombolas". E tentando preencher as lacunas, ainda existentes no campo científico, sobre as comunidades tradicionais quilombolas e seus processos de resistência e de (re)construção das identidades, considerando as mediações e contradições entre Trabalho-Capital. Essa luta se configura no trabalho dos mutirões (forma de trabalho coletivo, associado), "organizados na Comunidade Quilombola Tambaí-Açu e o trabalho estranhado (próprio do modo de produção capitalista), operado pelo monocultivo intensivo da pimenta-do-reino, implantado na região nordeste paraense, especificamente no município de Mocajuba (PA), desde a década de 1970, que perdura até o tempo histórico presente".

Na concepção da pesquisadora Ellen R. Silva, "os mutirões quilombolas se configuram como trabalho que se opõe ao trabalho nos pimentais, pois é colaborativo, festivo, criativo e os definiu e os definem até o tempo histórico presente, em organização como comunidade quilombola". Desta forma, os saberes do trabalho, materializados no mutirão quilombola, compõem as materialidades objetivas e subjetivas da produção da vida na Comunidade estudada, "baseados na caça, na agricultura, na pesca, na colheita de frutos, nos 'retiros' e/ou casa de forno, no fazer da roça, da farinha de mandioca, na brincadeira do ganzá e samba-de-cacete, na comercialização, ou seja, no fazer(-se) educativo do trabalho". Neste sentido, segundo afirma esta autora, "os saberes sociais revelam como ocorreram as transformações no trabalho, operadas pelas reproduções ampliadas do capital, na Comunidade Quilombola Tambaí-Açu, a partir da década de 1970, no âmbito das reproduções ampliadas da vida, a exemplo do processo salarial operado a pagar a produtividade diária dos trabalhadores nos grandes pimentais, impactando os mutirões quilombolas e suas manifestações culturais, como o banguê e o samba-de-cacete".

Nas afirmações da autora, o saber (social) resulta do trabalho, produz cultura, a "cultura do trabalho", materializada nos saberes sociais do trabalho, como "vem sendo construído nas Comunidades Quilombolas". "Saberes que resistem, contrariando a lógica do mercado pensada de forma unilateral, centrada no consumo, no lucro e no acúmulo por meio do trabalho individualizado. Já os saberes, historicamente construídos pelos quilombolas, têm como principal objetivo o contrário, ou seja, a produção da subsistência das famílias, em que comercializam apenas o excedente e ainda produzem sentimentos, valores, cultura".

Ellen R. Silva destaca em suas análises, a partir das narrativas das pessoas entrevistadas, que *"a comunidade mudou muito"* "com as transformações das relações de trabalho, ao longo da história, os quilombolas resistem. Suas comunidades persistiram, mesmo com as investidas do capital, operadas através, do monocultivo intensivo da pimenta-do-reino, a fim de suprir às necessidades do mercado mundial". Visto que, "suas formas de trabalho, com base nos mutirões quilombolas, se contrapõem à lógica do sistema capital, pois os mutirões quilombolas se configuram em um trabalho associado. Nessa perspectiva, mesmo tendo absorvidos aspectos da lógica do mercado, como o ato de trabalhar por diárias nos grandes pimentais, os mutirões quilombolas formam a unidade dos saberes do trabalho, (re)construídos como resistência, na Comunidade Quilombola Tambaí-Açu, já que "o capital não dá opções de escolha, as escolhas são (re)construídas. Os quilombolas (re)constroem a escolha de sobreviverem na produção da vida, para isso precisam (re)criar saberes colaborativos, pois viver em comunidade, coletivamente, tornou-se possibilidade de sobrevivência e luta por direitos".

Desta forma, segundo analisa muito bem a pesquisadora Ellen R. Silva, os saberes sociais que se inter-relacionam na Comunidade Quilombola Tambaí-Açu, também são resultantes das "materialidades produtivas ou saberes do trabalho, que se configuram em objetividades e subjetividades, experiências e costumes herdados, e que designam os traços da (re)construção da(s) identidade(s) quilombola". Assim sendo, as "experiências dos sujeitos, em condição de "pretas velhas e pretos velhos", tanto da produção objetiva, "quanto subjetiva da vida, repassam como um dever aos mais jovens a racionalidade quilombola, a exemplo do trabalho colaborativo, festivo dos mutirões". Visto que, na prática de trabalho dos mutirões quilombolas, forma-se a unidade de saberes, da experiência da comunidade estudada, "onde os saberes se cruzam, no fazer(-se) educativo do trabalho", quando crianças, jovens e adultos "aprendem como é ser quilombola, a partir do significado dos seres da natureza, "os encantados", do ser do outro, do modo de se falar, das músicas, danças do banguê e do samba-de-cacete, da devoção aos Santos e Santas", e, principalmente, " respeitar e desejar o *bem viver* de todas e todos na comunidade".

Nas evidências apontadas pela pesquisadora, os atos de cooperatividade, como os praticados em Comunidades Quilombolas, como é ocaso de Tambaí-Açu, até os dias atuais, unem forças através de mutirões para contribuírem um com o outro na produção da vida. Uma vez que através dos mutirões, a produção material da vida nesta comunidade se (re)constrói, assim como a identidade, no movimento constante de si, para si, como processo da formação da classe econômico-cultural. Ellen R. Silva ressalta muito bem, nesta obra, que lutas da população quilombola da região do Baixo Tocantins vai muito além da reivindicação pelo direito de posse da terra quilombola. E, o mutirão produz a consciência da necessidade de se organizar, de lutar por seus direitos. "O mutirão vive e se (re)constrói nas ações que o unem, ao se mobilizar para (re)construir o barracão, limpar o terreiro para as festas dos Santos, nas ações que realizam em prol da luta por direitos, ao se mobilizarem para dialogar com o governo municipal. Assim, resiste em ações na comunidade realizada em prol de alguém que está doente, ao irem fazer os serviços do roçado deste (doente); resiste em atitudes, como, por motivo de morte, silenciam em coletivo durante muitos dias, respeitam o preceito; resiste quando acompanham as grávidas, fazendo visitas, orações; resiste ao respeitarem os donos dos Santos da Comunidade". "Á medida que ganham consciência de si, percebem, através do ato educativo dos mutirões, que é este que os humaniza, ou seja, não é o trabalho estranhado, configurado no escravismo e nas diversas formas do modo de produção capitalista, como ainda experiencia a comunidade Quilombola do Tambaí-Açu ao vivenciarem (nem todos) os pimentais da região no entorno à comunidade".

Assim sendo, conforme analisa Ellen R. Silva, os quilombos (re)construíram resistências, como os mutirões, para encararem a realidade individualista imposta pelo capital. "Com a travessia de segunda ordem, operada pelo monocultivo intensivo da pimenta-do-reino, o tempo se tornou fragmentado, impactando o mutirão, que, em sua liberdade, criatividade, cultura e doação, é capaz de unir forças para o trabalho e ser contrário à forma fragmentada, parcelada e empreendedora dos pimentais, que somente visam o trabalho para produção e lucratividade" Nestas condições, "o mutirão (re)construído, continua contribuindo para a identidade social desse povo, que, organizados em Associação, como determinação do Estado".

Para Ellen R. Silva a identidade quilombola "é fruto dos "chãos" do trabalho construído pelas mãos (corpos) das negras e negros, que, ao construírem a história, com base nas experiências da vida, se identificam e se (re)afirmam pertencentes ao povo trabalhador. Isto ocorre, pela resistência e sobrevivência à reificação, cada vez mais intensa, do capitalismo. Se organizam, definem seu projeto de sociedade, de viver e permanecer no campo, produzindo a vida, (re)construindo constantemente a consciência de ser social. Quilombolas que se (re)constroem todos os dias, com base na herança das pretas e pretos velhos". E, todo esse movimento perpassa pela (re)construção da(s) identidade(s) na contradição Trabalho-Capital. Identidades (re)construídas na resistência alicerçada em uma extraordinária vivência humana, que mescla saberes ancestrais com saberes modernos. Dialeticamente, busca se afirmar como *identidade de projeto*, fundamentada em uma nova forma de viver solidária e sustentável, onde a centralidade do ser humano se sobrepõe à questão econômica, tornando o processo mais humano, rompendo com a lógica predadora do capital imposta aos homens e à natureza, projetando-se como uma proposta de Bem Viver. Contudo, conforme nos alerta sabiamente Ellen R. Silva, "apesar das evidências do fracasso do capitalismo como projeto societário e da força transformadora do projeto de Bem Viver, é necessário intensificar o debate, apropriar-se da educação como princípio educativo do trabalho", que educam as crianças e os jovens da classe econômica cultural, que vive do trabalho e está em constante formação, nesta instigante obra, **Comunidades Quilombolas na Amazônia: experiências, identidades em (re)construção no Tambaí-Açu,** que com honradez apresento a você leitor(a).

Prof.ª Dr.ª Benedita Celeste de Moraes Pinto
FACHTO- PPGEDUC/UFPA-Cametá
Líder dos Grupos de Pesquisa HELRA & QUIMOHRENA

APRESENTAÇÃO

A Amazônia, uma totalidade de diversidades, como o território do Baixo Tocantins[1], no Estado do Pará, com o município de Mocajuba nele presente, tem muito a nos dizer sobre modos de produzir a vida que se contrapõem ao modo de produção capitalista, embora por ele também sejam atravessados por suas mediações de segunda ordem, contra as quais homens e mulheres das Amazônias resistem e lutam em suas *práxis* produtivo-político-organizativas, como o presente livro, de autoria da pesquisadora Ellen Rodrigues da Silva, expressa, considerando a história de homens e mulheres da Comunidade Quilombola de Tambaí-Açu.

E esse nos dizer tem muita importância quando consideramos que o modo de produção capitalista não permite à humanidade, em sua totalidade, vivenciar os resultados do trabalho humano, materializado, por exemplo, em tecnologias de saúde, produções culturais diversas, produção de alimentos, educação, desportos, dentre outras conquistas da engenhosidade decorrente desse trabalho. Pelo contrário, produz e intensifica desigualdades sociais, promovendo a miséria, a pobreza, o silenciamento de culturas e identidades, necessários para que o seu sociometabolismo se perpetue, como destaca Rodrigues (2020, p. 167)[2]:

> [...] a negação das experiências culturais, sociais, econômicas e políticas dos trabalhadores é condição importante para o desenvolvimento do sociometabolismo do capital, à medida em que se promove um processo de homogeneização dos sujeitos, ao serem silenciadas as subjetividades presentes em saberes diversos decorrentes do mundo do trabalho. Diante dessa situação, criam-se as condições para que os trabalhadores assumam subjetividades de interesses do capital, como se suas fossem, conforme destacam Marx e Engels (2007)[3], anulando-se as contradições vividas pela classe trabalhadora [...].

---

[1] De acordo com Rodrigues; Castro (2022, p. 177): "O Baixo Tocantins é uma das regiões de colonização mais antigas do estado do Pará, Amazônia, sendo constituído por sete municípios – Abaetetuba, Igarapé-Miri, Limoeiro do Ajuru, Cametá, Mocajuba, Baião e Oeiras do Pará".

[2] RODRIGUES, D. S. A integração saberes e conhecimentos escolares em processos formativos de trabalhadoras e trabalhadores em/a partir do contexto amazônico paraense. Revista Humanidades e Inovação, v. 7, nº 12, 2020.

[3] MARX, K; ENGELS, F. A Ideologia Alemã. São Paulo: Martin Claret, 2007.

Trata-se de um modo de produção que pressupõe a constituição de necropolíticas para se manter hegemônico, no sentido proposto por Mbembe (2018)[4], aí incluídas as políticas para que os territórios de produção da vida de povos e comunidades tradicionais de nossas amazônias, pautados no trabalho associado, por exemplo, sejam homogeneizados, invadidos pelos interesses dos grandes projetos do capital, como a monocultura da pimenta do reino, que impõe o trabalho do tempo do relógio ao trabalho coletivo, mercantilizando a vida, a produção, as relações. Sobre essas lógicas, entretanto, institui-se a resistência, a oposição, construída por homens e mulheres de comunidades quilombolas das Amazônias, como a de Tambaí-Açu, Mocajuba-Pará, analisada pela autora deste livro, a pesquisadora Ellen Rodrigues da Silva.

Entender, pois, como homens e mulheres das Amazônias constituem os fios da história, no interior de contradições de classe, é crucial para que cada vez mais se compreenda, a favor das lutas sociais em prol da vida, que o modo de produção capitalista, com suas subjetividades empreendedoras e alienantes, que naturalizam desigualdades sociais e produzem a morte, não se apresenta como única e inexorável forma de organização da vida, como salientam, com base em Raymond Williams (2011)[5], Kuenerz e Tiriba (2022, p. 2864)[6], para as quais, "[...] embora o modo de produção capitalista tenha a hegemonia (que não é um conceito estático) sobre outros modos de produção da existência, é preciso considerar o que está "fora" do modo dominante [...]".

E nesse sentido, a pesquisadora Ellen Rodrigues da Silva, integrante do Grupo de Estudos e Pesquisas sobre Trabalho e Educação, da Universidade Federal do Pará, e do MINKA[7], apresenta-nos "Comunidades Quilombolas na Amazônia: experiências, identidades em (re)construção no Tambaí-Açu", analisando como homens e mulheres da comunidade de Tambaí-Açu, mediados pelo trabalho, "[...] constroem processos de resistência, ou não, às determinações do modo de produção capitalista, considerando as

---

[4] MBEMBE, Achille. Necropolítica. 3. ed. São Paulo: n-1 edições, 2018.
[5] WILLIAMS, Raymond. Cultura e materialismo. São Paulo: Editora Unesp, 2011.
[6] KUENERZ, Luciana M. Saldanha; TIRIBA, Lia. Trabalho, educação e cultura: modos de fazer agricultura familiar no Vale dos Lúcios. In: Vol. 14, No 1 (2022): Anais do XIV Colóquio Nacional e VII Colóquio Intern. do Museu Pedagógico e II Seminário Nac. e II Int. do Histedbr.
[7] "Coletivo de Pesquisa, cujo nome é um conceito andino, milenar, de origem quéchua e que se refere a práticas econômicas e culturais que têm por base o trabalho coletivo e o valor-comunidade". Definição de Profa. Dra. Lia Tiriba (UFF/BRASIL) em Resumo Expandido de Painel Temático "Trabalho-Educação, economia, cultura e produção de saberes em povos e comunidades tradicionais", submetido à 41ª Reunião Nacional da ANPED, 2023.

reproduções ampliadas da vida e as reproduções ampliadas do capital [...]", considerando a possibilidade do estabelecimento de "[...] mediações que (re)constroem suas identidades como classe" (SILVA, 2023, p. 34).

Sob esse norte, a pesquisadora nos mostra evidências das transformações do mundo trabalho, a partir da monocultura da pimenta do reino no município de Mocajuba, decorrente dos interesses do sociometabolismo do capital, e seus impactos nas experiências econômico-culturais de homens e mulheres da comunidade quilombola de Tambaí-Açu, considerando, para tanto, as contradições de classe.

> Nesses pimentais, as trabalhadoras e trabalhadores quilombolas vivenciaram o trabalho diferente do trabalho da autogestão em suas roças, ou seja, o trabalho no molde fabril, rotineiro, enfadonho, em que não há espaço para o lazer, a festividade, a cultura dos mutirões, do cuidar do outro, do Bem Viver, portanto, o trabalho mecanizado e desumanizado do capital. (SILVA, 2023, p. 209).

Com base no materialismo histórico-dialético, a pesquisadora analisa, pois, o movimento histórico de uma comunidade quilombola que, em oposição aos interesses do capital, luta a favor das reproduções ampliadas da vida, materializadas no trabalho coletivo, contrário ao assalariamento e à produção em larga escala, com a sempre intensificação da divisão do trabalho, unindo forças, como salienta Ellen Rodrigues da Silva, para a presença de produções comunitárias, pautadas na economia e cultura popular, considerando, para tanto, o trabalho nos mutirões oposto ao trabalho dos pimentais, embora também continuem a existir atravessamentos do capital nas experiências históricas da comunidade. Conforme a pesquisadora:

> As mediações de resistências são as próprias reproduções ampliadas da vida. Mediações de primeira ordem, que resistem às mediações de segunda ordem do capital, ao manterem práticas de trabalho e de cultura, como mutirões quilombolas, permeados de saberes ancestrais africanos que se entrecruzam com saberes amazônicos, através de ritmos, batuques e tambores do bangue e samba-de-cacete. (SILVA, 2023, p. 208).

Trata-se de obra importante para se entender e compreender a Amazônia, partindo-se da história de homens e mulheres da comunidade quilombola de Tambaí-Açu, Pará, município de Mocajuba, considerando a unidade trabalho e educação como norte de pesquisa, articulando-se um referencial teórico, com base em Thompson e Marx, dentre outros, que permitiu analisar as contradições capital e trabalho na constituição das identidades do ser social quilombola, em seus processos de lutas de classe.

É obra que nos mostra que *o fim da história*[8] não se constitui realidade, posto que o modo de produção capitalista continua a produzir desigualdades sociais, a promover a ruptura do sociometabolismo seres humanos e outros elementos da natureza, "[...] comprometendo, drasticamente, a vida no planeta em suas diferentes dimensões, como as decorrentes das relações entre trabalho e educação" (FISCHER; RODRIGUES, 2022, p. 2)[9].

É importante livro que nos mostra a "história vista de baixo", conforme Thompson (2012)[10], a partir de "[...] trabalhadoras e trabalhadores que produzem a vida em outros 'chãos' além da fábrica, configurados como experiência vivida singular, reveladora da real possibilidade de (re)construção de outras vivências humanas, solidárias e coletivas" (SILVA, 2023, p. 32), como bem sinaliza Ellen Rodrigues da Silva, a quem agradecemos pela oportunidade de escrita da presente apresentação, bem como pelo companheirismo no fazer científico.

Aos leitores e às leitoras, sejam bem-vindos e bem-vindas ao "Comunidades Quilombolas na Amazônia: experiências, identidades em (re)construção no Tambaí-Açu". Excelente leitura.

Doriedson S. Rodrigues
Doutor em Educação
Docente da Universidade Federal do Pará
Coordenador do GT 09 da ANPED – Trabalho e Educação (2021-2023)
Membro do Grupo de Estudos e Pesquisas sobre Trabalho e Educação – GEPTE

---

[8] Sobre o "Fim da História", sugerimos a leitura de: Uma nota sobre "O Fim da História", de Francis Fukuyama. Carta Capital, 12 de abril de 2019. Brasil Debate. Disponível em: https://www.cartacapital.com.br/blogs/brasil-debate/uma-nota-sobre-o-fim-da-historia-de-francis-fukuyama/. Acesso em: 22 abr. 2023.
[9] FISCHER, Maria Clara Bueno; RODRIGUES, Doriedson do Socorro. Relações seres humanos-natureza: trabalho, cultura e produção de saberes. In: Revista Trabalho Necessário. V.20, nº 43, 2022 (setembro-dezembro).
[10] THOMPSON, Edward Palmer. As peculiaridades dos ingleses e outros artigos. Organização Antonio Luigi Negro e Sergio Silva. 2 ed. Campinas, SP: Editora da Unicamp, 2012.

LISTA DE SIGLAS E ABREVIATURAS

Acreqta	Associação da Comunidade Remanescente de Quilombo Tambaí-Açu
ACS	Assistente Comunitária de Saúde
ADCT	Ato das Disposições Constitucionais Transitórias
Basa	Banco da Amazônia S/A
CNE	Conselho Nacional de Educação
Codosei	Consórcio de Desenvolvimento Socioeconômico Intermunicipal
EJA	Educação de Jovens e Adultos
Emeif	Escola Municipal de Ensino Infantil
Enem	Exame Nacional do Ensino Médio
ESF	Estratégia Saúde da Família
Fapespa	Fundação Amazônia de Amparo a Estudos e Pesquisas
Formec	Fórum Mocajubense de Educação do Campo
IBGE	Instituto Brasileiro de Geografia e Estatística
Inep	Instituto Nacional de Estudos e Pesquisas Educacionais Anísio Teixeira
Iterpa	Instituto de Terras do Pará
Malungu	Coordenação das Associações das Comunidades Remanescentes de Quilombos do Pará
MEC	Ministério da Educação
ONU	Organização das Nações Unidas
PNHR	Programa Nacional de Habitação Rural
Pronaf	Programa Nacional de Fortalecimento da Agricultura Familiar
Proterra	Programa de Redistribuição de Terras
PSE-Q	Processo de Seleção Especial para Indígenas e Quilombolas/UFPA
STTR	Sindicato dos Trabalhadores e Trabalhadoras Rurais
SUS	Sistema Único de Saúde

UFAC   Universidade Federal do Acre
UFPA   Universidade Federal do Pará

SUMÁRIO

INTRODUÇÃO 27
    OS SUJEITOS DA COMUNIDADE QUILOMBOLA TAMBAÍ-AÇU 40
    A COMUNIDADE QUILOMBOLA TAMBAÍ-AÇU: EM ASPECTOS HISTÓRICO, POPULACIONAL, SOCIAL E EDUCACIONAL 43
    O MUNICÍPIO DE MOCAJUBA (PA): DADOS HISTÓRICOS, DEMOGRÁFICOS, ECONÔMICOS, SOCIAIS. 56
    A ESTRUTURA DA EXPOSIÇÃO 62

CAPÍTULO PRIMEIRO
O TRABALHO E O CAPITAL: A CONTRADITÓRIA CONSTITUIÇÃO DO SER SOCIAL 67
    1.1 MULHERES E HOMENS: PRODUTORES E PRODUTOS DO TRABALHO .. 67
    1.2 NO(S) MUNDO(S) DO TRABALHO: MULHERES E HOMENS SE MOVEM E FORMAM SUAS CLASSES 73
    1.3 TRABALHO E CAPITAL: O CONTEXTO DOS ANOS 1970 76

CAPÍTULO SEGUNDO
O TRABALHO PARA O CAPITAL E O TRABALHO PARA OS QUILOMBOLAS 91
    2.1 MUNDIALIZAÇÃO DO CAPITAL E FORMAÇÃO DOS QUILOMBOS: EXPERIÊNCIAS E RESISTÊNCIAS EM COMUNIDADES TRADICIONAIS NO TEMPO HISTÓRICO PRESENTE 92
    2.2 A COMUNIDADE QUILOMBOLA TAMBAÍ-AÇU: EXPERIÊNCIAS DO TRABALHO NO CONTEXTO DA INTRODUÇÃO DO MONOCULTIVO DA PIMENTA-DO-REINO. 101
    2.3 SABERES E RESISTÊNCIAS: EXPERIÊNCIAS DA COMUNIDADE REMANESCENTE DE QUILOMBO TAMBAÍ-AÇU – MOCAJUBA (PA) 112

CAPÍTULO TERCEIRO
OS PROCESSOS DE (RE)CONSTRUÇÃO DAS IDENTIDADES COMO FORMAÇÃO DA CLASSE ECONÔMICO-CULTURAL 121
    3.1 A SOCIALIZAÇÃO QUILOMBOLA DA FORÇA DE TRABALHO: CONTRADIÇÃO CAPITAL-TRABALHO 123

3.1.1 A experiência do trabalho e a produção do ser social coletivo: entre as mediações de primeira ordem e as mediações de segunda ordem do capital............126
3.1.2 Saberes e experiências do trabalho: resistência-aderência ao capital.......135
3.1.3 A Comunidade Quilombola Tambaí-Açu como sentido de trabalho: assimilação e negação de culturas....................149
3.1.4 A Comunidade Quilombola Tambaí-Açu: saberes de resistência e organização em processo....................153
3.1.5 A Acreqta e a educação quilombola: espaços-tempos de lutas.............157
3.2 EXPERIÊNCIAS COLETIVAS DO BEM VIVER: PRÁTICAS DE TRABALHO SOCIALIZADO....................161
3.2.1 O estranhamento do trabalho: resistência econômico-cultural ao capital e à formação da identidade....................174
3.2.2 O papel das mulheres nos processos de resistência quilombola ao capital: o companheirismo na produção da vida............................181
3.3 AS/OS QUILOMBOLAS SENTEM, VIVEM E SÃO COMUNIDADE: ASSIM SE (RE)CONSTROEM E SE FORMAM NO CONSTANTE VIR A SER..............189

CAPÍTULO QUARTO
CONSIDERAÇÕES....................205

REFERÊNCIAS....................221

ENSAIO DE GLOSSÁRIO....................237

INTRODUÇÃO

Esta pesquisa analisa, a partir das materialidades produtivas da Comunidade Quilombola Tambaí-Açu, município de Mocajuba[11], nordeste paraense[12], a (re)construção da(s) identidade(s) na contradição capital-trabalho, como processo com base em Thompson (1987), de formação da classe econômico-cultural, que para Antunes (2009), vive do trabalho e não da exploração do trabalho alheio.

Pesquisas nesse sentido, realizadas no estado do Pará por estudiosas/os, a exemplo de Salles (1988), Gomes (1996, 2006), Reis e Gomes 2012, Funes (2012), Pinto (2001, 2004, 2007), têm apontado principalmente a questão das comunidades quilombolas, enquanto processo histórico de resistência ao estado opressor que as mantinha em cárcere no período escravista, configurado em fugas e formação de quilombos entre os séculos XVIII e XIX na Amazônia.

De tal modo, Salles (1988) analisou diversos documentos e concluiu que o processo do escravismo no estado do Pará não foi diferente das demais regiões do Brasil. A exploração e a violência ocorreram da mesma forma e, como forma de resistência, muitas negras e negros fugiram desse estado opressivo e formaram quilombos, conforme registrado em diversos documentos, inclusive dos governos imperiais no século XVIII e XIX.

Gomes (1996, 2006) e Reis e Gomes (2012) concluíram, por meio de pesquisa documental, etnográfica e memória oral, que o processo de formação de quilombos na Amazônia ocorreu com várias formas de resistência, e afirma que: "Onde houve escravidão houve resistência. E de vários tipos" (REIS; GOMES, 2012, p. 9). No entanto, Reis e Gomes (2012) ponderam que a mais típica das resistências foi a fuga e formação de grupos de fugidos.

Nesse sentido, Funes (2012, p.535) segue a mesma linha de raciocínio de Reis e Gomes (2012), afirmando que a "[...] resistência negra é marcada pela constituição de um espaço social alternativo ao mundo do senhor,

---

[11] Embora esteja essa comunidade localizada, segundo o IBGE, entre os municípios de Baião e Mocajuba (PA), os quilombolas dessa comunidade se identificam como pertencentes somente ao município de Mocajuba, dada a construção histórica desse território e domínio territorial do município de Mocajuba (PA), que os atende como escola, saúde etc.

[12] Sobre a mesorregião do nordeste paraense, ver glossário.

onde ser livre foi a experiência maior", suas análises reverberam a fuga como principal ação de resistência negra, ou seja, a resistência no período escravista. Entretanto, Funes (2012) avança em suas análises, sugerindo que a resistência negra seja analisada por outros olhares, ao reconhecer que a temática da resistência negra no Brasil e na Amazônia ainda é "[...] muito pouco estudada pelos historiadores" (idem, ibidem) e, acrescentamos, por linhas de estudo como a do trabalho-educação.

Igualmente, Pinto (2001, 2004, 2007), ao dedicar anos de estudo de negras e negros do Baixo Tocantins/Pará, concluiu, por meio de etnografia e memória oral, principalmente de mulheres negras, que a formação dos quilombos se deu por meio da fuga no período escravista. No entanto, vai além e afirma que a resistência desses quilombos tem se dado pela organização e afirmação cultural configurada em rituais, danças, ritmos e cantorias, que reafirmam continuamente as resistências desses povos, ao se manterem em comunidades quilombolas até os dias atuais.

Percebe-se, portanto, que todos tiveram como foco de pesquisa os processos históricos da constituição dos quilombos e concluíram que esse processo se deu, principalmente, a partir de fugas das negras e negros, como resistência ao escravismo na Amazônia.

No entanto, pesquisas que demonstram como se dão as relações de trabalho no antagonismo com o capital e de como se dão as mediações/contradições nesse processo ainda não se realizaram na região compreendida nesse contexto, nos municípios do nordeste paraense e suas comunidades quilombolas.

Assim, como forma de preencher as lacunas, ainda existentes no campo científico, sobre as comunidades tradicionais quilombolas e seus processos de resistência e de (re)construção das identidades, este estudo apresenta análises dessa temática, considerando as mediações e contradições entre trabalho-capital. Essa luta se configura no trabalho dos mutirões[13] organizados na Comunidade Quilombola Tambaí-Açu e no trabalho estranhado (próprio do modo de produção capitalista), operado pelo monocultivo

---

[13] Trata-se de forma de trabalho caracterizada como trabalho associado, pois une forças e diminui o dispêndio da força de trabalho. Além disso, é um processo do trabalho permeado de cultura popular: banguê e samba de cacete. Atualmente, embora modificado com as metamorfoses no(s) mundo(s) do trabalho, ainda se mantém a união de forças das trabalhadoras e trabalhadores, e produz, além da subsistência dos povos tradicionais quilombolas, valores, sentimentos, amizade, cuidar do outro, elementos que compõem a cosmovisão do bem viver.

intensivo da pimenta-do-reino[14], implantado na região nordeste paraense, especificamente no município de Mocajuba (PA), desde a década de 1970, que perdura até o tempo histórico presente.

Entende-se, pois, que esse movimento, mediado por contradições entre trabalho e capital, é a base da constante *formação da classe econômico-cultural que vive do trabalho*[15]. O interesse por essa temática tem relação direta com as experiências da autora: pessoal, acadêmica e profissional. As contribuições dessas vivências propiciaram a razão desta pesquisa, pois relaciona-se com a (re)construção da identidade negra da mesma, à medida que avançam os estudos sobre as negras e negros na Amazônia e a inquietação sobre o que é ser "amazônida". Por isso, ao adentrar a Universidade Federal do Pará, em 2007, no Curso de Licenciatura em Pedagogia[16], iniciou pesquisas sobre trabalho, educação, cultura e excluídos.

Como professora da educação básica, lecionou a alunos da educação de jovens e adultos (EJA) e da educação infantil, no município onde nasceu, Santa Luzia do Pará, no período de 2008 a 2011. Em 2012, passou a morar em Mocajuba, também no estado do Pará, e a trabalhar como coordenadora pedagógica[17]. No ano 2014, após ter pleiteado concurso público, tornou-se professora efetiva do município de Cametá (PA)[18]. Em 2015, foi selecionada para fazer o Curso de Especialização em Gestão e Planejamento da Educação[19] e, em 2016, passou a conciliar com a segunda graduação: Licenciatura em Educação do Campo[20].

---

[14] Trata-se do cultivo da pimenta-do-reino, em geral produzida por meio de monocultivo, ou seja, plantações de uma única espécie, voltadas à produção em larga escala, que visam suprir as necessidades do mercado, principalmente internacional.

[15] Ressalta-se que essa noção teórica é resultado das reflexões que vêm se construindo ao longo desta pesquisa. Assim, vem se construindo esse conceito (como primeiras noções) a partir de E. P. Thompson (1924-1993), do que pode ser a formação da classe econômico-cultural, ou seja, nota-se a inversão do conceito pensando por Thompson (1987, p. 13) de que: "[...] a classe é uma formação tanto cultural como econômica". Para as nossas primeiras noções-conceito, a formação da classe é constante e é econômico-cultural, pois a própria classe trabalhadora ao ser compreendida mais amplamente é econômica-cultural e, portanto, encontra-se em experiência nas comunidades tradicionais como as quilombolas. Esse conceito encontra-se em aprofundamento empírico-teórico, compreendendo que *pode vir a ser* pela autora desta exposição.

[16] Como estudante, vivenciou os primeiros passos do polo universitário de Mocajuba, no sistema de Interiorização da Universidade Federal do Pará (UFPA).

[17] De escola pública de 2013 a 2014.

[18] Atuando no espaço rural na escola da Vila do Areião, Cametá (PA).

[19] Campus Universitário do Tocantins/Cametá, da UFPA.

[20] UFPA, Polo Universitário Sérgio Maneschy, de Mocajuba (PA). Ressalto, entretanto, que o curso de especialização teve duração de um ano e meio, o que propiciou a conciliação.

A oportunidade de somar os dois cursos favoreceu o aprofundamento teórico sobre políticas públicas educacionais e, a partir dessa experiência, somada à militância no Fórum Mocajubense de Educação do Campo (Formec[21]), surgiu o interesse em pesquisar "Políticas Públicas e a Qualidade da Educação Escolar Quilombola em Mocajuba"[22].

A aproximação, da pesquisadora, com a comunidade lócus deste estudo se deu, primeiro, em julho de 2011, por meio de atividades acadêmicas realizadas na disciplina FTM[23] de História. Após esse primeiro contato, foram realizadas, na Comunidade Quilombola Tambaí-Açu, oficinas pedagógicas como parte do I Seminário sobre a comunidade em parceria com a Associação da Comunidade Remanescente de Quilombo Tambaí-Açu (Acreqta), com o tema: "Da cultura da floresta à cultura de consumo: transformações e resistências na Comunidade Quilombola Tambaí-Açu".

Nesse evento, como registrado no trabalho de conclusão de curso[24] de Serrão e Correa (2011, p. 14), participou da coordenação do Grupo de Trabalho (GT) Identidade, momento crucial para iniciar a compreensão do papel dos quilombos na formação histórica do município de Mocajuba. Com isso, passou a interessar-se por pesquisas sobre comunidades tradicionais.

Dada a constatação da pesquisa "Políticas Públicas e Qualidade da Educação Escolar Quilombola em Mocajuba/PA", de que a Comunidade Quilombola Tambaí-Açu não acessou algumas políticas públicas, a exemplo das políticas educacionais, voltadas às especificidades quilombolas, interessou-se pelo tema: "Comunidades Quilombolas, transformações e seus processos de Resistência" e, com este, foi aceita no Curso de Mestrado do Programa de Pós-Graduação em Educação e Cultura (PPGeduc) em 2017, o que a levou trancar o Curso de Licenciatura em Educação do Campo.

A oportunidade de adentrar nesse curso de pós-graduação tornou-se um processo importante para o amadurecimento teórico, levando-a à identificação com a linha de pesquisa políticas e sociedades e, no interior dela, pela relação do trabalho-educação, conduzindo-a ao Grupo de Estudos sobre Trabalho e Educação (Gepte). Esse grupo de estudo foi fundamental

---

[21] Ver glossário.
[22] Pesquisa realizada de 2015 a 2016.
[23] Ministrada pelo professor Dr. Edir Augusto Dias Pereira, no interior do curso de Graduação de Licenciatura em Pedagogia – 2007 (UFPA).
[24] Orientado pelo professor Dr. Edir Augusto Dias Pereira (UFPA).

para o debate e crescimento teórico do objeto de pesquisa, bem como tem sido importante para a formação intelectual, dada a relação acadêmica com os seus demais participantes e dirigentes.

Desse modo, consideramos[25] os processos de resistência, bases da (re)construção da identidade quilombola, desde que milhares[26] de seres humanos, de vários territórios africanos, foram trazidos ao Brasil para serem escravizados, por necessidades do capital para sua maximização, ocasionada por sua principal característica, que é a mundialização do mercado (MELLO, 2001).

Esses homens e mulheres, por necessidade de sobrevivência, precisaram (re)criar condições de resistência, saberes que (re)constroem suas identidades, (re)construindo os quilombos. Esses foram analisados a partir de uma das 11 comunidades quilombolas (dados de 2019) do município de Mocajuba (Itabatinga, Mangabeira, Porto Grande, Santo Antonio de Vizeu, São Benedito de Vizeu, Uxizal, Vizânia, Mojutapera, São José de Icatu, Bracinho do Icatu), que é a Comunidade Quilombola Tambaí-Açu[27].

A pesquisa se sustenta na perspectiva qualitativa, com enfoque materialista histórico-dialético. Por isso, entendemos, conforme Araújo (2007, p. 19), que "[...] há unidade entre as dimensões quantitativas e qualitativas dos fenômenos, assim, assumimos um referencial materialista histórico-dialético", pois "[...] é essencial manter presente no espírito o fato de os fenômenos sociais e culturais não estarem 'à reboque', seguindo os fenômenos econômicos a distância: eles estão em seu surgimento, presos na mesma rede de relações" (THOMPSON, 2001, p. 208), consideradas como totalidade social, são a síntese de muitas determinações, isto é, a unidade do diverso (MARX, 2008a, p. 258).

---

[25] Registra-se que a opção da autora em considerar o texto em terceira pessoa, justifica-se pelo entendimento de que este trabalho é resultado de uma relação coletiva entre: autora-sujeitos-orientação. O uso da terceira pessoa, portanto, foi mantido para refletir a natureza do próprio princípio educativo do trabalho que não se faz sem o outro, ou como a própria filosofia Ubuntu nos conduz pensar-fazer "eu sou o que nós somos".

[26] Segundo Reis e Gomes (2012, p. 9), "[...] cerca de 15 milhões ou mais de homens e mulheres foram arrancados de suas terras. O tráfico de escravos através do Atlântico foi um dos grandes empreendimentos comerciais e culturais que marcaram a formação do mundo moderno e a criação de um sistema econômico mundial. A participação do Brasil nessa trágica aventura foi enorme. Para o Brasil, estima-se que vieram perto de 40% dos escravos africanos. Aqui, não obstante o uso intensivo da mão de obra cativa indígena, foram os africanos e seus descendentes que constituíram a força de trabalho principal durante os mais de trezentos anos de escravidão.".

[27] Registra-se que o Pará possui 258 comunidades quilombolas (Comissão Pró-Índio/SP, dados de 2019). Ressalta-se que em Mocajuba atualmente (2021-2023) foram reconhecidas mais duas Comunidades Quilombolas – Mazagão e Igarapé Açu, totalizando-se 13 (treze) Comunidades Quilombolas registradas em 2023.

Para tanto, utilizou-se tais procedimentos: *levantamento documental*, que se deu por meio do estado da arte[28] construído com *observações*, que se deram antes e durante as visitas à comunidade e às residências dos sujeitos entrevistados; *anotações de campo*, realizadas por meio das observações entre 2017 e 2018; e *entrevistas semiestruturadas* (TRIVIÑOS, 1987), aplicadas com os sujeitos intencionalmente escolhidos (MINAYO, 2001). As unidades de registro coletadas foram *analisadas* pelo *conteúdo* (BARDIN, 1977).

Logo, esta pesquisa contribui, no campo da ciência, com a sociedade e com os povos quilombolas para a compreensão de que a (re)construção das identidades se dá como processos de formação da classe econômico-cultural (THOMPSON, 1987) que vive do trabalho (ANTUNES, 2009). Isto é, trabalhadoras e trabalhadores que produzem a vida em outros "chãos" além da fábrica, configurados como experiência vivida singular, reveladora da real possibilidade de (re)construção de outras vivências humanas, solidárias e coletivas.

Portanto, a construção do problema deste estudo, em síntese, deu-se a partir das experiências acumuladas da autora: i) na vivência acadêmica; ii) como docente da educação básica pública; e iii) na participação no Fórum Mocajubense de Educação do Campo (Formec) e Movimento Social Quilombola da região do Baixo Tocantins.

Essas vivências oportunizaram a aproximação com a Comunidade Quilombola Tambaí-Açu e com a temática da (re)construção das identidades quilombolas, entendidas como processos da formação da classe econômico-cultural que vive do trabalho. As conversas informais com as pessoas que guardam a memória[29] do povo quilombola[30] conduziu-nos (autora e orientador[31]) ao interesse pelo rumo da Comunidade Quilombola Tambaí-Açu, Mocajuba (PA), pois percebemos na fala das "pretas velhas e pretos velhos"[32] (mulheres e homens idosos da comunidade e membros

---

[28] Trata-se de levantamento e análise documental, objetivado a triar documentos, a exemplo: certificação da comunidade, bem como levantamento de trabalho de conclusão de curso (TCC) de graduação, monografias, dissertações, teses e livros que tratem da Comunidade Quilombola Tambaí-Açu, ou que se aproximem da temática deste estudo. No total, foram analisados 34 documentos, datados de 1995 a 2016, entre esses documentos relacionados à Acreqta, TCCs, dissertações, teses e projeto de pesquisa.

[29] Categoria memória, objeto de análise das mais variadas correntes teóricas, de diversas matizes, aqui tratou-se como "[...] experiência que inclui respostas mentais e emocionais dos sujeitos aos acontecimentos" (THOMPSON, 1981, p. 15 *apud* MAGALHÃES; TIRIBA, 2018, p. 89).

[30] Essas observações prévias ocorreram a partir da participação na Acreqta.

[31] Prof. Dr. Doriedson do Socorro Rodrigues – Universidade Federal do Pará/UFPA.

[32] Sobre a designação pretos e pretas velhas, ver Glossário.

da Acreqta) os processos de resistências e saberes, resultantes do trabalho na comunidade, a exemplo da experiência[33] dos mutirões quilombolas[34], marcados de um ano para outro, em que "[...] *se reuniam às vezes, até mais de trinta pessoas, pra ajudarem a limpar e plantar. Era bonito de ver e participar* [...]" (Dico, Entrevista 3)[35].

Nesses mutirões construíram costumes, cultura materializada, a exemplo do "samba-de-cacete"[36] e "banguê"[37], músicas compostas pelos próprios quilombolas. Esses, entre outros saberes do trabalho, serviram de base para a (re)construção da identidade quilombola. Seus dizeres e fazeres mostram que, a partir da década de 1970, com a introdução do monocultivo intensivo da pimenta-do-reino[38] no município de Mocajuba (PA), em que os primeiros pimentais foram plantados na região de entorno ao Território Quilombola do Tambaí-Açu, transformaram a(s) reprodução(ções) ampliada(s)[39] da vida de toda região, afetando a Comunidade Quilombola Tambaí-Açu[40], como registrado nas falas de lideranças da comunidade:

> [...] *aqui perto chegou a ser plantado, na década de 70, mais de 60 mil pés de pimenta. Muita gente daqui da comunidade trabalharam nestes pimentais. Vinha gente até de Cametá pra cá. Os japoneses tinham grandes armazéns e o povo dormia por aí mesmo. Famílias inteiras "saía" aí mesmo, até finalizar a colheita, era muita gente [...].* (DICO, 2017).[41]

---

[33] A experiência é aqui tratada com base em Thompson (1981), que, em síntese, trata da categoria experiência, no dizer de Ciavatta (2018, p. 72), em "seu sentido político, como experiência de classe, através na qual os trabalhadores organizam-se e resistem à opressão do sistema capitalista".

[34] Sobre mutirões quilombolas, ver Glossário.

[35] Liderança da Comunidade Quilombola Tambaí-Açu, anotações de campo.

[36] Sobre o samba-de-cacete, ver Glossário.

[37] Ver Glossário.

[38] Ver Glossário.

[39] As comunidades quilombolas têm experienciado muitas transformações em suas formas de produzir a vida. Atravessadas pelas necessidades do capital, é(são) afetada(s) a(s) reprodução(ões) ampliada(s) da vida das comunidades quilombolas, pensadas no plural. Embora Tiriba (2018, p. 81) trate da reprodução ampliada da vida como uma noção-conceito, baseada em "[...] Em estudos de, José Luiz Coraggio (1991), nos dá pistas para refletir sobre seus significados". Assim, para irmos além propomos pensar: as reproduções ampliadas da vida e do capital, como evidência interrogada, que "pode vir a ser" (TIRIBA, 2018b), pois estudar os povos tradicionais quilombolas, na contradição trabalho-capital, pressupõe que eles são constituídos de heterogenias, e não de homogenias.

[40] Reconhecida legalmente em 2009 pelo Instituto de Terras do Pará (Iterpa).

[41] Fala coletada em conversa informal durante o processo de observação na comunidade de 2017 a 2019 (Anotações de campo).

Assim, a fim de compreender as mudanças na(s) reprodução(ões) ampliada(s) da vida[42] de comunidades tradicionais quilombolas, como a de Tambaí-Açu, provocadas pela(s) reprodução(ões) ampliada(s) do capital[43], configurado na região nordeste paraense e, mais especificamente, no município de Mocajuba, pelo monocultivo intensivo da pimenta-do-reino, entre outras monoculturas, e, a partir das experiências e saberes, dos processos de resistência que (re)constroem as identidades quilombola, indagamos: Como as mulheres e homens quilombolas constroem processos de resistência, ou não, às determinações do modo de produção capitalista, considerando as reproduções ampliadas da vida e as reproduções ampliadas do capital, que lhes possibilitam estabelecer, conforme Marx (2013), mediações que (re)constroem suas identidades como classe?

Para tratar desse problema, partimos do entendimento, conforme Rodrigues (2012, p. 37), de que "[...] todo saber resulta das relações dos homens (e mulheres) por meio da categoria trabalho". O levantamento das demais categorias indica que o ato permanente de transformação do trabalho e da construção da educação faz com que homens e mulheres criem saberes e resistências às tentativas de homogeneização do capital. Mediações que (re)constroem as identidades, com base em Thompson (1987), os alicerces da formação constante da classe econômico-cultural.

Com isso, tomando como base Castells (1999, p. 25, grifos da autora), a(s) "[...] identidade(s) de resistência [são] criadas por aqueles que se encontram em posições/condições desvalorizadas e/ou estigmatizadas pela lógica de dominação", aqui analisada como lógica de dominação do capital. Ao transformar o trabalho em favor de seu *status quo*[44], afeta, por meio do monocultivo intensivo da pimenta-do-reino, por exemplo, relações de comunidades tradicionais como as quilombolas.

---

[42] Entende-se como categoria relacionada à(s) mediação(ões) de primeira ordem, ou seja, das heterogenias do cotidiano de vida e trabalho, como: a produção para subsistência, a cultura das danças, das músicas, do samba-de-cacete, do banguê, das crenças, da religiosidade, entre outras.

[43] Entende-se como categoria relacionada à(s) mediação(ões) de segunda ordem, operada pelo capitalismo, a tornar tudo e todos homogêneos, padronizados. Ao se revelar com diversas faces, o sistema capital adentra até mesmo as relações mais íntimas dos seres humanos, afetando consciências, por meio de seu modo de produzir o mundo, como: produção em larga escala, divisão do trabalho, produção para o mercado, consumo, lucro, acúmulo, propriedade privada, assalariamento, monocultivos, agronegócio, comunicação, entre outros.

[44] Conforme Mészáros (2011, p. 984), "[...] o *status quo* em questão é historicamente singular: envolve inevitavelmente toda a humanidade. Como todos sabemos pela história, jamais um *status quo* durou indefinidamente; nem mesmo o mais parcial e localizado. A permanência de um *status quo* global, dadas as imensas forças dinâmicas, necessariamente expansivas, que envolve, é uma contradição em termos: um absurdo que deveria ser visível até mesmo para o mais míope especialista em teoria dos jogos. Num mundo constituído por uma multiplicidade de sistemas sociais conflitantes e em mútua interação em contraste com o mundo fantasioso das escaladas e desescaladas dos tabuleiros de xadrez o precário *status quo* global caminha por certo para a ruptura. A questão não é 'se haverá ruptura ou não', mas 'através de que meios'[...]".

Entretanto, ao tratar de "identidade(s) de resistência", faz-se necessário ressaltar, conforme Bogo (2010, p. 119), que:

> A(s) identidade(s) de resistência, citada por Castells (1999), como intermediária entre a identidade legitimadora e a de projeto ou alternativa, é importante para se estabelecer o lugar em que se está na contestação do poder dominante. Ocorre que se optarmos apenas pela resistência, teremos a "estagnação" da identidade e, com o tempo, ela perderá as forças e retrocederá. [...] Não é simplesmente ignorando a realidade que ela deixará de existir. Dessa forma é que a identidade, na atualidade, deve perseguir um projeto, em negação do projeto dominante e, sem ignorá-lo, ultrapassar os limites por ele impostos.

Nesse sentido, compreendemos que a(s) "identidade(s) de resistência" do povo quilombola se configuram como uma constante (re)construção de luta pela sobrevivência e (re)afirmação histórica. Além de resistirem, (re)constroem, em meio às contradições do processo, a permanência da comunidade, que dialeticamente, vem tentando ultrapassar os limites do 3 (do sistema capital), por meio do trabalho que destoa do trabalho individualizado (com alguns elementos do modelo taylorista[45]-fordista[46]), ou seja, trabalho festivo que une forças, e é materializado no saber do trabalho quilombola, em favor da organização da comunidade, conforme os nove sujeitos (quatro mulheres e cinco homens) apresentam em seus relatos.

Percebe-se, com base nesses nove sujeitos da pesquisa, os limites impostos pelo capitalismo ao introduzir, desconsiderando impactos sociais, culturais e ambientais, o monocultivo intensivo da pimenta-do-reino na região nordeste paraense, em favor da larga produção e para suprir as necessidades do mercado mundial[47], e como esses sujeitos da Comunidade Quilombola Tambaí-Açu, de Mocajuba, (re)construíram processos que se opõem ao trabalho individualizado, parcelado, empreendedor dos pimentais, dando significado à experiência do mutirão quilombola, como trabalho que produz objetividades e subjetividades (ARAÚJO; TEODORO, 2006). Isto é, produz, além dos alimentos e subsistência, valores humanos, como a amizade.

---

[45] Sobre taylorismo, ver Glossário.
[46] Sobre taylorismo-fordismo, ver Glossário.
[47] Dentre os principais e maiores importadores da pimenta-do-reino estão os Estados Unidos da América (EUA), que compram a pimenta-do-reino, principalmente para a indústria de alimentos (FILGUEIRAS, 2009).

Os mutirões quilombolas se configuram como trabalho que se opõe ao trabalho nos pimentais, pois é colaborativo, festivo, criativo, e os definiu e os definem até o tempo histórico presente, em organização como comunidade quilombola.

Assim, para entender o que ressaltou Bogo (2010), precisamos: i) investigar como se operam as reproduções ampliadas do capital em comunidades tradicionais quilombolas; ii) de que forma e por que se organizam as comunidades tradicionais quilombolas; iii) qual o papel dos saberes sociais do trabalho como resistência às reproduções ampliadas do capital, bem como na (re)construção da identidade quilombola como processo constante de formação da classe econômico-cultural, que vive do trabalho.

Entende-se, entretanto, conforme Bogo (2010, p. 119), que "[...] não é simplesmente ignorando a realidade que ela deixará de existir". As evidências demonstram que esse povo encarou os fatos corroborados no trabalho para o capital, primeiro em sua versão escravista, depois explorado no sistema mercantil (pós-escravista) e individualizado no sistema assalariado. E, ainda tem encarado enquanto diversas faces (o capital) analisadas nesse contexto, no monocultivo intensivo dos pimentais na região nordeste paraense a partir da década de 1970, implantados no entorno de comunidades tradicionais quilombolas como Tambaí-Açu, Mocajuba (PA).

Igualmente, neste enfrentamento, aos seus modos (re)construíram sua história por meio do trabalho: i) fugindo do escravismo, construíram os quilombos; ii) organizados em comunidades, lutaram pela liberdade e permanência dos quilombos, unindo forças, (re)criam os mutirões quilombolas, forma de organização do trabalho, configurado como experiência colaborativa, não assalariada; iii) afetados de forma mais intensa pelo monocultivo intensivo da pimenta-do-reino, perceberam que o trabalho para o outro não constrói a comunidade, e aqueles (ou seja, nem todos) "seduzidos" ideologicamente pelo trabalho do patrão retornam ao trabalho da roça, e (re)constroem o mutirão quilombola, isto é, a experiência base da (re)construção das identidades quilombolas, entendida como processo de formação da classe econômico-cultural, que vive do trabalho.

Portanto, a pesquisa revela as experiências dos saberes do trabalho, a resistência e as identidades (re)construídas, na mediação/contradição entre capital-trabalho, na Comunidade Quilombola Tambaí-Açu.

Nesse sentido, como partimos da análise dos processos de resistência às transformações nos mundos do trabalho, operadas, conforme expressão de Mészáros (2002), pelo "sistema capital", apresentamos as demais categorias-base deste estudo, a saber: relações de comunidades tradicionais, saberes sociais, centralidade do trabalho, metamorfoses no(s) mundo(s) do trabalho, contradição trabalho-capital, processos de resistência às reproduções ampliadas do capital, trabalho como produto de valor – uso e troca (mercadoria), trabalho onto-histórico, trabalho estranhado, salário e alienação, experiência colaborativa, trabalho não assalariado, reproduções ampliadas da vida, o bem viver, formação de classe econômico-cultural.

Tomamos, portanto, a categoria trabalho como nuclear para este problema, baseados no conceito marxiano de que o trabalho é,

> [...] antes de tudo, um processo entre o homem (mulher) e a natureza. Processo este em que o homem (e a mulher), por sua própria ação, medeia, regula e controla seu metabolismo com a natureza (MARX, 2013, p. 326).

É por meio do princípio educativo do trabalho que se tornam o que são, que se tornam comunidade, que se unem em prol da causa comum, que se tornam seres sociais e, portanto, históricos.

Assim, "a hipótese de que a construção histórico-social dos povos quilombolas na Amazônia se deu à medida que foram transformados pela contradição capital-trabalho, e nesse processo construíram saberes sociais que lhes possibilitaram (re)criar sua(s) identidade(s), por meio de processos de resistência como constante formação econômico-cultural da classe, que vive do trabalho," levou-nos a compreender que esse povo (re)construiu um meio próprio de organização comunitária. Essa organização está baseada no trabalho colaborativo, não assalariado, experiência que destoa e resiste às reproduções ampliadas do capital, caracterizadas como trabalho individualizado, enfadonho, em que não há espaço para os atos festivos, que ocorrem, por exemplo, nos mutirões de comunidades quilombolas.

As comunidades quilombolas, historicamente, constituíram redes de economia[48] e, interligadas a outros quilombos e comunidades, (re)criaram meios de comercialização do excedente, aspecto crucial à sobrevivência de seus membros, em meio às adversidades da "floresta fechada", em que, ao se "embrenharem" na busca permanente de sua "liberdade", (re)construíram diversos quilombos, dado o regime de trabalho escravista sob o qual foram submetidos a partir de meados do século XVIII no estado do Pará.

---

[48] Conforme Gomes (2006) e Pinto (2001), por não estarem isoladas, mas em constante movimento de produção por meio dos mutirões que envolviam outras comunidades, bem como pelo próprio processo mercantil, de venda e troca do excedente que produziam, assim construíram uma rede de economia, bastante dinâmica, em prol da sobrevivência das comunidades.

Quilombos e/ou mocambos, portanto, com base em Pinto (2001, p. 341), que nunca foram ou estiveram isolados, pois:

> Sabe-se atualmente que as teorias acerca dos quilombos, como comunidades isoladas por própria opção de seus habitantes são infundadas, pois os fugitivos resistentes do escravismo, além de se preocuparem em proteger e defender os redutos constituídos também procuravam se estabelecer em locais que favorecessem possíveis práticas econômicas.

Esse meio próprio de organização em comunidades, que tem como base princípios coletivos do trabalho, é configurado como reproduções ampliadas da vida e tem sido alvo das transformações no trabalho, operadas pelas reproduções ampliadas do capital, a citar as intervenções ideológicas na organização do trabalho e nas relações sociais, por exemplo: i) das ações coercitivas do Estado no século XIX, com o apoio ideológico da Igreja, objetivadas a dizimar os quilombos (GOMES, 2006); ii) da exploração mercantil pós-escravismo (REIS; GOMES, 2012); iii) da introdução do monocultivo da pimenta-do-reino e outras monoculturas, incentivadas pelo Estado e pelos bancos, a partir da década de 1970 (FLOHRSCHÜTZ; HOMMA, 1983); iv) do avanço do agronegócio na região nordeste paraense (LIRA, 2008); v) do crescimento do latifúndio e do êxodo rural (FERNANDES, 2008).

Tomando, portanto, a hipótese de que o povo negro tem-se tornado, historicamente, expressão de resistências, o povo da Comunidade Quilombola do Tambaí-Açu, à medida que transformou a realidade em favor de suas necessidades objetivas, ao longo de suas experiências, (re)criou saberes do trabalho, a exemplo do mutirão quilombola, que lhes foi fundamental à resistência ao modo de trabalho individualizado, parcelado, empreendedor, desumanizante dos pimentais e a continuidade histórica da comunidade. Dessa forma, por meio das mediações entre capital e trabalho, (re)constroem as identidades quilombolas, como processos de formação da classe econômico-cultural, que vive do trabalho.

Os saberes do trabalho, materializados no mutirão quilombola, compõem as materialidades objetivas e subjetivas da produção da vida na Comunidade Quilombola Tambaí-Açu, baseados na caça, na agricultura, na pesca, na colheita de frutos, nos "retiros" e/ou casa de forno, no fazer da roça, na farinha de mandioca, na brincadeira do ganzá[49] e samba-de-cacete, na

---

[49] Ver Glossário.

comercialização, ou seja, no fazer(-se) educativo do trabalho, que, no dizer de Tiriba e Fischer (2015, p. 418), é a base "econômico-cultural de primeira ordem", que, ao trabalhar, transforma a natureza e a si mesmo, assim como na participação e organização social ao reivindicar seus direitos.

Construídos historicamente pelos quilombolas, os saberes sociais revelam como ocorreram as transformações no trabalho, operadas pelas reproduções ampliadas do capital, na Comunidade Quilombola Tambaí-Açu, a partir da década de 1970, no âmbito das reproduções ampliadas da vida, a exemplo do processo salarial operado a pagar a produtividade diária dos trabalhadores nos grandes pimentais, afetando os mutirões quilombolas e suas manifestações culturais, como o banguê e o samba-de-cacete.

Com isso, constataram-se as formas de resistência às investidas das ações mercadológicas do modo de produção capitalista, configurado, por exemplo, no monocultivo intensivo da pimenta-do-reino. As resistências foram reveladas nos dizeres e fazeres dos sujeitos, principalmente (embora modificado) como a continuidade do trabalho da roça com os mutirões quilombolas até o histórico tempo presente.

Assim, as questões norteadoras averiguaram:

I. Que relação há entre as reproduções ampliadas do capital e as reproduções ampliadas da vida no contexto de comunidades quilombolas?

II. Como as comunidades quilombolas têm sido afetadas com a centralidade do trabalho na lógica do mercado?

III. De que forma as comunidades quilombolas (re)constroem suas identidades diante das mediações de segunda ordem do capital?

Portanto, objetivamos buscar, em *termos gerais*, a análise dos processos de (re)construção das identidades dos sujeitos da Comunidade Quilombola Tambaí-Açu, Mocajuba (PA), com base nas resistências às investidas de homogeneização produtivo-cultural, operadas pelas reproduções ampliadas do capital. Em *termos específicos*: i) depreender as materialidades produtivas caracterizadas de identidade quilombola; ii) identificar as metamorfoses nos mundos do trabalho em face da contradição capital-trabalho; iii) compreender a relação dialética entre saberes e resistências à tentativa de homogeneização produtivo-cultural, operada pelas reproduções ampliadas do capital.

OS SUJEITOS DA COMUNIDADE QUILOMBOLA TAMBAÍ-AÇU

Escolhidos intencionalmente, os nove sujeitos da pesquisa – entre eles quatro mulheres e cinco homens – representam a Comunidade Quilombola Tambaí-Açu, Mocajuba (PA). A razão de serem esses e não outros está no significado desses sujeitos para essa comunidade, pois são lideranças, membros da Associação da Comunidade Remanescente de Quilombo Tambaí-Açu (Acreqta), pretos e pretas velhas, que guardam a memória da Comunidade Quilombola Tambaí-Açu, professores e jovens militantes do movimento negro/quilombola.

Essas mulheres e homens foram, e têm sido, importantes no processo de construção da (re)afirmação negra/quilombola nessa comunidade. Dedicam-se todos os dias a contribuir com a educação, tanto nos terreiros da comunidade quanto na escola, compartilhando seus conhecimentos sobre história, cultura, trabalho, costumes, heranças de seus antepassados com os mais novos (idade) por meio da experiência quilombola que os torna, portanto, qualitativos.

O processo de escolha dos sujeitos da pesquisa não foi tarefa fácil, pois há um leque de possibilidades de informantes na comunidade, por isso a necessidade do cuidado e da atenção. Daí a importância de criar processos de "ensaios", como nos informa Triviños (1987, p. 147, grifo nosso), logo, "[...] isto significou realizar contatos informais, com a maior quantidade possível de pessoas que estão envolvidas neste processo social *que nos* interessa". Isso foi fundamental para as entrevistas que iniciaram após períodos da "cuivara"[50] e dos plantios ocorridos de janeiro a março, no território da Comunidade Quilombola do Tambaí-Açu.

Ressaltamos que optamos, neste livro, por identificar as mulheres e homens participantes na pesquisa por nomes não oficiais, em razão da política de preservação de dados da Comunidade Quilombola Tambaí-Açu. Assim, as e os apresentamos, respectivamente, de acordo com a ordem em que as entrevistas foram aplicadas:

1. **Mundico** (45 anos[51]) é nascido, criado e residente na Comunidade Quilombola Tambaí-Açu. É neto de Luís Euzébio de Sousa e Benvinda Neves[52]. É casado, tem três filhos, estudou até a 4ª série

---

[50] Ver Glossário.
[51] Ressalta-se que a idade de todas/os entrevistadas/os registradas/os neste texto, esta referenciada no ano de 2019.
[52] Fundadores da Comunidade Quilombola Tambaí-Açu, data incerta, século XIX.

primária e vive do trabalho na agricultura familiar. Membro do grupo de banguê e samba-de-cacete Quilombauê, foi presidente da Acreqta de 2012 à 2020;

2. **Tia Biro** (62 anos) é nascida, criada e residente na Comunidade Quilombola Tambaí-Açu. É neta de Luís Euzébio de Sousa e Benvinda Neves. Casada, seis filhos, estudou até a 4ª série primária e vive do trabalho na agricultura familiar. É liderança da Igreja Católica, membra do grupo de banguê e samba-de-cacete Quilombauê e da Acreqta;

3. **Dico** (57 anos) é nascido, criado e residente na Comunidade Quilombola Tambaí-Açu. É neto de Luís Euzébio de Sousa e Benvinda Neves. Casado, 12 filhos, estudou até a 4ª série primária e vive do trabalho na agricultura familiar. Foi o primeiro presidente da Acreqta. Hoje é membro dessa associação e atua como liderança evangélica da Assembleia de Deus na comunidade;

4. **Preto do Batuque** (44 anos) é nascido, criado, e residente na Comunidade Quilombola Tambaí-Açu. É bisneto de Luís Euzébio de Sousa e Benvinda Neves. Viúvo, oito filhos, estudou até a 6ª série (do ensino fundamental) e vive do trabalho na agricultura familiar. É liderança da Igreja Católica, foi vice-presidente da Acreqta (2016-2020). É membro do grupo de banguê e samba-de-cacete Quilombauê;

5. **Tio João** (75 anos, *in memoriam*) nascido, criado e residente na Comunidade Quilombola Tambaí-Açu. Neto de Luís Euzébio de Sousa e Benvinda Neves. Casado, 11 filhos, estudou até a 4ª série primária, aposentado, trabalhava na agricultura familiar. Membro da Acreqta e fundador/membro do grupo de banguê e samba-de-cacete Quilombauê;

6. **Teneca** (65 anos) é nascido, criado e residente na Comunidade Quilombola Tambaí-Açu. É neto de Luís Euzébio de Sousa e Benvinda Neves. Casado, nove filhos, estudou até a 4ª série primária e trabalha na agricultura familiar. É membro da Acreqta e do grupo de banguê e samba-de-cacete Quilombauê;

7. **Irlê** (21 anos) é nascida, criada e residente na Comunidade Quilombola Tambaí-Açu. É tataraneta de Luís Euzébio de Sousa e Dona Benvinda. Solteira, sem filhos, estudante do 2º ano do

ensino médio, vive do trabalho na agricultura familiar. É liderança da Igreja Católica, atuando na Pastoral da Juventude. É membra da Acreqta e do grupo de banguê e samba-de-cacete Quilombauê;

8. **Tia Preta** (87 anos) é nascida, criada e residente na Comunidade Quilombola Tambaí-Açu. Única filha viva (caçula) de Luís Euzébio de Sousa e Benvinda Neves. Viúva, seis filhos, estudou até a 4ª série primária e está aposentada como agricultora familiar. É liderança/fundadora da Comunidade Cristã Católica São Luís do Tambaí-Açu e membra honorária da Acreqta e do grupo de banguê e samba-de-cacete Quilombauê;

9. **Lili** (35 anos), professora quilombola, é nascida criada e residente na Comunidade Quilombola Tambaí-Açu. É neta de Luís Euzébio de Sousa. Casada, dois filhos, possui curso superior em Licenciatura em Pedagogia pelo Instituto Federal do Pará (IFPA). É liderança da Igreja Católica e membra secretária da Acreqta (2016-2020).

Os sujeitos (mulheres e homens) desta pesquisa, como podem ser observados na apresentação anterior, são todos nascidos, criados e moram na Comunidade Quilombola Tambaí-Açu. Todos e todas trabalham na agricultura familiar, embora com "outros trabalhos", a exemplo da professora quilombola **Lili**, membros da Acreqta, Movimento Negro/Quilombola, Movimento das Igrejas Católica e Evangélica. Assim, participam da organização e (re)afirmação, como comunidade quilombola, ao serem membros atuantes principalmente da Acreqta e do grupo cultural de banguê e samba-de-cacete Quilombauê, dois espaços que se configuram importantes, atualmente, no autorreconhecimento e (re)afirmação quilombola.

Essas mulheres e homens expressam as características dos que experimentam todos os dias a vida na Comunidade Quilombola do Tambaí-Açu, e, com base nas experiências, ou seja, no fazer-se, constroem processos entendidos como a formação da classe econômico-cultural. Portanto, mulheres e homens que, ao produzirem a vida, no movimento dialético de *si-outro*, produzem a si mesmos e a sociedade.

A COMUNIDADE QUILOMBOLA TAMBAÍ-AÇU: EM ASPECTOS HISTÓRICO, POPULACIONAL, SOCIAL E EDUCACIONAL

Os processos de povoamento das comunidades quilombolas[53] do município de Mocajuba (PA) possuem aspectos semelhantes no que concerne à intenção de suas formações, de acordo com os trabalhos de pesquisa sobre as comunidades quilombolas já realizados[54], e que têm como bases teóricas: Salles (1988), Gomes (2006, 2015), Funes (2012), Pinto (2001, 2004, 2007, 2013), entre outros. A motivação que os levou a se organizarem em espaços-tempos[55] de difícil acesso tem uma razão comum: fugir da exploração dos senhores detentores de terras e/ou ilhas, que os mantinham em cárcere para o trabalho escravo, e esconder-se na floresta fechada em busca da sobrevivência, pois os quilombos são:

> Frutos de fugas de negros (e negras) escravos, de localidade circunvizinha e até vilas da região do Baixo Tocantins, estudos da historiografia paraense têm encontrado indícios da formação de vários quilombos no Tocantins. Alguns foram destruídos, outros jamais foram descobertos. Os quilombolas, quando ameaçados, tanto pela reescravidão como pela sobrevivência, adentraram matas, rios e igarapés e, no

---

[53] A perspectiva dos antropólogos reunidos no Grupo de Trabalho da ABA sobre Terra de Quilombo, em 1994, é expressa em documento que estabelece alguns parâmetros. De acordo com esse documento, "o termo quilombo tem assumido novos significados na literatura especializada e também para grupos, indivíduos e organizações. Ainda que tenha um conteúdo histórico, o mesmo vem sendo 'ressemantizado' para designar a situação presente dos segmentos negros em diferentes regiões e contextos do Brasil.[...] Contemporaneamente, portanto, o termo quilombo não se refere a resíduos ou resquícios arqueológicos de ocupação temporal ou de comprovação biológica. Também não se trata de grupos isolados ou de uma população estritamente homogênea. Da mesma forma nem sempre foram constituídos a partir de movimentos insurrecionais ou rebelados mas, sobretudo, consistem em grupos que desenvolveram práticas cotidianas de resistência na manutenção e reprodução de seus modos de vida característicos e na consolidação de um território próprio. [...] No que diz respeito à territorialidade desses grupos, a ocupação da terra não é feita em termos de lotes individuais, predominando seu uso comum. A utilização dessas áreas obedece a sazonalização das atividades, sejam agrícolas, extrativistas ou outras, caracterizando diferentes formas de uso e ocupação dos elementos essenciais ao ecossistema, que tomam por base laços de parentesco e vizinhança, assentados em relações de solidariedade e reciprocidade" (O'DWYER, 2002, p. 13-42).

[54] Estudos, principalmente acadêmicos, realizados com a intenção de compreensão da realidade quilombola por graduandos e especialistas da UFPA, e como requisito de obtenção do título territorial quilombola realizado pelo Iterpa, Fundação Palmares e UFPA.

[55] Com base em Tiriba (2012, p. 4), denominamos: "[...] espaços/tempos do trabalho de produzir a vida associativamente [...] aqueles espaços/tempos em que prevalecem as mediações de primeira ordem do capital, e que, coexistindo com o modo de produção capitalista, apresentam-se em diversas partes do mundo, entre elas nas comunidades onde habitam os povos originários latino-americanos". Portanto, compreendemos espaço(s)-tempo(s), no plural, pois ambos são movimentos; tanto se produzir para a vida como de se produzir para o sistema capital. Por serem movimentos, e atravessados pelas mediações do capital, reconstroem-se nas mediações de resistência e lutas (re)criadas, contraditoriamente neste mesmo mundo, operado a tornar inexistente experiências que destoam do receituário capitalista de sociedade.

> interior da floresta, reproduziam novos mocambos, como ocorreu no Distrito de Juaba – Cametá, Mocajuba e Baião. (PINTO, 2001, p. 337).

Nesse sentido, análises produzidas graças a relatos dos moradores e moradoras mais velhas, como **Tia Preta** (87 anos), filha (caçula) dos fundadores da Comunidade Remanescente de Quilombo Tambaí-Açu, Luís Euzébio e Benvinda, ajudam-nos a evidenciar a existência dessa comunidade há mais de um século e como essas comunidades quilombolas passaram a se (re)construir na região nordeste paraense.

Dessa forma, conforme registrado na fala de **Tia Biro** (62 anos), a construção da Comunidade Quilombola Tambaí-Açu se deu por meio de muito trabalho e esforço dos pioneiros Luís Euzébio de Sousa e Benvinda Caetana das Neves. Assim, baseada nos dizeres e fazeres da **Tia Preta**, a quilombola **Tia Biro** (Entrevista 2)[56] nos disse que:

> *Essa minha Tia Preta, sempre ela contava... e essa minha vó, elas nos contava, como era esse Luís Euzébio, nosso avô... que foi ele quem abriu aí [onde atualmente está localizada a Igreja Católica na comunidade], que era uma mata virgem, não tinha abertura nenhuma aí. E aí foi que ele veio. Elas [tias] contam que ele veio fugido, né? Da época da escravatura. Ele veio num fundo de um barco. E ele varou pra i. E aí, ele nas andanças, não sei como, ele encontrou essa minha vó, que era do [quilombo] Icatu. E eles casaram e foi viver a vida deles. E fizeram essa abertura aí. E eles [pretas e pretos velhos] contavam, como eu sempre conto, que tudo dele era bruto. Ele [Luís Euzébio] era de negro mesmo. E eles dizem que ele era um negão. Ele era mão de pilão. Ele era tudo no bruto, como cabo de enxada e de machado. E ele que contava a história dele pros filhos. E eles [os filhos] foram descobrindo. E aí, com os tempos, com visitas de pessoas de fora de outras comunidades, e aí eles [pesquisadores] foram descobrindo, descobrindo e aí conseguiram fazer a comunidade remanescente, através desses estudos.*

Nota-se que esse relato confirma o trecho referente ao documento de registro histórico da Acreqta (2003, p. 1), ao afirmar que, "[...] diferente das demais comunidades quilombolas do município de Mocajuba (PA), a Comunidade Quilombola do Tambaí-Açu se originou bem distante da região das ilhas" [ribeirinhas]. Apesar de estar localizada na região culturalmente denominada terra firme, situa-se também às margens de um rio secundário

---

[56] Realizada na Comunidade Quilombola Tambaí-Açu em 11 de abril de 2018, às 17h43, com duração de 45 minutos e 12 segundos.

chamado Tambaí-Açu. Porém, em outra dinâmica, como nos demonstra o registro histórico da Acreqta (2003, p. 1)[57]: "[...] a formação da Comunidade – longe das regiões ribeirinhas tradicionais, em área considerada de terra firme, se concretizou através do Igarapé Tambaí-Açu, afluente direto do Rio Cairarí-Moju/PA".

Os relatos de **Tia Preta** (87 anos) confirmam que a Comunidade Quilombola Tambaí-Açu foi fundada por seu pai, Luís Euzébio de Sousa, e seus amigos de viagem. Ao chegarem ao Vale do Tambaí-Açu, por meio do Rio Cairarí, Moju (PA), desceram do barco e passaram a procurar trabalho na região. Luís Euzébio de Sousa registrou, nas conversas com seus filhos, a exemplo de **Tia Preta** (87 anos), que ele não fez a viagem até o lugar onde atualmente é a Comunidade Quilombola Tambaí-Açu sozinho, pois foi com outros homens (amigos), que eram nominados de acordo com seu lugar de origem. **Tia Preta** (Entrevista 8)[58] nos revelou que:

> *Era assim que era conhecido... eles se conheciam assim, uns aos outros. Eles foram parceiro de viagem no rumo daqui."na época que chegaram por aqui. Era o meu pai, conhecido por Rkcuð, o Antonio dos Santos, era o"Rgtpco dueq, tinha o Rctcðlc, e o velho Quintino. Mas tinha mais outros né? O Pernambuco fez casa dele aí. O Quintino fez aí e o Antonio dos Santos também fez aí. Fez num lugar mais aí a frente, eu não cheguei a conhecer lá, pois já foi mais longe. Ele foi embora mais lá pro Cairarí. Depois da chegada deles pra cá, o papai não se acostumou com o trabalho que era pra bandas da ilha né? E aí papai saiu a andar procurando morada e trabalho, andou, andou... e aí se meteu com a mamãe, que era do [Quilombo] Icatu. E aí moravam num lugar, eles contavam, chamado Olho d'água[59]. Pra lá também, depois não se acostumou. Aqui era mata. E aí ele veio e abriu o lugar aqui pra fazer casa, e aí passaram morar aqui com a mamãe desde de muitos anos. Tiveram vários filhos e eu fui a última. Com o passar dos anos muitos anos, o papai morreu. Fiquemo só nós a mamãe e os irmãos. E aí os irmãos foram casando. Antes dele (Luís Euzébio) morrer já tinha casado Joaquina, já tinha casado a Valdirene. Casou porque já tinha arrumado companheiro. Já tinha saído, e aí só ficou nós em casa, eu a Raimunda, o José, e o Cecílio.*

---

[57] Trata-se de documento elaborado para fins de reconhecimento quilombola, para o Ministério da Cultura e Fundação Palmares (2003).
[58] Realizada na Comunidade Quilombola Tambaí-Açu em 26 de novembro de 2019, às 10h32, com duração de 1 hora, 25 minutos e 30 segundos.
[59] Ver Glossário.

Tia Preta é a única filha viva do Sr. Luís Euzébio e Dona Benvinda. Caçula, estudou na escola da comunidade, também fundada por seu pai, que trouxe, segundo **Tia Preta** (Entrevista 8), a professora por conta própria. Assim, ela nos disse que: *"[...] e aí a dona Pietra veio pra mode a gente estudar, papai arrumou a casa dela aí"* e passou a morar na comunidade.

Falou-nos **Tia Preta** (Entrevista 8) que seu pai tinha muita preocupação com a educação deles (filhos de Luís Euzébio de Sousa). Dessa maneira, foram todos educados na escola da própria comunidade com a professora Pietra.

Os povos quilombolas possuem história que ainda não foi e talvez nunca seja revelada, pois muitas memórias falecem sem antes serem conhecidas. **Tia Preta** (Entrevista 8), assim como as demais pretas velhas e pretos velhos, carrega em suas experiências de vida a história da formação das comunidades quilombolas da região nordeste paraense, e, por isso, os experimentos da vida de ser quilombola se fundem com a história de trabalhadoras e trabalhadores como **Tia Preta** (Entrevista 8).

Nota-se que a Comunidade Quilombola Tambaí-Açu se encontra entre os municípios de Baião (PA) e Mocajuba (PA). No entanto, embora esteja entre esses territórios, é importante frisar que a comunidade se encontra, historicamente, como domínio territorial de Mocajuba. A localização geográfica pode ser observada no mapa (Figura 1) a seguir.

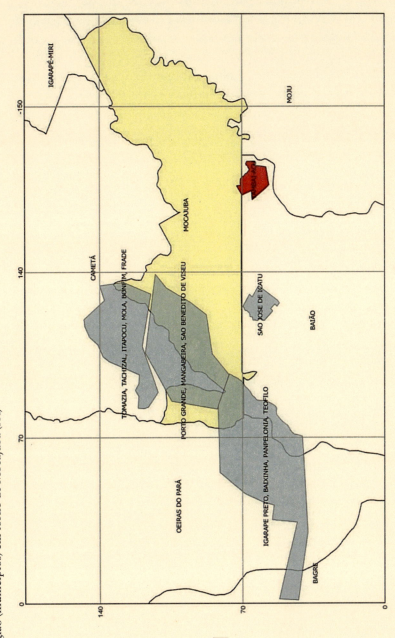

Figura 1 – Mapa da localização geográfica da Comunidade Quilombola Tambaí-Açu (em vermelho) e demais Comunidades Quilombolas da região (municípios) em torno de Mocajuba (PA)

Fonte: PEREIRA (2018)

Observa-se, na Figura 1, o território da Comunidade Quilombola Tambaí-Açu (em vermelho) e a distribuição geográfica no espaço territorial do município de Mocajuba e municípios vizinhos, das outras comunidades quilombolas já reconhecidas. Na Figura 2 é apresentada a localização de todas as comunidades quilombolas do nordeste paraense, reconhecidas pelo Instituto de Terras do Pará (Iterpa). Observa-se a dinâmica em que os quilombos foram se configurando, a integração dos quilombos na região e em que espaços se concentraram os maiores territórios.

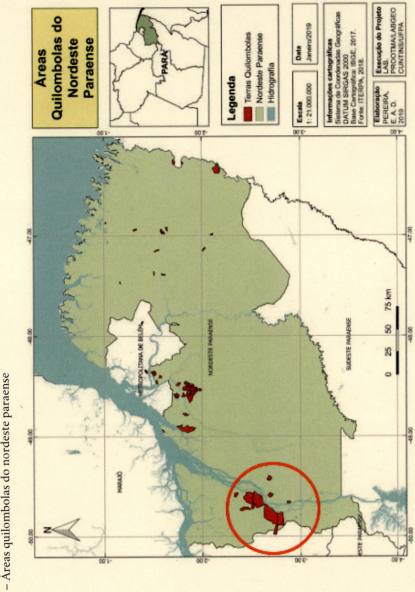

Figura 2 – Áreas quilombolas do nordeste paraense

Fonte: PEREIRA (2019)

Percebe-se que a configuração dos quilombos (círculo vermelho), na Figura 2, embora ramificada, concentra-se de forma mais integrada e com os maiores territórios na microrregião do Baixo Tocantins, entre os municípios de Baião, Bagre, Cametá, Mocajuba e Oeiras (PA). Nesse processo de localização geográfica, vejamos a Figura 3, a seguir, sobre a localização geográfica da área territorial quilombola de Tambaí-Açu, no mapa do estado do Pará e do município de Mocajuba.

Figura 3 – Localização da Área Quilombola de Tambaí-Açu – Pará

Fonte: PEREIRA (2019)

Nota-se, na Figura 3[60], os limites municipais, a localização no estado do Pará da Área Quilombola do Tambaí-Açu, Mocajuba (PA). A comunidade está a 20,6 km do espaço urbano de Mocajuba, sendo 6 km pela PA-151 (sentido Mocajuba-Baião) e mais 14 km de estrada de terra, vicinal, conhecida como Guariba, até a entrada que dá acesso ao Território Quilombola Tambaí-Açu.

Entendemos que conhecer a história dessa comunidade é importante para compreender a luta e a resistência desse povo que há mais de um século vem mantendo os seus ricos saberes. Isso é observado nos relatos que deram sustentação à certificação de autoidentificação quilombola e obtenção do título da terra como comunidade tradicional que não foi fácil permanecer como negras e negros nesse espaço. Com base nos dizeres e fazeres de **Tia Preta**, esse documento advoga que:

> Luís Euzébio de Sousa e seus companheiros chegaram as margens do Rio Cairarí fixando residência inicialmente no lugar chamado Turão onde descobriram o igarapé Tambaí-Açu, que algum tempo depois seria desbravado por Luís Euzébio de Sousa e seus companheiros que avançando igarapé a dentro, chegaram em um lugar abundante em caça e pesca e muita terra devoluta do Estado, onde fixaram moradia e desenvolveram um importante, promissor e próspero núcleo de povoamento que foi batizado de Tambaí-Açu, hoje Comunidade Remanescente de Quilombo de Tambaí-Açu. O isolamento geográfico da Comunidade só foi rompido nos anos 80 com a construção do Ramal São Luís de 6 km, ligando a comunidade à vicinal do Tambaí, que permitiu o acesso à cidade de Mocajuba distando 18 km da comunidade a cidade, antes do ramal nos anos 40 o acesso foi viabilizado com a construção de um ramal feito a facão pelos moradores. [...] Luís Euzébio de Sousa, casou-se com a senhora Benvinda Caetana das Neves, quilombola do Quilombo Icatu, com quem teve 06 filhos, herdeiros da cultura e da

---

[60] Registra-se a observação: todos os mapas (figuras) desta obra foram elaborados pelo Prof. Dr. Edir Augusto Dias Pereira (UFPA), geógrafo, coordenador do Laboratório Programa de Ordenamento Territorial e em Meio Ambiente (Prootma), do Campus Universitário do Tocantins/Cametá (UFPA) – currículo Lattes: http://lattes.cnpq.br/8073664444803317. Propõem-se a integrar dados de resultados de pesquisas no âmbito do Campus de Cametá de docentes de vários cursos pela construção de um banco de dados georreferenciado. Os dados levantados pelas pesquisas desenvolvidas na área das ciências ambientais e afins de iniciação científica, trabalhos de conclusão de curso, especialização e mestrado ou trabalhos de campo de atividades curriculares dos cursos são sistematizados, organizados e analisados pelo Sistema de Informação Geográfica (SIG), utilizando programas computacionais de software livre de geoprocessamento. Fonte: http://www.campuscameta.ufpa.br/index.php/laboratorios/135-laboratorio-prootma.

luta pelo crescimento e desenvolvimento da comunidade, uma rica e bela história que vem sendo contada por filhos, netos, bisnetos e tataranetos do senhor Luís Euzébio de Sousa e Benvinda Caetana das Neves. (ASSOCIAÇÃO DA COMUNIDADE REMANESCENTE DE QUILOMBO TAMBAÍ-AÇU [ACREQTA], 2003, p. 1).

O trecho anterior, referente ao documento da Acreqta (2003), interrelaciona-se aos relatos de todos os sujeitos dessa exposição. A Comunidade de Quilombo Tambaí-Açu tem, em sua formação familiar, duas raízes quilombolas da região, que são os quilombos **Tambaí-Açu** (Luís Euzébio de Sousa) e **Icatu** (Benvinda Caetana das Neves – mulher do Sr. Luís Euzébio), fundadores da Comunidade Quilombola Tambaí--Açu, Mocajuba (PA).

Isso revela, de acordo com Gomes (2006), que os quilombos não estavam isolados, pois havia uma ligação entre os parentes de mocambos. Mesmo à longa distância, mantinham contato, encontravam-se nas festas de santos, nos trabalhos dos mutirões e formavam famílias que deram sustentação à economia e à cultura das comunidades quilombolas do Pará.

Portanto, segundo dados do relatório do Iterpa (2010), a Comunidade Quilombola do Tambaí-Açu possui território com área titulada de 1.824,7852 (ha), datada de 30 de novembro de 2009. Limita-se com grandes fazendas de gado de corte e grandes plantações de monocultivo intensivo de pimenta-do-reino e açaí. No ano de sua titulação (2009), possuía população de 66 famílias. Segundo dados (2019) da Acreqta (ainda não oficializados) e relato de seu atual presidente, o quilombola **Mundico** (Entrevista 1), há 146 famílias associadas.

Observa-se no Quadro 1, a seguir, outros dados quantitativos referentes à Comunidade Quilombola Tambaí-Açu, pois a análise desta exposição também precisa ser embasada em números, por entendermos que sem os dados quantitativos, embora não deem conta de expressar a totalidade dos fenômenos, tampouco a análise se sustenta. Assim, conforme Minayo (2001), acreditamos que a realidade decorre de informações tanto quantitativas quanto qualitativas. Para captar o real da melhor forma possível às questões sobre a Comunidade Quilombola Tambaí-Açu, Mocajuba (PA), procuramos considerar suas particularidades, entre elas as questões: populacional, social, econômico, educacional.

Quadro 1 – Comunidade Quilombola Tambaí-Açu: população, social, econômico, educacional

POPULAÇÃO[61]		
Total	757 pessoas	
Mulheres	363	142 crianças (0 a 11 anos)
		216 jovens (14 a 30 anos, sendo 116 mulheres e 100 homens)
		46 idosos (60 a 90 anos)
Homens	394	
Famílias	190	
Longevidade estimada	80 anos	
SOCIAL		
		Atendidos
Programas sociais/ governamentais	Bolsa Família	98 (famílias)
	Seguro defeso (caça e pesca)	60 (famílias)
	Programa Nacional de Habitação Rural (PNHR)	100 (famílias)
Aposentarias	Por tempo de trabalho (Agr. familiar)	46
	Viuvez	3
Auxílios	Saúde	0
	Maternidade	0
	Deficientes	3
Organização social	Associação da Comunidade Remanescente de Quilombo Tambaí-Açu	
ECONÔMICO		
Agricultura familiar	Principal produto comercializado: farinha de mandioca	Todas as famílias possuem roças

---

[61] Fonte: dados oficiais e atualizados (2019) da Secretaria Municipal de Saúde de Mocajuba, fornecidos pela Assistente Comunitária de Saúde (ACS) Maria Terce Moreira Caldas, da Comunidade Quilombola Tambaí-Açu, arquivados no Posto de Saúde Pública Estratégia Saúde da Família (ESF) do Sistema Único de Saúde (SUS) – bairro Centro de Mocajuba (PA).

Outros trabalhos	Prefeitura municipal		11 funcionários
	Fazendas (propriedades próximas)		Aprox. 3 famílias
	Grandes pimentais		Aprox. 30 famílias trabalham nas propriedades próximas à comunidade no período da colheita (a maioria jovens entre 18 e 30 anos)
EDUCACIONAL			
	Matrícula		Taxa de aprovação %
EMEIF QUILOMBOLA LUÍS EUZÉBIO DE SOUSA			81,3 % ano 2017 (Fonte: Inep)[62]
Ed. infantil	2018: 34	2019: 34	
Ens. fund. anos iniciais	2018: 69	2019: 66	
Ens. fund. anos finais	Não há turmas na comunidade[63]		---
Ensino médio	Não há turmas na comunidade		---
Ensino superior	Acesso Enem	2018 = -	2019: 1	---
	Acesso PSE-Q[64]	2018 = 6	2019: 8	Em 2018 = 100%

Fonte: a autora[65]

---

[62] Ver: https://www.qedu.org.br/escola/25579-emef-luis-euzebio-de-sousa/taxas-rendimento/?year=2016. Ainda não há dados oficiais disponíveis sobre taxa de aprovação de 2018. Acesso em: 25 abr. 2019.

[63] Estudantes dos anos finais do ensino fundamental e ensino médio da Comunidade Quilombola Tambaí-Açu estudam na cidade no sistema de nucleação campo-cidade e precisam se deslocar de ônibus da comunidade até a cidade todos os dias letivos. Portanto, distribuídos nas escolas da cidade.

[64] Processo de Seleção Especial Para Indígenas e Quilombolas – UFPA.

[65] Com base nas entrevistas e no levantamento de dados obtido principalmente nos sites do Ministério da Educação (MEC), Sistema Único de Saúde (SUS), Instituto Brasileiro de Geografia e Estatística (IBGE), Instituto Nacional de Estudos e Pesquisas Educacionais Anísio Teixeira (Inep) – Legislação e Documentos.

Nota-se, no Quadro 1, que algumas informações se encontram incompletas, tais como: o número de matrículas das séries finais do ensino fundamental e ensino médio, bem como as taxas de aprovação. Assim, registra-se que os estudantes dessas etapas de ensino da Comunidade Quilombola Tambaí-Açu não estudam na Escola Municipal de Ensino Infantil (Emeif) Quilombola Luís Euzébio de Sousa, pois ela somente recebe alunos da educação infantil e anos iniciais do ensino fundamental, ou seja, até o 5º ano. Portanto, os estudantes que finalizam o 5º ano passam a estudar na cidade, por meio do sistema de nucleação campo-cidade, o que dificulta o acesso a informações detalhadas desses estudantes, pois encontram-se distribuídos em várias escolas no espaço urbano de Mocajuba (PA).

O MUNICÍPIO DE MOCAJUBA (PA): DADOS HISTÓRICOS, DEMOGRÁFICOS, ECONÔMICOS, SOCIAIS

A história de fundação de Mocajuba se configura, segundo documento da biblioteca digital do IBGE (2007), como um processo de doação de terras onde hoje está localizada a cidade, isto é, no estado do Pará, a 255 km da capital Belém, região nordeste do Pará. O município foi homenageado, em julho de 2018, pela passagem de seus 123 anos por um dos sujeitos quilombolas entrevistados nesta exposição e membro do grupo de banguê e samba-de-cacete Quilombauê da Comunidade de Quilombo Tambaí-Açu. Assim, o quilombola **Preto do Batuque** (44 anos) nos apresentou a história de Mocajuba, por meio da música "Viva Mocajuba"[66]:

> *Viva Mocajuba*
> *Viva toda hora*
> *Viva Conceição*
> *Consagrada na história*
> *Mocajuba derivou-se*
> *Da palavra mucajá*
> *Ela está bem situada*
> *No nordeste do Pará*
> *Surgiu com a freguesia*
> *Do povo lá do Maxi*
> *De lá foi transferida*
> *Pra este lugar aqui*
> *O sítio Mocajuba*
> *Pertencia a João Machado*

---

[66] A música foi apresentada e premiada em segundo lugar como melhor música no festival em comemoração ao aniversário do município de Mocajuba, evento realizado em 6 de julho de 2018.

> *Mas ninguém se preocupa*
> *Que por ele foi doado*
> *À margem direita do Rio Tocantins*
> *Lugar bem situado*
> *Segundo Palma Muniz*
> *A instalação da vila*
> *Se deu no dia 03 do mês de fevereiro*
> *Do ano de 73 do século XIX*
> *Tem respaldo pra mostrar*
> *Pesquisa realizada*
> *Pelo Lauro Sabbá*
> *123 anos comemorados*
> *O povo quilombola*
> *Dessa vez foi convocado*
> *Estamos agradecidos a todos vocês*
> *Ano 2018 chegou a nossa vez*
> (Preto do Batuque, Grupo: Quilombauê, julho, 2018)

A música de **Preto do Batuque** apresenta dados da história conhecida oficialmente. Percebe-se, nas estrofes finais, que o compositor ironiza a participação dos quilombolas no festival, pois a história conhecida de Mocajuba ignora o papel das comunidades tradicionais quilombolas em sua formação histórica, conforme pode ser notado em textos oficiais da história desse município[67]. Nesse sentido, a história oficial nos informa que a formação histórica desse município[68]:

> [...] remonta a um pequeno povoado chamado Maxi, que se formou no rio ou furo Tauaré, em época incerta, e que possuía apenas uma igreja. Pelo fato de apresentar auspicioso progresso, durante o Período Colonial, o lugar ganhou o predicamento de freguesia, dado pela Assembleia Legislativa da Província, através da Resolução nº 228, de 20 de dezembro de 1853. Como o antigo povoado de Maxi não oferecia, geograficamente, grandes perspectivas para o progresso da freguesia, resolveu-se mudá-lo para outro local. João Machado da Silva colocou à disposição do Governo Provincial um sítio de sua propriedade chamado de Mocajuba (existia no local, em abundância, uma palmeira cujo fruto chamava-se "mucajá" ou "macambo", daí o nome Mocajuba que, em nheengatú, quer dizer "lugar abundante de mucajás[69]"),

---

[67] Estudos com base em Pará (1909).
[68] Esse mesmo texto foi encontrado no site do Consórcio de Desenvolvimento Socioeconômico Intermunicipal (Codesei). Disponível em: http://www.codesei.com.br//codesei/municipio/historia. Acesso em: 1 abr. 2018.
[69] Ver Glossário.

para servir de instalação à nova sede da então freguesia de Maxi. Essa mudança foi autorizada pela Lei nº 271, de 16 de outubro de 1854. A Lei nº 707, de 5 de abril de 1872, criou a vila de Mocajuba, instituindo, assim, o Município de Mocajuba, cuja instalação ocorreu somente no dia 3 de fevereiro de 1873. Jerônimo Antônio de Farias foi o primeiro presidente da Câmara Municipal, empossado na mesma data de instalação de Mocajuba, pelo Barão de Santarém, que estava interinamente na Presidência do Pará. (FUNDAÇÃO AMAZÔNIA DE AMPARO A ESTUDOS E PESQUISAS [FAPESPA], 2016, p. 9).

O município de Mocajuba compõe a microrregião do Baixo Tocantins e/ou Cametá, seu território tem como limites os municípios: Cametá e Igarapé-Miri, ao norte; Moju, ao leste; Baião, ao sul; e Oeiras do Pará, ao oeste. Conforme dados do IBGE (2016[70]):

A mesorregião do Nordeste Paraense é uma das seis mesorregiões, Estado do Pará. Em 2016 sua população foi estimada em 1.942.216 habitantes. É formada pela união de 49 municípios, agrupados em cinco microrregiões, a saber: Bragantina, Cametá (Baixo Tocantins), Guamá, Salgado, Tomé-Açu.

O Quadro 2, a seguir, apresenta dados atualizados do IBGE (2018) sobre população, trabalho e rendimento, economia e educação do município de Mocajuba:

Quadro 2 – Município de Mocajuba em dados quantitativos: populacional, trabalho e rendimento, econômico, educacional

	MOCAJUBA – PARÁ	
	2010	2018
POPULAÇÃO	População 26.731 pessoas	Estimada 30.736 pessoas
	2010	2016
TRABALHO E RENDIMENTO	Percentual da população com rendimento nominal mensal *per capita* de até 1/2 salário mínimo: 54,3 %	Salário médio mensal dos trabalhadores formais: 2,4 salários mínimos

---

[70] Ver site: https://cidades.ibge.gov.br/brasil/pa/mocajuba.

MOCAJUBA – PARÁ		
ECONOMIA	Produto Interno Bruto (PIB/2016)	Índice de Desenvolvimento Humano Municipal (IDHM/2010)
	PIB *per capita* R$ 9.376,98	0,575
EDUCAÇÃO	Índice de Desenvolvimento Educacional Brasileiro (Ideb) - Anos iniciais (2015)	Índice de Desenvolvimento Educacional Brasileiro (Ideb) - Anos finais (2015)
	3,7	2,7

Fonte: a autora[71]

O quadro anterior apresenta os dados demográficos mais atualizados de Mocajuba, em termos oficiais. Percebe-se neles os baixos índices do PIB, IDH e, consequentemente, da educação. Mocajuba é considerado, assim, um município pobre, embora sua história demonstre períodos ditos "prósperos" de desenvolvimento ocasionados pelo período da alta produção da pimenta-do-reino. Nota-se que tal "desenvolvimento" não esteve ao alcance de todos, e os números revelam que esse "progresso" não transformou as estruturas sociais do município, por isso ele se mantém, em dias atuais, principalmente do rendimento do funcionalismo público e agricultura familiar local. Registra-se, portanto, que atualmente a população mocajubense é, predominantemente, pobre e urbana.

Podemos, ainda, observar outros dados do município com relação à sua população, segundo dados mapeados e publicados pela Fapespa (2016), obtidos principalmente junto ao IBGE (1991-2010). O Quadro 3, a seguir, contém informações quantitativas importantes que contribuem para se entender o perfil do município de Mocajuba sobre população residente e características de afirmação por cor e raça.

Quadro 3 – Perfil do mocajubense nos anos 1991, 2000 e 2010, nas características cor e raça

População/habitantes	Ano 1991			
Cor e raça	Preta	Parda	Indígena	Branca
Número	716	13.832	–	3.827

---

[71] Com base em dados do IBGE (2018).

População/habitantes	Ano 1991			
Cor e raça	Preta	Parda	Indígena	Branca
-	Ano 2000			
Número	1.357	13.647	108	5.296
-	Ano 2010			
Número	1.765	18.746	56	5.821

Fonte: a autora, com base nos dados do IBGE (1990-2010)

Observa-se, no Quadro 3, que houve um aumento de habitantes negros em Mocajuba, de 2000 a 2010 (considerando os números da década anterior, 1990). Isso se deve aos processos de políticas de (re)afirmação quilombola que o país vivenciou, principalmente durante o governo de Luís Inácio Lula da Silva (2002-2012). Entre essas políticas, que concederam títulos de comunidade de quilombo, por meio do Iterpa, a diversas comunidades tradicionais quilombolas do estado do Pará, está a Comunidade Quilombola Tambaí-Açu, no dia 30 de novembro de 2009.

Outra observação que podemos fazer é que, de acordo com os números da população mocajubense, entre negros e pardos, a população não branca é predominante nesse município. Isso está relacionado ao fato de que as pessoas são levadas por questão da falta de conhecimento e/ou formação a se declararem pardas em vez de negras, levando os números a não revelarem as características reais da população mocajubense, predominantemente negra.

Diante disso, torna-se necessário ressaltar que a história apregoada como oficial do município de Mocajuba (PA), sobre a formação da cidade, está incompleta, pois omite o papel dos quilombos na história e formação desse município. Assim, com base em estudos de Gomes (2006, 2012) e Pinto (2001, 2004), o território de Mocajuba foi, historicamente, espaço de batalha das tropas do Estado, enviadas nos séculos XVIII e XIX para dizimar os quilombos, formados por negras e negros fugidos do sistema escravista no período colonial nessa região.

Dessa forma, pode-se afirmar que as negras e negros têm papel essencial na história dos municípios do nordeste paraense, entre esses o território do município de Mocajuba, que atualmente é composto de 10 comunidades quilombolas, a saber: Itabatinga, Mangabeira, Porto Grande, Santo Antonio de Viseu, São Benedito de Viseu, Uxizal, Vizânia, São José de Icatu, Bracinho do Icatu e Tambaí-Açu. Com isso, podemos considerar que Mocajuba, em meio às diversidades, também é quilombola.

Reportemo-nos, assim, ao considerar o objeto da pesquisa desta exposição, à citação do IBGE (2016[72]), a algo bastante relevante, que é a afirmação de que o município de Mocajuba "[...] já foi o maior produtor nacional de pimenta-do-reino" (entre 1983 e 1984[73]). Esse trecho compreende a relação histórica entre o município de Mocajuba e a introdução do monocultivo intensivo da pimenta-do-reino no estado do Pará.

Estudos acadêmicos revelam que a introdução do monocultivo intensivo da pimenta-do-reino no estado do Pará se deu:

> [...] após a introdução da cultivar Cingapura, pelos imigrantes japoneses em 1933. [...] Nos anos de 1980 a 1983, o Brasil se tornou o país que mais produziu pimenta-do-reino em todo o mundo e nos anos de 1980 a 1982 e em 1984, alcançou a posição de maior exportador mundial de pimenta-do-reino, graças à produção paraense. Em 1990 e 1991, apesar da crise, a produção de pimenta-do-reino atingiu novo recorde mundial idêntico aquele verificado em 1982. (LOURINHO, 2014, p. 2).

A pesquisa de Lourinho (2014) se correlaciona com a fala de um dos sujeitos liderança da Comunidade Quilombola Tambaí-Açu, **Dico** (Anotações de campo, 2017), ao dizer que:

> [...] *a comunidade mudou muito, alembro que antes da chegada da pimenta-do-reino na década de 70, [...] quem trouxe foi os japoneses a gente tinha imensos roçados, a gente plantava arroz, milho, até açúcar a gente produzia, mas a pimenta levou muita gente pros pimentais da redondeza.*

Ou seja, os dados da pesquisa de Lourinho (2014) possuem correspondência com as informações sobre a chegada dos japoneses em Mocajuba (PA) e, com eles, a pimenta-do-reino. Seus pimentais foram implantados no entorno do território, atualmente reconhecido como Comunidade Quilombola Tambaí-Açu, região de Mocajuba, conhecida como Vale do Tambaí-Açu. A fala do quilombola **Dico** (Anotações de campo, 2017) destaca, além do período em que se instalaram os japoneses, as consequentes mudanças.

---

[72] Ver site: https://cidades.ibge.gov.br/brasil/pa/mocajuba.

[73] Dados confirmados nos relatórios dos censos agrícolas do IBGE referentes às décadas de 1980 e 1990.

As transformações na região seguiram as necessidades do mercado da pimenta-do-reino no mundo e têm relação com a evolução nos preços, bem como com o período em que os japoneses se estabeleceram como produtores no Pará. Isso confirma a citação, que afirma: "[...] nos anos de 1980 a 1982 e em 1984 (o Brasil), alcançou a posição de maior exportador mundial de pimenta-do-reino, graças à produção paraense" (LOURINHO, 2014, p. 2).

Publicações e estudos do IBGE (2016) e Fapespa (2016) apresentam a cidade de Mocajuba com um perfil socioeconômico desenvolvido a partir de 1970, dada a produção da pimenta-do-reino. Portanto, buscaremos aprofundar a análise sobre a relação entre a introdução do monocultivo intensivo da pimenta-do-reino, em Mocajuba (PA), e a Comunidade Quilombola Tambaí-Açu, os impactos dessas transformações na visão das trabalhadoras e trabalhadores.

A ESTRUTURA DA EXPOSIÇÃO

A obra está dividida em três capítulos, que se articulam em seções e subseções. Dessa forma, o primeiro e o segundo capítulo se configuram como base teórica das análises dos dados da pesquisa, apresentando alguns elementos preliminares dos achados. No terceiro capítulo, esse embasamento teórico dos dois primeiros capítulos foi integrado às questões empíricas da pesquisa de forma mais ampla, estabelecendo, com isso, as análises gerais dos achados.

Com isso, no primeiro capítulo, trouxemos à tona a análise da constituição do ser social na contradição entre trabalho ontológico e trabalho para o capital. Assim, compreende-se que a categoria trabalho medeia a construção histórica do homem com a natureza e que as contradições das relações sociais construídas nessa mediação criam o mundo humano, ou seja, histórico. Entretanto, à medida que o capitalismo avança em prol de sua mundialização, cria necessidades que levam a transformar o sentido do trabalho, e adentra espaços-tempos nunca imaginados, e sua voracidade transforma as relações sociais, entre elas as mais íntimas do ser humano, na tentativa de homogeneizar as heterogenias.

No segundo capítulo, analisamos teoricamente as metamorfoses nos mundos do trabalho, seus impactos econômicos e sociais, nos modos de produzir a vida em outros chãos além da fábrica, a exemplo das comunidades tradicionais quilombolas, na conjuntura a partir de 1970 no estado do Pará.

Atravessadas pelas mediações de segunda ordem do capitalismo, no contexto da introdução de monocultivo intensivo, a exemplo da pimenta-do-reino, as comunidades quilombolas do nordeste paraense vêm (re)construindo suas identidades. Esse processo se integra às análises das metamorfoses do mundo do trabalho, pois entende-se, com base em Dubar (2005), que a constituição das identidades sociais perpassa por questões tanto de ordem econômica quanto cultural e é parte do processo, conforme Thompson (1987), constante de formação da classe econômico-cultural, de acordo com Antunes (2009), que vive do trabalho.

No terceiro capítulo, expomos as análises dos achados coletados por meio dos sujeitos da pesquisa, principalmente nas entrevistas. Analisamos, dessa forma, a (re)construção das identidades do ser social quilombola, cuja base está nas materialidades produtivas da existência, tanto objetivas quanto subjetivas, mediadas pelos processos de resistência que se engendram na contradição trabalho-capital. A (re)construção das identidades do ser social quilombola, portanto, é um processo de formação constante, mediado pelas relações constitutivas na produção da vida real.

Nesse sentido, destaca-se entre os saberes do trabalho a prática do mutirão como principal fundamento do pensar-resistir quilombola sobre a realidade, possibilitando a eles (re)criar processos de mediação diante da tentativa de homogeneização produtivo-cultural operada pelo modo de produção capitalista pela introdução de monocultivos intensivos nos espaços rurais amazônicos, a exemplo da pimenta-do-reino, no estado do Pará. Entende-se que, nessa contradição entre resistir e aderir ao modo de produção capitalista, o povo quilombola (re)constrói suas identidades permeadas de cultura popular, base de formação da classe econômico-cultural, que vive do trabalho.

Ao longo do tempo, a tentativa de homogeneizar as heterogenias de povos tradicionais quilombolas, por parte do modo de produção capitalista, materializa-se em um campo de contradição de saberes sociais entre capital e trabalho que produz processos de resistência e (re)constrói saberes como o mutirão e, com isso, a(s) identidade(s) quilombola(s). De tal modo, esses processos contraditórios dão às resistências uma perspectiva de negação-aderência ao sistema capital, pois os povos quilombolas, de uma forma ou de outra, também foram, em algum momento, "seduzidos" (embora ideologicamente) por essa lógica.

As transformações nos mundos do trabalho, operadas no contexto da Comunidade Quilombola Tambaí-Açu pela introdução do monocultivo intensivo da pimenta-do-reino, tentaram imprimir nesses quilombolas uma *identidade de aderência* ao modo de produção capitalista.

Contudo, esse processo não se deu de forma homogênea, como ousou planejar o capital, pois, em meio à precarização das condições de trabalho, os quilombolas do Tambaí-Açu resistiram à identidade do capital, (re)construindo processos de organização e alternativas ao que chamam as/os quilombolas de "trabalho pro outro" nos pimentais, configurando uma *identidade de resistência*, por meio das experiências que compõem o mutirão quilombola.

Dessa forma, observa-se a organização do trabalho nos mutirões da Comunidade Quilombola Tambaí-Açu como base do processo de *formação (constante) da classe econômico-cultural*, que *vive do trabalho*. Essa formação da consciência tem levado, mediante organização política em associação, à (re) afirmação do ser social quilombola permeado de *cultura popular*.

Constatou-se, assim, que embora o capital fixou seus empreendimentos por meio de grandes pimentais no município de Mocajuba, e em constante metamorfose, introduzindo outros monocultivos na região nordeste paraense, como o dendê[74], paricá[75] e, mais recentemente, a produção em larga escala do monocultivo intensivo (irrigado) do açaí[76], procurando, com isso, intensificar ainda mais o processo de homogeneização da(s) identidade(s) quilombola. Tentativas de aniquilar as heterogenias, o capitalismo não tem tido êxito, pois o mundo humano, como vimos em Gramsci (2011), é um constante vir a ser.

Nesse movimento, os povos quilombolas, como o da Comunidade Tambaí-Açu, têm sido resistentes à identidade individual, parcelada, empreendedora, desumanizante imposta pelo modo de produção capitalista, e, nesse mesmo mundo objetivo, (re)criam-se, (re)constroem-se por meio de alternativas e/ou outras objetividades, a exemplo do trabalho colaborativo, criativo, festivo, humanizante, isto é, os mutirões quilombolas até o tempo histórico presente.

Contudo, embora tenham os quilombolas avançado com relação à organização e à luta por direitos, tendo acesso, inclusive, a algumas políticas públicas que deram a eles "certa" visibilidade como sujeitos de direito, ainda há muito caminho a ser percorrido, dado o processo histórico excludente operado em tornar invisíveis negras e negros deste país.

Entretanto, torna-se crucial registrar que a (re)construção das identidades quilombolas, na perspectiva da *formação de classe* pensada por Thompson (1987), além de ser um constante processo, precisa ser analisada com cuidado para não cair nas armadilhas das generalizações eurocêntricas.

---

[74] Ver Glossário.
[75] Ver Glossário.
[76] Ver Glossário.

Finalmente, apresentamos as *conclusões* da pesquisa, com base no entendimento da tarefa necessária e revolucionária de se estudar as formas de resistência e (re)construção das identidades das classes trabalhadoras, como formação de classe econômico-cultural que vive do trabalho.

CAPÍTULO PRIMEIRO

O TRABALHO E O CAPITAL: A CONTRADITÓRIA CONSTITUIÇÃO DO SER SOCIAL

Neste capítulo, buscamos delinear e integrar o marco teórico da pesquisa às questões empíricas, partindo do entendimento marxiano de que o trabalho nos constitui como homens e mulheres; constrói-nos como comunidade e como ser social.

Para tanto, organizamos este capítulo em três seções que se articulam. Na primeira, intitulada "Mulheres e Homens – produtores e produtos do trabalho", tratou-se do princípio do trabalho onto-histórico, que cria o homem e a mulher como humanos. O trabalho onto-histórico faz o homem e a mulher terem consciência de si, ou seja, o homem e a mulher transformam a natureza em favor de suas necessidades, e essa natureza os transforma de forma dialética, os fazem planejar suas ações antes de executá-las, criando-se como seres históricos, o homem e a mulher pensam e fazem.

Na segunda seção, "No(s) mundo(s) do trabalho: mulheres e homens se movem e formam suas classes", analisou-se que as classes não são homogêneas e, como tais, vivem um constante vir a ser, portanto não podem ser vistas como um processo estático, mas no movimento entre a produção da vida e a produção do capitalismo.

Por fim, a terceira seção, "Trabalho e capital: o contexto dos anos 70". Por ter se tornado emblemático, é necessário para as análises, pois se configurou como tempo histórico passado, relacionado com o nosso presente, visto que o capital se intensificou com suas inerentes crises, ampliando suas mediações de segunda ordem e sua desumanização. Suas metamorfoses vêm tentando, embora sem êxito, universalizar as universalidades, a fim de inverter os sentidos do trabalho.

1.1 MULHERES E HOMENS: PRODUTORES E PRODUTOS DO TRABALHO

Entender o processo de constituição do ser social com base no materialismo histórico-dialético é considerar como ponto de partida da análise a categoria *trabalho*, resultado da construção histórica do homem e da mulher.

Processo que, para ser compreendido, precisa ser analisado a partir das categorias *mediação*, *contradição* e *totalidade*, de forma a refletir, conforme Marx e Engels (2009), que, pelo trabalho, o homem e a mulher se constituem, humanizando-se, à medida que modificam a natureza e a si próprios.

Assim, entendemos, de acordo com Marx (1996), que o trabalho, como constituinte do ser humano (gênese do homem e da mulher), apresenta-se como elemento formativo dos sujeitos, daí derivando o seu caráter educativo, conforme Gramsci (1989). O que implica dizer que o ser humano, ao trabalhar, educa-se e, em comunhão, constrói, no dizer de Saviani (2011, p. 7), o mundo humano construído pelo homem/mulher (o mundo da cultura), ultrapassando a concepção fragmentada de ser compreendido essencialmente como manual, braçal, mas como unidade fomentadora de um pensar-fazer(-se) em processo.

Outrossim, ao produzirem o mundo humano por meio do trabalho e realizarem a partilha dos conhecimentos imersos historicamente nessa produção, o homem e a mulher se humanizam em sua incompletude, em uma relação dialética, já que pensar, raciocinar e socializar são fatores determinantes para se distinguirem dos outros animais. Enquanto outros animais precisam adaptar-se à natureza para sobreviver, homens e mulheres adaptam a natureza a si, tornando-se não somente homens, mas humanos por meio do trabalho, conforme disposto por Marx (1996, p. 297-298):

> Pressupomos o trabalho numa forma em que pertence exclusivamente ao homem. Uma aranha executa operações semelhantes às do tecelão, e a abelha envergonha mais de um arquiteto humano com a construção dos favos de suas colmeias. Mas o que distingue, de antemão, o pior arquiteto da melhor abelha é que ele construiu o favo em sua cabeça, antes de construí-lo em cera. No fim do processo de trabalho obtém-se um resultado que já no início deste existiu na imaginação do trabalhador e, portanto, idealmente.

Dessa forma, os seres humanos distinguem-se dos outros seres animais por meio do pensar-fazer em unidade teleológica[77] (LUCKÁCS, 1981). Ao produzir o trabalho, também produzem o conhecimento, em um ato indissociável, isto é, trabalho-educação, partindo do pressuposto de que

---

[77] De acordo com Correa, Rodrigues e Araújo (2018, p. 88): "Lukács (2013), ao colocar o trabalho como fundamento ontológico de constituição do homem, caracteriza esta atividade especificamente humana como *pôr teleológico*, no sentido de que não se trata de uma tomada de consciência *a posteriori* de um ato prático que ocorre à revelia das faculdades mentais, mas de um ato que implica o pensar (o projetar) com o agir, em uma palavra, uma ação na qual imbricam-se a atividade intelectual e a atividade material".

outros animais agem por instinto, enquanto os humanos fazem uso do ato de planejar, como forma de elaborar suas ações na natureza, em favor de suas necessidades, transformando o ato do trabalho em educativo.

Essa busca por suprir suas necessidades, vai constituindo no homem e na mulher uma perspectiva de incompletude, visto que necessidades atendidas tendem a produzir outras, provocando sempre processos de descobertas, produções, por meio do trabalho, conduzindo o homem e a mulher a novas possibilidades criadoras, como relações societárias, formações de comunidades, modelos familiares, movimentos sociais etc., já que, de acordo com Marx e Engels (2009, p. 40-41):

> [...] o primeiro pressuposto de toda a existência humana e de toda a história é que os homens devem estar em condições de viver para poder "fazer história". Mas, para viver, é preciso antes de tudo comer, beber, ter habitação, vestir-se e algumas coisas mais. O primeiro ato histórico é, portanto, a produção dos meios que permitam a satisfação dessas necessidades, a produção da própria vida material, e de fato este é um ato histórico, uma condição fundamental de toda a história, que ainda hoje, como há milhares de anos, deve ser cumprido todos os dias e todas as horas, simplesmente para manter os seres humanos vivos. [...] O segundo ponto é que, satisfeita essa primeira necessidade, a ação de satisfazê-la e o instrumento de satisfação já adquirido conduzem a novas necessidades — e esta produção de novas necessidades é o primeiro ato histórico.

Nessa busca incessante por satisfação, o homem e a mulher vão se diferenciando cada vez mais dos outros animais. Com as primeiras comunidades, instauram-se as primeiras ações de vivências em comum, entre elas a agricultura, e com as propriedades constroem novas necessidades, "[...] surgem novas esferas de trabalho, e com elas novas atividades que afastaram ainda mais o homem (*mulher*) dos animais" (ENGELS, 1999, p. 17-18, grifo nosso). Nesse sentido, ainda de acordo com Engels (1999, p. 18):

> [...] os homens (e as mulheres) foram aprendendo a executar operações cada vez mais complexas, ao propor-se e alcançar objetivos cada vez mais elevados. O trabalho mesmo se diversificava e aperfeiçoava de geração em geração, estendendo-se cada vez mais a novas atividades. À caça e a pesca veio juntar-se a agricultura, e mais tarde a fiação e a tecelagem, a elaboração de metais, a olaria e a navegação. Ao lado do comércio e dos ofícios apareceram, finalmente, as artes e as

ciências; das tribos saíram as nações e os Estados. Apareceram o direito e a política, e com eles o reflexo fantástico das coisas do cérebro do homem: a religião.

À medida que o homem e a mulher passaram a se transformar, por meio do trabalho, suas produções foram ficando cada vez menos modestas. Em meio às necessidades e às transformações operadas para humanizar-se, o homem (e a mulher) cria e se diferencia dos outros animais, assim,

> [...] o trabalho se instaura a partir do momento em que seu agente antecipa mentalmente a finalidade da ação. Consequentemente, o trabalho não é qualquer tipo de atividade, mas uma ação adequada a finalidades. É, pois, uma ação intencional. Para sobreviver o homem necessita extrair da natureza, ativa e intencionalmente, os meios de sua subsistência. Ao fazer isso ele inicia o processo de transformação da natureza, criando um mundo humano (o mundo da cultura). (SAVIANI, 2011, p. 11).

As transformações no(s) mundo(s) do trabalho, construídas pela mulher e pelo homem, vão criando necessidades, e esse(s) "mundo(s)" vai(vão) se ampliando e se mundializando à medida que o pré-capitalismo vai se tornando, nas palavras de Mészáros (2011, p. 605), um "sistema capital"; as necessidades passam a se tornar necessidades de um sistema em favor de uma classe, a burguesa. Assim operadas, essas transformações vão consolidando um modo de produção, ou seja, o capitalismo, e com ele delineia-se a construção de um processo histórico, pautado no antagonismo de classes sociais acentuado na sociedade de mercado.

O trabalho, com isso, passa a ter um valor. O "sistema capital" cria um "novo sentido para o trabalho" (ORGANISTA, 2006, p. 29), ou seja, passa a *coisificá-lo*. Seu valor para o homem não é o mesmo, já que o "sistema capital" sobrevive da produção e do lucro, ou seja, da maximização do lucro ao menor custo possível. Assim, ganha um valor, e isso acaba por configurar, nas palavras de Marx e Engels (2007), o processo que ousou chamar de "luta de classes", afirmando: "A história de todas as sociedades até os nossos dias é a história de lutas de classes" (MARX; ENGELS, 2007, p. 48).

Essa luta, historicamente, tem sido materializada entre classes exploradas e classes dominantes. À medida que, dialeticamente, esse processo vai se configurando, o sistema capital fetichiza[78] a ideia de que o mundo está se

---

[78] Conforme Marx (2013, p. 228), entendemos que: "Decorre daí a mágica do dinheiro. O comportamento meramente atomístico dos homens em seu processo social de produção e, com isso, a figura reificada [*sachliche*] de suas relações de produção, independentes de seu controle e de sua ação individual consciente, manifestam-se, de início, no fato de que os produtos de seu trabalho assumem universalmente a forma da mercadoria. Portanto, o enigma do fetiche do dinheiro não é mais do que o enigma do fetiche da mercadoria, que agora se torna visível e ofusca a visão".

desenvolvendo, e com isso igualizando as diferenças, mas o que ocorre na realidade é que, no dizer de Marx e Engels (2007, p. 48), "[...] nada mais vem fazendo do que substituir as antigas por novas classes, por novas condições de opressão, por novas formas de lutas", ou seja, pelo que nos disse Arroyo (2010, p. 1.385): "[...] por outros coletivos feitos desiguais".

Isso implica pensar, conforme Antunes (2009, p. 197), naqueles que "[...] são o proletariado rural que vende a sua força de trabalho para o capital, eles também são parte constitutiva dos trabalhadores hoje, da classe-que-vive-do--trabalho", pois mulheres e homens da Comunidade Quilombola Tambaí-Açu produzem a vida em outros "chãos" além da fábrica. Entre as transformações no(s) mundo(s) do trabalho operadas pelo capitalismo, a partir da década de 1970, a introdução do monocultivo intensivo da pimenta-do-reino impactou os povos do campo. As falas das/dos quilombolas da Comunidade Quilombola Tambaí-Açu revelam as mudanças no seu próprio modo de vida, quando passaram a trabalhar por salários semanais (ou quinzena trabalhada) nos pimentais. Assim nos disse a quilombola **Tia Biro** (Entrevista 2):

> *Quando comecei a trabaiá, eu cheguei a trabaiá, aí nos pimentar, por duzentos cruzeiros por dia. Duzentos que hoje é vinte centavo. Eu trabaiava... nós saía daqui quatro horas da manhã. Eu saía de casa, eu saía junto com os pessoá do Copa... [in memoriam], a mulherada... e a gente ia embora pra lá. A gente ia andando por tudo aí, e ia saí lá onde hoje é a fazenda do Amilcar, lá por onde vai pela estrada. Pra aí nós ia trabaiá a diária e hoje se chama vinte centavo, naquele tempo era cruzeiro. [...] Com a pimenta-do-reino, eu achei que mudou até assim, que é o trabalho pro outro [...], no serviço da gente, se a gente quiser entrar oito horas a gente entra, se a gente quiser sair nove a gente sai, e é assim que é, e no do outro não, você vai entrar sete horas/sete meia, sai meio-dia e de lá entra uma e meia/duas horas...*

Percebe-se na fala de Tia Biro, a percepção da mesma com as mudanças nas formas de trabalho, cronometrada para produção, intensificadas a partir da década de 1970, observada na experiência quilombola. Daí que, embora esse trabalhador rural, de comunidade tradicional, tenha sido cooptado para os pimentais, caracterizados como trabalho fragmentado, regulado e, em alguns aspectos, praticado no molde *taylorista-fordista,* ou seja, como:

> [...] processo produtivo caracterizado, pela mescla da produção em série fordista com o cronômetro taylorista, além da vigência de uma separação nítida entre elaboração e execução. Para o capital, tratava-se de apropriar-se do savoir-faire do

trabalho, "suprimindo" a dimensão intelectual do trabalho operário, que era transferida para as esferas da gerência científica. A atividade de trabalho reduzia-se a uma ação mecânica e repetitiva[...] (ANTUNES, 2009, p. 38-39).

As/os quilombolas, passadas/os a assalariadas/os, não deixaram de trabalhar na roça. Nessa dupla jornada de trabalho, resistem contraditoriamente ao se negarem a trabalhar exclusivamente nos pimentais, pois a ida aos pimentais, nos períodos principalmente da colheita, configura-se como complemento de renda. Os quilombolas do Tambaí-Açu, Mocajuba (PA), continuam até os dias atuais produzindo as suas roças, por meio de mutirões, ou seja, fazendo-se no movimento entre as reproduções ampliadas da vida e do capital.

Portanto, o trecho da fala da quilombola **Tia Biro** (Entrevista 2) demonstra que a "classe-que-vive-do-trabalho" (ANTUNES, 2009), contraditoriamente, em meio às investidas do "sistema capital", constrói experiências que a faz pensar-resistir a partir de práticas colaborativas de trabalho, como o mutirão quilombola. Segundo o quilombola **Preto do Batuque** (Entrevista 4)[79], mesmo *"[...] aquele que trabalhava pro outro, sempre teve o dele (a roça), ele nunca esqueceu de fazer o dele, o que mudou foi a forma por causa do mutirão"*, que, ainda diante das mudanças operadas pelo capitalismo, ao tentar aniquilar processos que destoam de seu receituário homogeneizante, resiste ao se (re)construir como trabalho colaborativo, festivo, criativo e humanizante.

Essa realidade, que se constrói com o modo de produção capitalista, transforma as relações sociais em seus pormenores e trabalhadoras/trabalhadores são, no dizer de Marx e Engels (2007, p. 54), "[...] obrigados a se vender dia por dia, se tornando mercadoria, artigo de comércio, como qualquer outro". Assim, os/as quilombolas trabalham nos pimentais, a fim de complementar a renda e ter acesso a instrumentos de trabalho mais aperfeiçoados, combustível para locomover-se em seus meios de transporte, vestir-se mais dignamente, pois, nem tudo que o homem e a mulher produzem pode ser possuído por todos, já que o acesso aos bens da humanidade determinadamente encontra-se expropriado pela parcela rica da sociedade.

Portanto, o fazer-se do ser social quilombola, como formação da classe econômico-cultural, que vive do trabalho, se dá na luta histórica e dialética entre as reproduções ampliadas da vida e as reproduções ampliadas do capitalismo, configuradas no contexto da contradição trabalho nos mutirões-trabalho nos pimentais.

---

[79] Realizada na Comunidade Quilombola Tambaí-Açu, em 15 de abril de 2018, às 16h37, com duração de 1 hora e 25 minutos.

1.2 NO(S) MUNDO(S) DO TRABALHO: MULHERES E HOMENS SE MOVEM E FORMAM SUAS CLASSES

A "classe" acontece, como vimos em Thompson (1987), a partir das conjunções sociais. Entende-se, assim, que a formação da classe econômico-cultural[80] se dá no e pelo antagonismo das classes, na luta de classes, que se exprime materialmente por meio das condições determinadas no/pela contradição trabalho-capital, ou seja, entre aqueles que se movem pelas necessidades da produção da vida, ao trabalharem em mutirões, construindo roças, como forma de garantir a subsistência em oposição aos que vivem para trabalhar, na lógica de acúmulo, lucro, regulação e expropriação da força do trabalho do outro, pensada por Marx (2009) como exploração do homem pelo homem. Dessa forma, o trabalho passa a se configurar com duplo caráter: valor de uso e valor de troca.

Essas dimensões são próprias da mercadoria, já que, segundo Marx (2013, p. 128), "[...] o valor de uso das coisas se realiza para os homens sem a troca, na relação imediata entre a coisa e o homem, o seu valor, ao contrário, só se realiza na troca, num processo social", ou seja, o processo que transforma a produção do trabalho em mercadoria. Nesse processo social, conforme Marx (2013, p. 206):

> [...] [a] forma-mercadoria e a relação de valor dos produtos do trabalho em que ela se representa não tem, ao contrário, absolutamente nada a ver com sua natureza física e com as relações materiais (*dinglichen*) que dela resultam. É apenas uma relação social determinada entre os próprios homens que aqui assume, para eles, a forma fantasmagórica de uma relação entre coisas.

Entende-se, assim, que é a partir do valor de uso que se determina o valor de troca. Inicia-se, aqui, um dos processos da alienação (MARX, 2013), pois o negociante, isto é, o empregador, configurado conforme o objeto deste estudo nos donos dos monocultivos intensivos da pimenta-do-reino no nordeste paraense, aliena o trabalhador rural de comunidade tradicional, quando dá valor de uso e/ou valor de necessidade à mercadoria materializada na pimenta-do-reino, por meio da troca, isto é, a importação e a exportação desse produto.

---

[80] Observa-se que a noção-conceito que pode vir a ser de "classe econômico-cultural" que a autora nos traz, trata-se da mesma classe trabalhadora e /ou classe oprimida, subalterna, compreendida enquanto formação não apenas a partir de elementos econômicos, mas econômico-cultural, conforme Thompson (1987).

Dessa maneira, o tempo de trabalho designado à produção passa a ser o resultado com a matéria que foi usada para tal, porque o tempo passa a ser embutido no produto. De acordo com Marx (2013, p. 205), "[...] a medida do dispêndio da força humana de trabalho por meio de sua duração assume a forma da grandeza de valor dos produtos do trabalho [...]" e o trabalho se torna, portanto, *abstrato*, propriedade daqueles que detêm os meios de produção, e o trabalhador passa a não se ver no seu próprio trabalho, a não usufruir do produto, tornando-se, para ele [trabalhador], *estranhado*.

Além disso, ocorre no desenvolvimento da produção do trabalho, como valor de uso e valor de troca, a apropriação do excedente do que se produz, pois, para Marx (2013, p. 294), "[...] o incremento, ou excedente sobre o valor original, chama-se de mais-valor (*surplus value*)". Nesse movimento, que é o mesmo que *mais-valia*, pela tradução da obra de Marx (2013), "*mehrwert*", o capital se torna sistema, isto é, o capitalismo.

A divisão do trabalho operada pelo *sistema capital* se acentua à medida que seu desenvolvimento caminha para o seu próprio colapso, vivenciado materialmente em suas crises cíclicas, que, por serem estruturais, tornaram-se constantes. Assim, de acordo com Antunes (2009, p. 206, grifos do autor):

> Em vez do adeus ao proletariado, temos um amplo leque diferenciado de grupamentos e segmentos que compõem a *classe-que-vive-do-trabalho*. A década de 80 presenciou, nos países de capitalismo avançado, profundas transformações no mundo do trabalho, nas suas formas de inserção na estrutura produtiva, nas formas de representação sindical e política. Foram tão intensas as modificações que se pode mesmo afirmar ter a classe-que-vive-do-trabalho presenciado a mais aguda crise deste século, que não só atingiu a sua materialidade, mas teve profundas repercussões na sua subjetividade e, no íntimo inter-relacionamento desses níveis, afetou a sua forma de ser.

Atingidos também pelas transformações do capital e suas crises, os sujeitos da Comunidade Quilombola Tambaí-Açu, afetados pelas mediações de segunda ordem do capitalismo, em que há a intensificação da desumanização por parte desse sistema, com o monocultivo da pimenta-do-reino, sentiram-se atingidos na sua forma de ser, ao presenciarem mudanças na forma de fazer o mutirão quilombola.

Alguns quilombolas, "seduzidos ideologicamente", conforme Marx (2013), pelo sistema de assalariamento dos pimentais no período da colheita da pimenta-do-reino, ao serem cooptados, afetaram a dinâmica do trabalho da roça, pois passaram a se dividir entre os pimentais e o trabalho dos mutirões, e as expressões culturais dos tambores, banguê e samba-de-cacete foram suprimidas por essa divisão do tempo, pois, a partir desses pimentais, os mutirões seguiram, porém sem a festa do convidado, anterior ao dia dos mutirões, como nos disse o quilombola **Teneca** (Entrevista 6), "*[...] até os homens que faziam o banguê iam para os pimentais, as mulheradas ficaram tocando aqui os mutirões sozinhas*".

Nesse sentido, a necessidade, criada pelo capital, de se trabalhar nos pimentais com diárias pagas no final do dia constrói o estranhamento do trabalho, que se personifica como alienação, pois é "[...] interiorizada na 'alma do trabalhador', levando-o a só pensar na produtividade, na competitividade, em como melhorar a produção da empresa, da sua 'outra família'" (ANTUNES, 2009, p. 206). Assim se dá o processo de *coisificação* do trabalhador, ou seja, "o trabalhador pensado para o capital" (ANTUNES, 2009, p. 203).

Porém, mesmo diante de tudo isso, vale frisar que não acreditamos na tese da "perda da centralidade do trabalho". Acreditar nessa tese seria o mesmo que deixarmos de reconhecer as várias formas e modos de produção existentes, ou como nos diz Antunes (2009, p.206) desconsiderar o "amplo leque diferenciado de grupamentos e segmentos que compõem a classe-que-vive-do-trabalho", que vão de encontro à lógica mercadológica.

O próprio Marx (2013, p. 529) considerou as heterogenias de comunidades, ao citar em sua obra *O Capital* sobre a *divisão natural do trabalho*, afirmando: "Comunidades diferentes encontram em seu ambiente natural meios diferentes de produção e de subsistência. Por isso, também são diferentes seu modo de produção, seu modo de vida e seus produtos [...]"; a exemplo das experiências de trabalho desenvolvidas pela Comunidade Quilombola Tambaí-Açu, que, de forma tradicional, (re)constroem o mutirão, base de sua formação de classe econômico-cultural, que vive do trabalho.

Os sujeitos (homens e mulheres) da Comunidade Quilombola Tambaí-Açu confirmam, a partir de sua realidade objetiva, concreta, que a prática de trabalho realizado por meio dos mutirões quilombolas foram e têm sido determinante na formação dessa comunidade.

As falas do quilombola **Mundico** (Entrevista 1)[81] sobre os mutirões quilombolas, como forma de organização, revelam as contradições que se constroem no processo histórico da sociedade. Essas contradições levam-

---

[81] Realizada na Comunidade Quilombola Tambaí-Açu, em 11 de abril de 2018, às 14h5, com duração de 47 minutos e 7 segundos.

-nos a acreditar que, em meio a todas as transformações no(s) mundo(s) do trabalho, há formas de trabalho que são dotadas de diferenciação, construídas em uma relação não assalariada – relação assalariada de ordem-tempo, regulada pela produção.

Na Comunidade Quilombola Tambaí-Açu, a ordem do tempo-trabalho segue outro ritmo, que é cadenciado pela cooperatividade e festividade humanizante dos mutirões quilombolas. Esses precisam ser considerados como meios de produção diferentes, que têm, ao contrário dos apologistas do capital, a centralidade do trabalho como leme.

O trabalho, como fator de dignidade humana, está além do foco somente da produção, pois prima por construir, nas palavras do quilombola **Preto do Batuque** (Entrevista 4), *"[...] não só pra produção da roça, mas também pra construir amizade"*, isto é, trabalho que não é penoso, que aprisiona, mas que possibilita dar sentido, como trabalho que humaniza.

Portanto, o trabalho analisado aqui é o trabalho na sua dimensão onto-histórica, isto é, o trabalho social, pois acreditamos, conforme Organista (2006, p. 13–14), com base em Lukács (1981), que é a "[...] categoria trabalho que faz mediação entre o ser social e a natureza, ou seja, a categoria trabalho é que funda o mundo dos homens. Em outras palavras, é o trabalho que permite o salto ontológico que possibilita a existência social".

Igualmente com base em Antunes (2009) e Organista (2006), concordamos que "[...] o estudo do trabalho é uma questão crucial de nosso mundo, de nossas vidas, neste conturbado século XXI". Esse pensar se apresenta como base de sustentação para o estudo do nosso objeto, que é a abordagem da (re)construção das identidades como formação da classe econômico-cultural que vive do trabalho em comunidade quilombola do nordeste paraense.

Desse modo, demonstra-se que, por meio do trabalho, o homem e a mulher se movem, tornam-se histórico-sociais, constroem em coletivo sua subjetividade. O trabalho, portanto, conforme Organista (2006, p. 25), "[...] ainda é central para compreendermos a sociedade contemporânea", na perspectiva de como se formam as classes sociais e como se forma a classe econômico-cultural, explorada, subalterna, isto é, a classe trabalhadora.

1.3 TRABALHO E CAPITAL: O CONTEXTO DOS ANOS 1970

O capitalismo precede a mundialização, a internacionalização, a globalização. Como modo de produção, sua base é o comércio ampliado, entendimento que levou Marx (2013) à tese de que somente com a transformação das estruturas e das relações de produção poder-se-á passar para o outro modo de produção ou, de acordo com Santos (2001), em uma outra globalização, o que se tornou uma necessidade, já que a burguesia criou o sistema capital, "[...] um mundo à sua imagem e semelhança" (MARX; ENGELS, 2007, p. 44).

A "cultura voraz" do capitalismo, pautada na competitividade, na alienação e na exploração do outro como coisa, configura-se como transformação das relações de produção: de coletivas para individuais. Dessa forma, o capital cria um modo de vida, de cultura, com base no acúmulo e no consumo, e tenta levar o planeta a adotar a cultura capitalista, ou seja, a cultura do "adestramento para a transformação dos homens em máquinas" (MARX, 2007, p. 54). Assim, no processo de homogeneização, o capital tenta imprimir nos seres humanos a identidade individualista, a partir de seu modo de produzir fragmentado, parcelado, assalariado, portanto, desumano.

No entanto, vale frisar que esse processo, por ser humano, não é estático, ou seja, não se dá sem resistência. Historicamente, em diversos espaços-tempos, também são construídas dialeticamente experiências humanas que destoam do receituário (homogêneo) capitalista de sociedade. Outras formas de organização em sociedade emergem e estão na contramão da lógica do capital, ou seja, da ciência do pensamento único (SANTOS, 2001), da ebulição metamórfica do capital e das suas relações sociais, naquilo que Mészáros (2011, p. 96) chamou de "incontrolabilidade do sociometabolismo do capital".

Por isso, apesar das inúmeras transformações sob as quais o trabalho vem sendo submetido ao longo da história, continua sendo, de acordo com Mészáros (2011, p. 96), a "[...] única alternativa estrutural viável para o capital", pois o "[...] preço a ser pago pelo incomensurável dinamismo totalizador (do capital) é, paradoxalmente, a perda de controle sobre os processos de tomada de decisão" (MÉSZÁROS, 2011, p. 97). A divisão do trabalho, que acentuou o antagonismo entre classes, contribui contraditoriamente para a ebulição da luta de classes, ou seja, de acordo com Mészáros (2011, p. 99):

> Esta imposição da divisão social hierárquica do trabalho como a força cimentadora mais problemática – em última análise, realmente explosiva – da sociedade é uma necessidade inevitável. Ela vem da condição insuperável, sob o domínio do capital, de que a sociedade deva se estruturar de maneira antagônica e específica, já que as funções de produção e de controle do processo de trabalho devem estar radicalmente

separadas uma da outra e atribuídas a diferentes classes de indivíduos. Colocado de forma simples, o sistema do capital – cuja raison d'être é a extração máxima do trabalho excedente dos produtores de qualquer forma compatível com seus limites estruturais – possivelmente seria incapaz de preencher suas funções sociometabólicas de qualquer outra maneira.

Dessa maneira, observa-se que a divisão do trabalho é própria do capitalismo e necessita desse antagonismo para a própria sobrevivência. Daí a necessidade de adentrar todos os espaços-tempos[82] humanos, configurando-se de diversas formas, a exemplo dos monocultivos intensivos introduzidos na Amazônia, desde o início do século XX, e intensificados a partir da década de 1970 desse mesmo século.

A introdução da pimenta-do-reino no contexto do estado do Pará e do município de Mocajuba (PA) é a própria personificação do capital, ou seja, fragmentado, empreendedor, objetivado ao lucro, consumo e expropriação da força de trabalho do trabalhador. Nesses termos, configura-se como trabalho que desumaniza, pois individualiza o modo de ser homem e mulher de comunidades tradicionais como a Comunidade Quilombola Tambaí-Açu.

O monocultivo intensivo da pimenta-do-reino segue a lógica da divisão social do trabalho como metamorfose e controle do capital, contribui para o antagonismo de classes, primordial para a sujeição, como forma de divisão da sociedade em classes. No entanto, apesar de crucial para a consolidação do capitalismo, essa força cimentadora é pouco segura, pois, "[...] no fundo, há uma tendência centrífuga destruidora – de todo o complexo" (MÉSZÁROS, 2011, p. 99), isto é, a luta de classes que pode levar à revolução e à transformação dessa realidade impositiva das relações sociais do trabalho, do *modus operandi* capitalista.

Dadas as transformações do modo de produção, em seu estágio de tentativa a se tornar totalmente regulador/controlador do trabalho e das relações sociais, o capitalismo, com suas metamorfoses, cria outras formas de controle sociometabólico. Porém, não sólidas o bastante a ponto de

---

[82] Compreende-se este termo no plural, por haver a necessidade de entendimento de que os povos, com suas heterogenias, produzem a vida em diversos lugares e tempos diferentes, com cosmovisões diferentes, necessidades diferentes, que ao se materializarem ocupam seus lugares e tempos, que embora modificados com as travessias do capital, resistem, permanecem na luta pela sobrevivência, contraditoriamente nesse mesmo mundo do capital, também dotados de tempos-espaços que diferem dos seus. Portanto, os tempos e espaços, por serem movimento, são dialéticos, próprios dos seres humanos são históricos.

impedir que se (re)construam outras formas de produzir a vida, a exemplo de experiências pautadas na cooperatividade, criatividade, humanizante dos mutirões quilombolas.

Nesse sentido, compreendemos que, embora o capitalismo tenha almejado se tornar universal, ou seja, global, a realidade mostra o seu contrário, pois, na prática, não tem conseguido se firmar totalmente, daí a necessidade do controle, da imposição, da alienação, do acúmulo, da exploração, da coerção.

O capital, logo, em favor da manutenção de seu *status quo*, cria mitos que, nas palavras de Santos (2001, p. 9), são "fábulas", conhecidas por fenômenos da globalização; o mercado constrói ideias "[...] como se o mundo se houvesse tornado, para todos, ao alcance da mão". A mundialização do capital chegou ao seu ápice com a globalização. Os mercados, o dinheiro, o lucro, o consumo, o valor de uso e valor de troca chegaram a exorbitantes formas de influenciar até mesmo as mais íntimas relações sociais. O consumo se configurou em um culto. A ideia de que o homem vale o que tem agora se tornou regra. A corrida competitiva se tornou necessidade entre os mercados, pois o capital chegou à sua etapa voraz da mundialização, portanto cria-se a mais-valia universal e com ela:

> [...] tornou-se possível porque a partir de agora a produção se dá à escala mundial, por intermédio de empresas mundiais, que competem entre si segundo uma concorrência extremamente feroz, como jamais existiu. As que resistem e sobrevivem são aquelas que obtêm a mais-valia maior, permitindo-se, assim, continuar a proceder e a competir. (SANTOS, 2001, p. 15).

Dessa forma, diante das transformações cada vez mais velozes do capital, as influências desse modo de produção adentram espaços de comunidades tradicionais, das mais variadas formas, a exemplo de comunidades quilombolas, que se tornaram alvo das travessias de segunda ordem do capital que, de acordo com Tiriba e Fischer (2015, p. 415), baseadas em Mészáros (2006)[83], configuram-se como "[...] mediações que buscam assegurar o controle sociometabólico do capital", objetivadas a aniquilar experiências que destoem de seu receituário homogeneizante.

---

[83] "A constituição do sistema do capital é idêntica à emergência de sua segunda ordem de mediações. O capital em si não passa de um modo e um meio dinâmico de mediação reprodutiva, devorador e dominador, articulado como um conjunto historicamente específico de estruturas e suas práticas sociais institucionalmente incrustadas e protegidas. É um sistema claramente identificável de mediações que, na forma adequadamente desenvolvida, subordina rigorosamente todas as funções de reprodução social – das relações de gênero e família até a produção material e a criação das obras de arte – à exigência absoluta de sua própria expansão, ou seja: de sua própria expansão constante e de sua reprodução expandida como sistema de mediação sociometabólico" (MÉSZÁROS, 2011, p. 118).

Assim, nas tentativas de homogeneização capitalista, comunidades tradicionais quilombolas do nordeste paraense são invadidas pela alienação, por meio do trabalho assalariado, fragmentado, individualizado de monocultivos, como da pimenta-do-reino, até os dias atuais.

Diante do cenário das transformações do capitalismo, tomando como base o contexto a partir da década de 1970, em que o Brasil vivenciava o regime militar (1964-1984), foi operado, em razão do capital, um culto ao desenvolvimento econômico. O Brasil foi bombardeado por "Grandes Projetos", que se alastraram por todo o território brasileiro em nome da corrida desenvolvimentista, inclusive na região amazônica, que também foi alvo das multinacionais incentivadas pelo regime militar a explorar as "terras sem homens, para homens sem-terra"[84], pois:

> Quando se iniciou o processo de conversão da Amazônia em espaço de ampliação e reprodução do capital com foco na integração nacional, em meados dos anos 1960, a lógica dominante pautava-se no processo de estruturação da economia nacional localizada em diversas partes do território brasileiro. Isso propiciou a formatação, no espaço regional, do modelo de desenvolvimento que estava sendo concebido no plano nacional, moldado no modelo de industrialização sustentado pelo desenvolvimento capitalista. Amparado pelo discurso da necessidade de correção das desigualdades espaciais ou desequilíbrios regionais existentes no país, até então, o Estado brasileiro concebeu uma nova estratégia de desenvolvimento para a Amazônia com base em um padrão de financiamento do planejamento regional a partir da concessão de incentivos fiscais, que se constituíram, assim, no *funding* sobre o qual se deu o financiamento do desenvolvimento econômico da região ao longo dos últimos quarenta anos. A partir dos anos 1980, o Estado brasileiro entrou em uma crise de caráter fiscal-financeira de tal proporção que restringiu a manutenção das linhas de financiamentos do tipo *funding* necessárias à continuidade do processo de desen-

---

[84] Na década de 1970, os militares (1964-1985), sob a justificativa: "[...] das grandes extensões de terra na Amazônia e a política de colonização do Estado de 'terras sem homens para homens sem terras', articularam políticas de atração não apenas para o capital, mas também de grande contingente populacional necessário como força de trabalho para as imensas obras de infraestrutura que se implantavam na região. O governo da ditadura militar tirou bom proveito das tensões sociais que agitavam o nordeste brasileiro, causadas pelo crescimento da posse latifundiária e agravadas pela seca. Combinou as atividades econômicas na Amazônia com um projeto de colonização para o assentamento de nordestinos sem-terra e promoveu grandiosas campanhas e facilidades de transporte, atraindo trabalhadores com a promessa de planos para a reforma agrária, especialmente no eixo de construção da rodovia Transamazônica" (CONGILIO; IKEDA, 2014, p. 82).

volvimento, principalmente na órbita da questão regional, inviabilizando, portanto, a manutenção do planejamento do desenvolvimento regional. Em consequência, a disponibilidade de recursos vinculados aos incentivos fiscais regionais foi se reduzindo, impondo um obstáculo à manutenção da eficácia dos instrumentos de planejamento regional no país. No caso da Amazônia, isso determinou inicialmente uma crise de governabilidade na principal instituição de desenvolvimento regional, a Superintendência do Desenvolvimento da Amazônia (Sudam), levando-a posteriormente à decadência e extinção, em 2001. (LIRA, 2008, p. 8).

Observa-se que a corrida desenvolvimentista, operada pelo capital, capitaneado pela proteção do governo brasileiro, favoreceu o alvorecer do desenvolvimento mercadológico no Brasil, materializado na região da Amazônia paraense, em grandes projetos como o da Transamazônica e o da Hidrelétrica de Tucuruí, bem como no incentivo da vinda e permanência de grandes empresários ao estado do Pará, a exemplo dos japoneses, e, com eles, o monocultivo intensivo da pimenta-do-reino, empreendimentos financiados e operacionalizados pela Superintendência do Desenvolvimento da Amazônia (Sudam)[85] e Proterra[86], como forma de suprir as necessidades do mercado mundial.

Com isso, houve a introdução do monocultivo intensivo da pimenta-do-reino no município de Mocajuba, a partir da década de 1970, em que foram plantados, de início, mais de 60 mil pés de pimenta-do-reino na região de entorno da Comunidade Quilombola Tambaí-Açu, e, devido às proximidades com as áreas de plantio, essa comunidade foi imediatamente afetada com esse modo de relação de trabalho. Muitos homens, mulheres e até crianças foram cooptados para o trabalho nas plantações e colheitas dos grandes pimentais, ideologicamente seduzidos pelo sistema assalariado.

O processo do monocultivo intensivo da pimenta-do-reino, operado nas proximidades da Comunidade Quilombola Tambaí-Açu, a partir da década de 1970, configura-se como processo da própria objetividade do

---

[85] Foi no bojo dessa nova etapa do planejamento nacional do desenvolvimento regional que o Estado concebeu outra forma de intervenção no desenvolvimento da Amazônia. A criação da Superintendência do Desenvolvimento da Amazônia (Sudam) em 1966 (LIRA, 2008, p. 8).

[86] Ainda no início dos anos 1970, o próprio Estado criou outros mecanismos de intervenção estatal na Amazônia e no Nordeste, diminuindo os recursos financeiros originalmente vinculados à política de incentivos fiscais regionais. Foi o caso da criação do Programa de Integração Nacional (PIN) e, em seguida, do Programa de Redistribuição de Terras e Estímulo à Agroindústria do Norte e Nordeste (Proterra), em 1970 e 1971, respectivamente. Esses dois programas mantiveram-se com os recursos que estavam vinculados aos incentivos fiscais regionais e, em face disso, reduziram em 50% a oferta dos recursos disponíveis (LIRA, 2008, p. 9).

capitalismo, ou seja, nas mediações de primeira ordem atravessadas pelas mediações de segunda ordem do capital, em que há, conforme Frigotto (2010), a intensificação das forças de trabalho para suprir as necessidades do mercado.

As transformações das relações de trabalho na Comunidade Quilombola Tambaí-Açu, operadas desde o processo da introdução do monocultivo intensivo da pimenta-do-reino até a cooptação de trabalhadoras e trabalhadores para colheita e manutenção dos pimentais, têm causado impactos que tentam tornar esse povo individualizado.

O modo de produção capitalista afeta de forma desumanizante diversos espaços-tempos no mundo humano, pois por meio da divisão do trabalho, tentam imprimir no trabalhador a visão de sujeito individual, portanto diferente do sujeito que une forças nos mutirões quilombolas ao *fazer-se* do trabalho socializado da roça.

Nesse processo de homogeneizar as heterogenias, nem mesmo os povos e as comunidades tradicionais foram poupados, nem seriam; pelo contrário, as experiências que caminhavam na contramão do capital têm sido alvos certeiros do capitalismo, que tenta a todo custo padronizar as universalidades, com o objetivo de tornar, no dizer de Arroyo (2010, p. 1405), "inexistentes" as experiências que destoam de seu receituário, transformando esses "outros" em "coletivos feito desiguais".

Com isso, precisamos entender a historicidade da Comunidade Quilombola do Tambaí-Açu, permeada pelas travessias de segunda ordem do capital, que, nesse contexto, é caracterizado como monocultivo intensivo da pimenta-do-reino. Assim, a Comunidade Quilombola Tambaí-Açu foi analisada pela totalidade compreendida como tempo-espaço, configurado dialeticamente entre passado, presente e futuro, isto é, como processo histórico-social.

Daí a necessidade de considerar o ciclo do monocultivo intensivo da pimenta-do-reino no(s) mundo(s) do trabalho, em termos mundial, nacional, regional e local, consubstanciando os objetivos desta pesquisa, que estão relacionados aos processos de resistência e (re)construção das identidades dos povos quilombolas, como formação da classe econômico-cultural que vive do trabalho, pois entendemos, conforme Bogo (2010, p. 27), que a "[...] identidade está primeiramente ligada à categoria dialética 'unidade e luta de contrários'. Uma coisa não pode existir sem que haja o seu oposto".

Nesse sentido, encaminhou-se que a Comunidade Quilombola do Tambaí-Açu, conforme seus sujeitos, (re)constrói-se a partir do trabalho como experiência dos mutirões quilombolas em contradição com o trabalho dos pimentais. Essa contradição é revelada nos dizeres e fazeres como o do quilombola **Dico** (Anotações de campo, 2017), ao pontuar as mudanças, ou seja, mudanças nas relações construídas ao longo do tempo pelos coletivos da comunidade, operadas pela travessia do modo de produção capitalista, que é configurado no monocultivo intensivo da pimenta-do-reino.

Os sujeitos quilombolas revelaram que no momento da entrada do monocultivo intensivo da pimenta-do-reino no município de Mocajuba (PA), ou seja, a partir de 1970, havia na comunidade a média de 60 pessoas, divididas em aproximadamente 20 famílias. Assim, o quilombola **Tio João** (Entrevista 5)[87] nos disse: *"[...] a população era pouca aqui naquele tempo. Então, não é como é agora que tem cento e poucas famílias, quase duzentas, naquele tempo era, se dava muito, era umas vinte famílias"*.

A fala do quilombola **Tio João** (Entrevista 5) apresenta dados aproximados da população que compunha a Comunidade Tambaí-Açu nos anos 1970, e que desse número havia duas famílias que não foram para os pimentais, pois, de acordo com ele, *"preferiram ficar aqui na roça mesmo"*, ou seja, uma média de 15 pessoas.

Porém, como também revelado pelos sujeitos da pesquisa, aqueles que foram para o trabalho nos pimentais não deixaram de fazer suas roças na comunidade, e assim se configurou entre esses sujeitos a dupla jornada de trabalho, pois passaram a se dividir entre o trabalho da roça e o trabalho nos pimentais, ou seja, derrubavam, queimavam, limpavam e plantavam suas roças em mutirão. No período da colheita, encaminhavam-se aos pimentais, como nos disse **Tia Preta** (Entrevista 8), no *"trabalho pro outro"*. Durante esse período da colheita da pimenta-do-reino, as mulheres são direcionadas a dar continuidade ao trabalho da roça, com o trabalho da capina, que, para os homens, como o quilombola **Preto do Batuque** (Entrevista 4)[88], trata-se de uma fase do trabalho na roça *"mais leve, e as mulheres dão conta de fazer"*.

Percebe-se a divisão do trabalho entre os gêneros na roça, pois às mulheres se designa o trabalho "mais leve"; já nos pimentais a divisão segue pela produção, pois homens e mulheres seguem o mesmo objetivo, ou seja,

---

[87] Realizada na Comunidade Tambaí-Açu em 22 de abril de 2018, às 11h15, com duração de 42 minutos e 48 segundos.

[88] Realizada na Comunidade Tambaí-Açu em 15 de abril de 2018, às 13h10, com duração de 1 hora, 10 minutos e 6 segundos.

colher o maior número possível de quilos de pimenta-do-reino, com vista, ao entardecer, a receber pelo que fora colhido-produzido. Dessa maneira, como os períodos entre os plantios da roça não coincidem com os períodos da colheita da pimenta-do-reino, é possível que os trabalhadores se dividam entre roças e pimentais.

Portanto, os relatos dos sujeitos apresentaram a conjuntura da produção agrícola do povo da Comunidade Quilombola Tambaí-Açu, por meio do modo de produção familiar-quilombola. Observa-se que, a partir do que nos demonstraram os sujeitos, mesmo em meio às transformações na região, o modo de produzir a vida quilombola[89] resistiu ao dar continuidade aos mutirões quilombolas, em contraponto ao trabalho parcelado, individualizado dos pimentais, (re)construindo sua base econômico-cultural.

Isso revela que, mesmo com os impactos na "forma do mutirão", ocasionados pela introdução do monocultivo intensivo da pimenta-do--reino na região do município de Mocajuba (PA), demonstrado na fala do quilombola **Preto do Batuque** (Entrevista 4), o mutirão resistiu no reconstruir-se. Se antes da pimenta-do-reino se produzia muito arroz, ao ponto de se vender toneladas de excedente-ano, após a travessia nos anos 1970 do monocultivo intensivo da pimenta-do-reino na Comunidade Quilombola Tambaí-Açu, a produção da farinha de mandioca passou a ser a maior produção de excedente no fazer-se do mutirão quilombola e tem sido a produção da farinha de mandioca, por meio dos mutirões, a base de sustentação econômico-cultural da comunidade até os dias atuais.

Nota-se que o aumento da produção da farinha de mandioca na Comunidade estudada se deu em paralelo ao chamado *boom* da produção da pimenta-do-reino mundialmente, graças à produção paraense na década de 1980, como revelado pelo levantamento de dados da pesquisa de Filgueiras (2009):

---

[89] Base produtiva quilombola: trata-se de toda produção agrícola para satisfazer as suas necessidades vitais e o excedente, que acabam trocando ou comercializando, ou seja, segundo relatório do Instituto Nacional de Colonização e Reforma Agrária (Incra/2017): "Constata-se, por meio dos estudos realizados pelo INCRA e outros órgãos oficiais, que a grande maioria das comunidades quilombolas são rurais, dedicadas à agricultura, ou seja, nos quilombos é praticado o plantio de alimentos, a pecuária de grandes e pequenos animais, a pesca, o extrativismo, e várias outras atividades que são consideradas agrícolas. Em sua maioria, estas atividades são realizadas não só para o sustento da comunidade, mas também para o fornecimento ao mercado local, contribuindo para o desenvolvimento tanto das comunidades como da região em que estão inseridas." (INSTITUTO NACIONAL DE COLONIZAÇÃO E REFORMA AGRÁRIA [Incra], 2017, p. 10).

Figura 4 – Evolução da área colhida (mil/ha), produção e produtividade (kg/ha) da pimenta-do-reino no mundo, de 1965 a 2007

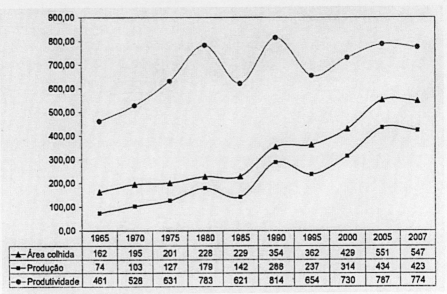

Fonte: FILGUEIRAS (2009, p. 7)

A Figura 4 revela que a chegada dos japoneses ao estado do Pará, bem como a intensificação do monocultivo da pimenta-do-reino na região nordeste paraense, não foi mera coincidência. Foi, no linguajar dos economistas de mercado, resultado do aumento da *oferta* e *procura*, em favor do abastecimento do mercado internacional.

No processo histórico do monocultivo intensivo da pimenta-do-reino, torna-se necessário registrar que, apesar das transformações ocorridas no trabalho a partir da década 1970, como a revolução técnico-científica, que se intensificou com a globalização e o aprimoramento de algumas ferramentas de produção, o processo de produção do monocultivo intensivo da pimenta-do-reino continuou de forma totalmente manual, desde a empinação das estacas (ressalta-se que a extração das estacas até mesmo na década de 1980 ainda se dava de forma manual, conforme registrado nas falas dos sujeitos quilombolas), produção das mudas, plantação das mudas, capinação, adubação, colheita.

A produção em larga escala da pimenta-do-reino exige grande quantidade de força de trabalho, dedicação exclusiva. Nesse sentido, a fala do quilombola **Dico** (Entrevista 3) é reveladora sobre a forma como se processa a relação trabalhador-patrão nos pimentais, em que o trabalhador, em dedicação exclusiva, é levado ao trabalho exaustivo, pois segue um plano de trabalho pautado em horas e produção. Geralmente, recebe por quinzena trabalhada e o salário não atende a todas as necessidades do trabalhador e, nessa lógica, fica atrelado ao empregador. No relato que segue, o quilombola **Dico** (Entrevista 3) revela sua experiência no *"trabalho pro outro"* e como foi difícil se libertar da lógica do trabalho exclusivo-salarial *"dos patrões e negócios do dinheiro"*:

> *Eu trabalhei mais de 20 anos nos pimentais, só aí pro Lucy (gerente do Tamyoca, japonês) foram 23 anos. Aí eu trabalhei dois anos lá no Tamyoca e aí a gente teve um problema lá com um japonês gerente zangado, e aí a gente foi transferido para o do Lucy. A maioria do nosso povo passou a trabalhar como escravo, porque deixaram os nossos afazeres e passaram a trabalhar com os patrões, nos negócio do dinheiro, né? Da pimenta-do-reino. Aí, tem uma mudança muito grande sobre isso, a gente sentimo na pele, que não foi fácil, trabalhar pros japoneses, eu digo por mim, que não foi fácil, porque eu senti isso quando foi pra mim deixar os japoneses. Eu senti, porque pra mim vim de lá pro meu sítio, eu tive que sair de lá quase fugido. Primeiro fiz um grande roçado. Vou falar como naquele tempo: 60 por 80 metros, mandei roçar e aí quando tava maduro: olha a minha ideia para sair de lá! E aí quando foi em dezembro eu mandei fazer o roçado pra janeiro, pude vir plantar tudinho e quando vi que dava pra mim vim morar aqui, eu esperei ainda um pouco. Isso foi num sábado, eu peguei o trator, reuni tudo que tinha lá (nos pimentais) e vim embora de manhã pra cá e aqui, já tinha convidado do pessoal aqui, e aí trabalhemo o mutirão. Era uma base de vinte pessoa. E parei o trator lá, e quem podia alimpar, alimpava, quem cortava pau, cortava, quem cortava palha, cortava e eu sei que quando deu umas três horas da tarde a barraquinha já estava pronta. A barraca do tamanho dessa casa aqui, toda fechada de palha com duas portas e aí eu peguei, voltei pra lá de tarde, e aí quando eles (japoneses) chegaram lá na segunda-feira, e viram que não tinha mais nada lá, eles mandaram vim aqui perguntar e eu aí falei pra eles que eu tinha vindo embora pra cá. E quem me ajudou? Eles perguntaram, só faltou falar assim: como foi isso, se todos quase aqui trabalham lá conosco? Se quase todos aqui trabalham lá e ganham dinheiro? Eu quero saber de que você vai viver? E eu respondi – eu vou dá o meu jeito, eu cansei! E eu vim embora...*

O quilombola **Dico** (Entrevista 3) nos apresenta a situação da classe trabalhadora nos pimentais. Percebe-se, nesse relato, como se dava a relação patrão-trabalhador e como o segundo havia sido explorado, pois a experiência do quilombola **Dico** (Entrevista 3), ao se dedicar durante mais de 20 anos como empregado dos pimentais, revela como foi tratado *lá*. O questionamento sobre as condições e a precarização em que trabalhavam era visto como desavença pelo empregador, e eles eram transferidos de imediato a outras áreas de cultivo, como está explícito no início do relato anterior. **Dico** (Entrevista 3) também revelou como o salário que recebia não era suficiente para viver dignamente, pois não deu condição a ele de construir sua casa. Isto é, o salário, como vimos em Marx (2013), não paga a força de trabalho despendida pelo trabalhador, o salário é, pois, a própria alienação.

O relato apresenta as contradições do "trabalho pro outro", pois, mesmo ao trabalhar por mais de duas décadas exclusivas nos pimentais, o quilombola **Dico** teve a impressão de ter *"fugido"* do empregador. Sem saber dos seus direitos trabalhistas, abandonou o trabalho dos pimentais. O quilombola **Dico** (Entrevista 3) nos apresenta o desdém com que foi tratado após ter deixado o patrão, e a percepção análoga à escravidão que lhe causou, após ter voltado para sua roça, sem ter construído *"nada"* com o salário que recebia ao *"trabalhar pro outro"*. Para poder construir um lugar para morar no retorno à Comunidade Quilombola Tambaí-Açu, contou com a ajuda de seus parentes do quilombo, e em mutirão construíram a casa coberta de cavacos[90], com paredes de palha, para que o quilombola **Dico** (Entrevista 3) e sua família pudessem (re)fazer-se quilombolas.

Tem aqui o trabalhador uma forma de consciência de retorno à história. Nos pimentais, o trabalho foi novamente expropriado na forma de intensificação do trabalho para o mercado. O trabalho nos grandes pimentais é esforço penoso, aprisionado, unilateral (ANTUNES, 2009), análogo à escravidão, pois é diferente das reproduções ampliadas da vida em comunidade, ou seja, do *bem viver*, pois:

> [...] não se sustenta na ética do progresso material ilimitado, entendido como acumulação permanente de bens, e que nos convoca permanentemente a uma competição entre seres humanos com a consequente devastação entre seres humanos com a consequente devastação social e ambiental. O Bem Viver, em resumo, aponta a uma ética da suficiência para toda a comunidade, e não somente para o indivíduo. (ACOSTA, 2016, p. 84).

---

[90] Ver Glossário.

A fala do quilombola **Dico** (Entrevista 3) também revela o seu retorno às origens, o ato de deixar os pimentais e voltar para a roça não foi um ato isolado. O retorno ao *Bem Viver*[91] quilombola foi um ato de quase todos que foram trabalhar "para o outro", ou seja, a maioria daqueles citados pelo mesmo **Dico** (Anotações de campo, 2017) retornou para as roças. No trabalho penoso e mal pago dos pimentais, ganharam consciência de que tinham que voltar para o que tinham aprendido com seus pais, como trabalhar em mutirão, para plantar a mandioca, feijão, arroz, legumes, fazer a farinha da mandioca, tanto para subsistência como para a comercialização do excedente, conforme nos disse a quilombola **Tia Biro** (Entrevista 2):

> Chegou um momento que nós paremo, todo esse tempo nos pimental do outro e, com isso, nós fumo passando e começou de novo fazer a nossa roça e, ele (marido) se ipirriou pra não ir e não foi, e aí ele fez a nossa roça, e aí que nós fumo alevantando de novo no nosso costume que nós era acostumado, desde os nossos pais. Com a nossa volta pra nossa roça, nos voltemos a plantar e produzir mandioca, o milho, o feijão.

Nas falas dos sujeitos, o "trabalho pro outro" tirava o tempo da roça. Não dava para sobreviver na dupla jornada de trabalho, ou seja, no pimental do "outro" e na sua roça. A quilombola **Tia Biro** (Entrevista 2) é pontual ao dizer que com o retorno à roça, ao dedicar o tempo somente para a roça, *"[...] nós fumo alevantando de novo no nosso costume que nós era acostumado"*. O costume herdado de seus pais em trabalhar em outra cadência foi modificado pelo relógio do capitalista, conforme a quilombola **Tia Biro** (Entrevista 2) nos falou, no trabalho dos grandes pimentais: *"[...] mudou, a gente trabaiava, já num outro ritmo, servindo o outro"*.

A lógica do tempo do capital diferente dos costumes do povo foi analisada por Thompson (1998). O modo de produção capitalista criou, no dizer de Thompson (1998, p. 268), o "tempo do relógio" em detrimento do "tempo da natureza", isto é, o tempo dos costumes dos povos tradicionais, no dizer da quilombola **Tia Biro** (Entrevista 2): *"[...] nós era acostumado"*, como trabalhar em mutirão, fazer a roça, plantar o milho, o feijão, o arroz, a maniva[92], fazer a farinha de mandioca, comercializando apenas o excedente.

---

[91] Conforme Acosta (2016, p. 23): "[...] o Bem Viver, *Buen vivir* ou *vivir Bien*, também pode ser interpretado como *sumak kawsay* (kíchwa), *suma qamaña* (aymara) ou *nhandereko* (guarani), e se apresenta como uma oportunidade para [re]construir coletivamente uma nova forma de vida".

[92] Ver Glossário.

O sistema capital mudou a cadência do tempo, de sentir-se, de percebê-lo e praticá-lo. De acordo com Thompson (1998, p. 272): "[...] o tempo é agora moeda: ninguém passa o tempo e sim gasta". No entanto, embora com as mudanças no tempo, mudanças que transformam muita coisa, as experiências a partir dos mutirões resistem ao se reconstruírem, ou seja, no ato constante e dialético, que **Tia Biro** (62 anos) nos revelou ao dizer: *"nós fumo alevantando de novo no nosso costume"*.

As mediações de primeira ordem estão relacionadas à produção de subsistência de homens e mulheres, direcionada na centralidade do trabalho; toda a produção visa à produção da vida, inclusive ao se vender ou trocar o excedente, pois o objetivo é suprir as necessidades vitais humanas. Essas mediações, no entanto, são modificadas a partir da intensificação do trabalho para a produção em larga escala, configurando, assim, as mediações de segunda ordem do capital, ou seja, as necessidades voltadas a suprir as exigências do mercado. Nesses termos, a produção visa ao acúmulo, lucro, riqueza, tudo é vendido, torna-se mercadoria, para que posteriormente o trabalhador consuma, compre.

Essas metamorfoses no(s) mundo(s) do trabalho vêm sendo experienciadas na Comunidade Quilombola Tambaí-Açu, na contradição entre aderir e resistir a essas transformações. Nesse movimento, (re)criam os saberes do trabalho e (re)criam a si mesmos, como processo constante de formação da classe econômico-cultural que vive do trabalho.

CAPÍTULO SEGUNDO

O TRABALHO PARA O CAPITAL E O TRABALHO PARA OS QUILOMBOLAS

Dividido em três seções, este capítulo objetiva analisar o processo das metamorfoses do(s) mundo(s) do trabalho, a partir da necessidade criada pelo capitalismo de explorar o homem pelo próprio homem, reificando, da forma mais cruel, por meio do escravismo, negras e negros da África, arrancados de suas vidas, de seus trabalhos, de suas culturas, com o único fim de produzir em larga escala, acumular, concentrar propriedades em prol da classe burguesa.

No entanto, compreendeu-se que esse processo não se deu sem resistência, pois onde houve escravidão, houve luta e de várias formas. Entre elas, as principais foram as fugas e as construções de espaços-tempos de liberdade, isto é, os quilombos (GOMES, 2006), que ao longo do tempo vêm se constituindo em resistentes comunidades tradicionais, que se mantêm até os dias atuais por meio de formas de produção da vida que destoam da lógica do capital, configurando-se, portanto, em formas de trabalho para o capital e formas de trabalho para os quilombolas.

Assim, a primeira seção, "Mundialização do capital e formação dos quilombos: experiências e resistências em comunidades tradicionais no tempo histórico presente", trata dos processos das metamorfoses no(s) mundo(s) do trabalho, que condicionaram o trabalho em sua forma mais cruel, ou seja, o escravismo, e de como nesse mesmo processo foram configurados processos de resistência, que levaram à formação de quilombos e às comunidades tradicionais.

Por conseguinte, foram tratadas, na segunda seção, "A Comunidade Quilombola Tambaí-Açu: experiências do trabalho no contexto da introdução do monocultivo da pimenta-do-reino", das questões relacionadas à formação da Comunidade Quilombola Tambaí-Açu e às travessias de segunda ordem operadas pelo capital, de forma mais intensa a partir da década de 1970, levando à compreensão das necessidades dessa produção e de como essa comunidade tradicional foi afetada com a forma de trabalho individualizada, assalariada do capital, personificada no monocultivo intensivo da pimenta-do-reino.

Finalmente, a terceira seção aborda os "Saberes e resistências: experiências da Comunidade Remanescente de Quilombo Tambaí-Açu – Mocajuba (PA)", em que são apresentadas as bases teóricas das categorias saberes e resistências deste estudo, interrelacionado ao objeto, ou seja, à realidade quilombola.

2.1 MUNDIALIZAÇÃO DO CAPITAL E FORMAÇÃO DOS QUILOMBOS: EXPERIÊNCIAS E RESISTÊNCIAS EM COMUNIDADES TRADICIONAIS NO TEMPO HISTÓRICO PRESENTE

O processo histórico da formação dos quilombos no Brasil foi configurado por lutas em prol da "liberdade". A mundialização do capital, a partir do mercantilismo, com o financiamento burguês para que os mercados se ampliassem, levou à exploração voraz das colônias. Nesse processo, de acordo com Mello (2001, p. 26), ao se reportar a Marx (1990), a "[...] África foi convertida numa reserva para caça comercial de negros (*blackskins*)".

As colônias se tornaram palco de diversas atrocidades em nome do "progresso", a citar o tráfico negreiro, que transformou o Atlântico em rota marítima para o desenvolvimento capitalista. Milhares de seres humanos foram retirados de seus territórios de origem, à força, para servirem de mão de obra para maximização do capitalismo. Os que chegaram vivos ao seu destino, já que os navios negreiros, conforme estudiosos como Freitas (1982), Genovese (1976) e Gomes (2003), foram sinônimos de atrocidades realizadas contra seres humanos, ao pisarem em terra firme, continuaram sendo violentados. Foram manipulados, açoitados, obrigados a trabalhar para o capital.

A história da humanidade nos revela o processo do trabalho, aqui, em sua forma mais cruel, podendo afirmar, assim, que a escravidão é a forma mais perversa de coisificação do trabalho. Nesse sentido, conforme Reis e Gomes (2012, p. 9):

> [...] a escravidão penetrou cada um dos aspectos da vida brasileira. Além de movimentarem engenhos, fazendas, minas, cidades, plantações, fábricas, cozinhas e salões, os escravos da África e seus descendentes imprimiram marcas próprias sobre vários outros aspectos da cultura material e espiritual deste país, sua agricultura, culinária, religião, língua, música, artes, arquitetura.

O tráfico negreiro tornou o povo advindo do continente africano escravizado pelo sistema produtivo no Brasil, a partir da colonização portuguesa, entre os séculos XVI e XIX. Estudos e estimativas revelam que, aproximadamente, mais de três milhões e 500 mil indivíduos[93] tenham sido trazidos durante esse período. Dessa forma, de acordo com Salles (1988), desse número, foram destinados ao Pará aproximadamente 53.217 escravizados africanos[94].

Os portugueses, no período colonial, imprimiram nas páginas da história do Brasil a vergonhosa liderança escravista e, com ela, um verdadeiro etnocídio. No entanto, esse processo não se deu de forma passiva. Os negros que chegaram vivos aqui construíram uma história de luta e resistência contra a escravidão a que foram submetidos. De várias formas se opuseram a isso, como por meio de suicídios, negando-se a trabalhar, organizando rebeliões, fugindo, construindo quilombos, lutando pela liberdade. Com isso, os conflitos e fugas em busca de liberdade foram cruciais para a construção de *quilombos*, ou seja, os negros e as negras são verdadeiros *guerreiros da "liberdade"*, assim nos confirma Funes (2012, p. 540), ao dizer que:

> [...] não houve aceitação tácita do escravo à sua condição social por um lado e, por outro, uma benevolência explícita, ou mesmo implícita, dos senhores. A luta de classe não deixa de existir. Há várias formas de fazê-la e é no cotidiano que o escravo constrói a sua contraordem escravista.

A luta de classes, que acontece a partir das conjunções sociais, como nos legou Thompson (1987), revela-se de várias formas. A contraordem, como nos disse Funes (2012), com relação a negras e negros escravizados, ocorreu ao se negarem a trabalhar, ao organizarem rebeliões nas senzalas, ao fugirem, ao se aquilombarem, até mesmo ao se suicidarem quando eram

---

[93] Conforme Fonseca (2011), em artigo intitulado "Educação e controle em relação à população negra de Minas Gerais no século XIX".

[94] "Manipulando os documentos existentes em sua época, Baena elevou o total de escravos introduzidos no Pará desde a extinção da Companhia Geral do Comércio, nos dias do governo de João Pereira Caldas, até os do governo do Conde de Vila Flor (1778 a 1820); afirma que a importação, nesse período encerrou o total de 38.323 peças, o que modifica substancialmente nossos cálculos. Até 1820, portanto, teríamos recebido 53.217 escravos africanos. Restringindo os algarismos aos negros importados, depois de 1792, verificamos que desse ano ao de 1820, houve notável incremento do tráfico e que ingressaram no Pará 30.717 indivíduos, resultando a média anual de 1.096 peças. No entanto [...] A importação de escravos não cessou em 1820. A última carregação de *negros novos* ou *brutos* da África ocorreu em 1834. Estava rompido, depois dessa data, o comércio direto com as praças negreiras da África, mas a importação de outras províncias brasileiras continuou, estimulada pela isenção de direitos de entrada, até as vésperas da assinatura da Lei Áurea" (SALLES, 1988, p. 51).

recapturados e reescravizados. A resistência acontecia também quando se entrincheiravam e lutavam pelos quilombos nos diversos combates contra as tropas do Estado, designadas a exterminar os quilombos.

A contraordem se deu de várias formas, e ainda se dá, na permanência até os dias atuais nas diversas terras de quilombo no Brasil. As formações dos quilombos no Brasil, salvo as peculiaridades de cada região, deram-se como algo comum nesse processo histórico. Essas lutas contra a opressão foram e são basilares na formação da classe econômico-cultural, que, explorada, teve que resistir e construir um processo alternativo, ou seja, organizados em mocambos e quilombos na garantia da sobrevivência, como vimos em Thompson (1987, p. 10): "A experiência de classe é determinada, em grande medida, pelas relações de produção em que os homens nasceram – ou entraram involuntariamente".

Na Amazônia paraense, esse processo ocorreu devido à peculiaridade da geografia da região. De forma específica, negras e negros precisaram se entranhar nas matas, navegando rios, furos e igarapés, fugindo dos senhores, e formaram quilombos em lugares de mata fechada (GOMES, 2006). Esses quilombos, de acordo com os estudos de Funes (2012, p. 555), nos séculos XVIII e XIX:

> [...] representavam uma ameaça constante à sociedade escravista. Eram vistos como uma "praga", uma "chaga de longa data" e acarretavam prejuízos aos bolsos dos senhores, pois parte de seus bens se evadia para as matas, diminuindo a força de trabalho e afetando uma economia visivelmente arruinada. Cabia ao Estado acabar com esses refúgios de escravos, restabelecendo a ordem e a tranquilidade.

Os mocambos no Pará, assim como em outras regiões do Brasil, foram alvo de muitas ações coercitivas do Estado nos séculos XVIII e XIX. Inúmeros conflitos ocorreram e muitas negras e negros foram mortos. Porém, "[...] os quilombos podiam ser destruídos, os quilombolas não. Com a mesma qualidade os mocambos nasciam e renasciam com o mesmo ideal em outros cantos das matas" (FUNES, 2012, p. 557).

Encontraram muitos obstáculos nas matas, porém, a partir do trabalho, transformaram a natureza em prol da sua sobrevivência ao se alimentarem e se curarem por meio de frutos, folhas, raízes, cipós e plantas, fazendo roçados, produzindo, comercializando o excedente. Tornaram a região sua aliada, construindo, dessa forma, quilombos com cultura baseada nos ensinamentos da floresta e dos indígenas. Com isso, (re)criam saberes como os mutirões quilombolas, que lhes deram condição de resistência. Típicos quilombolas com especificidades que somente podem ser encontradas na Amazônia.

Nesse sentido, os sujeitos da Comunidade Quilombola Tambaí-Açu nos revelaram, em suas falas, como se compõe o conjunto desses saberes identitários e resistentes. Assim, apresentaram-nos os saberes que estão inter-relacionados com o saber social do trabalho nos mutirões quilombolas. Nota-se que há variedades na produção desses saberes do mutirão, do convidado, ou, no dizer de Pinto (2001), *"cunvidado"*. Saberes que se encontram e são compartilhados no mutirão quilombola, que, (re)construídos, nas palavras de Durrive e Schwartz (2008), em suas "atividades industriosas", intensificam e (re)afirmam, conforme Dubar (2005, p. 136, grifos da autora): "a *identidade social* para si e para o outro".

De tal modo, embora tenham os negros e negras se aquilombado em lugares de difícil acesso, como em várzeas alagadas, labirintos de rios, furos e igarapés, ilhas em altos relevos difíceis de escalar, nunca estiveram isolados. A partir dos saberes herdados de seus ancestrais, desenvolveram uma economia voltada à subsistência, organização e comunicação com outras comunidades, mas que também produzia excedente, que era:

> [...] comercializado com regatões ou vendido diretamente na cidade a "pessoas certas". Através da relação comercial, os mocambeiros entraram no esquema de aviamento. Inseriram-se no ambiente local e assumiram importância econômica no abastecimento do mercado regional, como produtores de gêneros agrícolas e extrativos. (FUNES, 2012, p. 552).

Interessante observar o trecho anterior do estudo de Funes (2012), pois, mesmo ele tendo analisado outro espaço e outro tempo da região amazônica-paraense, a realidade é comparável às falas dos sujeitos quilombolas do Tambaí-Açu, Mocajuba (PA), que também foram alvos da comercialização de seu excedente pelos regatões – sistema de aviamento, que perdurou do século XIX ao século XX.

Conforme os relatos dos sujeitos da pesquisa, trata-se de "certo" adiantamento (de dinheiro, ou outros produtos de que necessitam) em que tratam diretamente com o comerciante, também chamado de aviador – esse, às vezes, quando o trabalhador precisa de um instrumento de trabalho, como enxada, foice ou outra mercadoria, negocia. Assim, o trabalhador fica "amarrado" com o comerciante, que já passa a contar com a produção para que a "dívida" seja paga, com produtos do "nativo" (maçaranduba, timbuí) e da agricultura, como arroz, milho, feijão, tabaco. A fala do quilombola **Tio João** (Entrevista 5) é reveladora, pois:

> [...] a negociação se dava no mesmo ano que a gente colhia. E aí eles já vinham e fazia a negociação, mas só que tanto a gente, como eles, já sabiam os fregueses que tinham e aí todo ano a gente já tinha pessoas certas pra compra, e isso era no tempo do seu José Moreira. Era o Eduardo Salame que financiava pra comprar.

A produção do excedente, no caso da comunidade estudada, deu-se em meio às contradições do capital, como um processo de resistência, pois tudo que produziam era em favor da subsistência das famílias, embora não houvesse coletividade no resultado do que adquiriam com a venda do excedente. As famílias comercializavam a partir da figura do pai, separadamente, a produção dos roçados de arroz, milho, feijão, e outros produtos do nativo, e isso foi crucial para a manutenção da comunidade até os dias atuais.

A produção das famílias na Comunidade Quilombola Tambaí-Açu está objetivada até os dias atuais em produzir a quantidade de que necessitam para comer, e para as demais necessidades humanas, cruciais para estar em condições de construir história, ou seja, ter habitação, vestuário e ainda outras coisas (MARX; ENGELS, 2009). No dizer do quilombola **Preto do Batuque** (Entrevista 4), no passado, *"tudo era em mutirão"*. Atualmente, apesar das transformações ocorridas, principalmente com a introdução do monocultivo intensivo da pimenta-do-reino, a produção por meio dos mutirões se mantém, com trocas de dias de trabalho entre as famílias da comunidade.

Segundo os relatos, a comunidade chegou a produzir, por meio dos mutirões quilombolas, antes da chegada dos japoneses – e com eles, o monocultivo intensivo da pimenta-do-reino, nos anos 1970, nas proximidades da Comunidade Quilombola Tambaí-Açu –, o excedente de mais de cinco toneladas de arroz por ano. Além do arroz, meia tonelada de milho por ano, arrobas não estimadas de tabaco, borracha da maçaranduba[95], dez latas (de dez litros) por semana durante o período das cheias. Colhiam nas matas o timbuí[96], confirmado no dizer do quilombola **Tio João** (Entrevista 5):

> [...] eu vivenciei essa época, tirei muita maçaranduba, e muito timbuí. Essa maçaranduba e esse timbuí era pra exportar. Eles compravam também. Quando chegava o inverno, a gente descia o

---

[95] Ver Glossário.
[96] Ver Glossário.

> *Cairañ... trabalhar pra tirar essas maçaranduba e passava o inverno pra lá. A gente fazia com o empreiteiro. A gente ia fazendo aquelas bolas de maçaranduba grande, três latas dessas latas de 10 litros, dessa lata de querosene, e aí trazia... vinha trazendo e depositando lá nos compradores, aí na boca do Tambaí. E aí quando a gente vinha era só ajustar, pegava o dinheiro. E isso era no tempo do seu José Moreira, era o Eduardo Salame que financiava pra comprar [...].*

Assim, podemos afirmar, com base em estudos históricos, a exemplo de Funes (2012), que as comunidades quilombolas fazem parte do processo histórico econômico-cultural do Brasil. Sua produção de excedente alimentou e alimenta as cidades, e o capitalismo, assim, encontra-se inserido nelas, no período anterior à década de 1970, por meio do sistema mercantil do aviamento, ou seja, mercado voltado a abastecer as cidades, a exemplo de Belém.

O trabalhador negro/quilombola "livre", embora (re)construindo a resistência todos os dias, de um modo ou de outro, é reificado pela necessidade do sistema capital, ou seja, o processo que Marx e Engels (2005, p. 88) analisaram como: "A necessidade de mercados sempre crescentes para seus produtos impele a burguesia a conquistar todo o globo terrestre. Ela precisa estabelecer-se, explorar e criar vínculos em todos os lugares".

O capital voraz não tem limites. Invade terras, apropria-se das riquezas alheias, do trabalho alheio e da consciência alheia. Cria um Estado à sua semelhança, e tenta submeter tudo e todos ao seu controle, porque pensa ter o poder de dar valor de uso e compra a tudo, ou seja, sua necessidade de ampliação e maximização é a sua sobrevivência. Todavia, conforme Bogo (2010, p. 17):

> [...] ao mesmo tempo em que se expande, cria novas contradições que se desenvolvem como forças contrárias, assim, a burguesia produz a sua própria negação. Foi assim também que o mercado e suas inovações chegaram à agricultura e à produção dos alimentos. Ávidos de lucro, as empresas avançam sobre culturas e identidades milenares; terra, sementes, pessoas, hábitos, ciclos de produção e, até códigos genéticos de algumas espécies, como se tudo pudesse ser invadido e destruído.

O capital tenta, de todas as formas, criar processos que o consolidem. Porém, a história não é construída linearmente, ela é construída por contrários. Por isso, não negando a realidade, mas encarando os fatos, os quilombos que foram formados da luta pela "liberdade" precisaram criar condições para se manterem vivos. Para isso, (re)construíram saberes que lhes possibilitaram viver em comunidade, ou seja, em unidade por meio do trabalho, como revelado nas falas dos nove sujeitos entrevistados.

Os relatos encaminham a tese de que a experiência de trabalho, que lhes possibilitou essa unidade, foi e tem sido o mutirão quilombola, pois produziam, e ainda produzem, a subsistência. O excedente que era comercializado dava e ainda dá condições de acesso a outros produtos dos quais eles necessitavam e necessitam, e que não podiam e ainda não podem produzir na comunidade, a exemplo do querosene para as lamparinas (quando não havia energia elétrica), atualmente a gasolina para o transporte, jabá (charque), redes para dormir, roupas, calçados etc.

Assim, além da produção do excedente de alimentos para comercialização, como o arroz e a farinha de mandioca, os quilombolas do Tambaí-Açu comercializam produtos do nativo, como frutos, a exemplo do bacuri e uxí, raízes, cipós timbuí, madeira, de acordo com as necessidades do mercado. Ressalta-se que a madeira e os cipós de timbuí já não são mais comercializados. As áreas de reserva da comunidade restringem esse comércio, pois já foram muito exploradas e, atualmente, algumas espécies encontram-se escassas.

Percebe-se, nos sujeitos, que a unidade do trabalho no mutirão quilombola foi, e tem sido, crucial para que a Comunidade Quilombola do Tambaí-Açu resista ao processo individualizante do capital, operado pelo trabalho assalariado nos pimentais.

O mutirão, de acordo com Caetano e Neves (2013, p. 266), "[...] aumenta a produção, diminui o dispêndio da força física e institui relações de solidariedade, cooperação, amizade, parceria, entre outras". O mutirão é um saber social do trabalho que os (re)constrói em coletividade, pois, conforme o dizer do quilombola **Preto do Batuque** (Entrevista 4): *"[...] O mutirão é uma necessidade para quem trabalha em comunidade"*. Nesse sentido, de acordo com Pinto (2013, p. 34), os "tradicionais 'cunvidados' demarcavam formas de trabalho coletivo, que se transformam conforme a vida dos habitantes desses povoados". Assim, entendemos a comunidade como uma relação do trabalho-educação, ou seja, de identidade. Conforme Saviani (2007, p. 154):

> Os homens aprendiam a produzir sua existência no próprio ato de produzi-la. Eles aprendiam a trabalhar trabalhando. Lidando com a natureza, relacionando-se uns com os outros, os homens educavam-se e educavam as novas gerações. A produção da existência implica o desenvolvimento de formas

> e conteúdos cuja validade é estabelecida pela experiência, o que configura um verdadeiro processo de aprendizagem. Assim, enquanto os elementos não validados pela experiência são afastados, aqueles cuja eficácia e experiência corrobora necessitam ser preservados e transmitidos às novas gerações no interesse da continuidade da espécie.

A relação de comunidade tradicional é uma relação de identidade, porque se constrói a partir do ato educativo do trabalho. Os saberes sociais são criados nesse processo como ato permanente de transformação da realidade objetiva, pelo trabalho do homem e da mulher. Esses saberes são, de acordo com Rodrigues (2012, p. 37), "[...] resultado das relações dos homens por meio da categoria trabalho", que são repassados de geração em geração.

Com isso, ampliou-se o sentido de comunidade tradicional, conforme Tiriba e Fischer (2015). Como algo além da diversificação de identidade cultural, buscou-se identificar a *"unidade do diverso"* (MARX, 1978) tanto econômico como cultural. Assim, de modo a refletir "sobre a produção de saberes em comunidades tradicionais, debruçamo-nos sobre os atributos que podem ser considerados comuns a esses grupos, destacando que suas práticas econômicas são, fundamentalmente, práticas econômico-culturais" (TIRIBA; FISCHER, 2015, p. 410).

Nesse sentido, com base em Cruz (2012, p. 597), concordamos que as comunidades tradicionais se configuram em

> [...] fortes conotações políticas, tornando-se uma categoria da prática política incorporada como uma espécie de identidade sociopolítica mobilizada por esses diversos grupos na luta por direitos.

Considerou-se, portanto, com base nas categorias expostas por Tiriba e Fischer (2015), *mediação[ões] de primeira ordem*, configuradas na produção da subsistência da Comunidade Quilombola Tambaí-Açu, a exemplo do fazer-se da roça de maniva, da farinha de mandioca, da própria cultura materializada na música, dança do banguê e samba-de-cacete. *Mediação[ções] de segunda ordem*, que é o produto da intensificação mercadológica, operada a individualizar, homogeneizar, em prol da perversa tríade: acumular, consumir, lucrar; resultando na produção de desumanidades.

De tal modo, Cruz (2012) ampliou o sentido da categoria comunidades tradicionais, já que se tem operacionalizado discursos, incorporados, inclusive, pelos governos, que os diferenciam como povos do campo. De acordo com Tiriba (2018), precisamos tomar cuidado com os "culturalismos", que embaçam a realidade. Entende-se que os povos tradicionais quilombolas vivem e resistem ao mover-se entre as reproduções ampliadas da vida e as reproduções ampliadas do capitalismo, pois estão também inseridos nessa lógica que não pode ser desconsiderada. Daí a necessidade de compreender os povos tradicionais quilombolas como parte da formação da classe econômico-cultural, que vive do trabalho.

O Quadro 4 nos apresenta as características e atributos dos povos tradicionais em (re)construção e nos ajuda a compreender a indagação de Tiriba e Fischer (2015, p. 418) sobre: "[...] em que medida a *sociedade envolvente* interfere no cotidiano de vida e trabalho, na sociabilidade e na construção da identidade cultural de homens, mulheres e crianças". A partir da perspectiva do trabalho-educação, essa indagação é respondida por meio de realidades objetivas, como as comunidades tradicionais, a exemplo da Comunidade Quilombola Tambaí-Açu – Mocajuba (PA).

Quadro 4 – Características/atributos dos povos e comunidades tradicionais

Relação com a natureza (racionalidade ambiental)	Racionalidade ambiental – relação profunda com a natureza;
	Modos de vida estão diretamente ligados à dinâmica dos ciclos naturais;
	Práticas produtivas e uso dos recursos naturais são de base familiar, comunitária ou coletiva;
	Possuem extraordinária gama de saberes sobre os ecossistemas, biodiversidade e os recursos naturais;
	Acervo de conhecimento está materializado no conjunto de técnicas e sistemas de uso e manejo dos recursos naturais, adaptado às condições do ambiente em que vivem.
Relação com o território e com a territorialidade	Território tem importância material (base de reprodução e fonte de recursos);
	Território tem valor simbólico e afetivo (referência para a construção dos modos de vida e das identidades dessas comunidades);
	Grande diversidade de modalidades de apropriação da terra e dos recursos naturais (apropriações familiares, comunitárias, coletivas).
Racionalidade econômico--produtiva	Assentada na unidade familiar, doméstica ou comunal;
	Relações de parentesco ou compadrio têm grande importância no exercício das atividades econômicas, sociais e culturais;
	Principais atividades econômicas são a caça, a pesca, o extrativismo, a pequena agricultura e, em alguns casos, as práticas de artesanato e artes;
	A tecnologia utilizada por essas comunidades na intervenção no meio ambiente é relativamente simples, de baixo impacto nos ecossistemas;

Racionalidade econômico--produtiva	Há reduzida divisão técnica e social do trabalho;
	Produtor e sua família dominam todo o processo de produção até o produto final;
	O destino da produção dessas comunidades é prioritariamente o consumo próprio (subsistência), além de destinarem parte da produção às práticas sociais, como festas, ritos, procissões, folias de Reis, etc.;
	A relação com o mercado capitalista é parcial: o excedente da produção é vendido e compram-se produtos manufaturados e industrializados.
As inter-relações com os outros grupos da região e autoidentificação	Mantêm inter-relações com outros grupos similares na região onde vivem, relações que podem ser de natureza cooperativa ou conflitiva, e é mediante essas formas de interação que as comunidades constroem, de maneira relacional e contrastiva, suas próprias identidades;
	No processo de construção do sentido de pertencimento, tais grupos são considerados como diferentes da maioria da população da região onde vivem.

Fonte: elaborado por Tiriba e Fischer (2015, p. 419) com base em Cruz (2012, p. 596-602).

São as mulheres e os homens dessas comunidades que recriam suas identidades, a fim de se manterem no campo, produzindo a vida em comunidade, no fazer-se das roças, da farinha de mandioca, dos mutirões quilombolas, espaço-tempo em que se cruzam saberes das ervas, raízes, cascas, frutos medicinais, a música, a festividade do trabalho, materializado na cultura do banguê e do samba-de-cacete. Características da produção da vida que destoa do modo de produção capitalista caracterizado no trabalho individualizado, parcelado, empreendedor, rotineiro, sem lazer. Portanto, as comunidades quilombolas compõem a sociedade de forma heterogênea, "diferente", ou seja, tradicional.

2.2 A COMUNIDADE QUILOMBOLA TAMBAÍ-AÇU: EXPERIÊNCIAS DO TRABALHO NO CONTEXTO DA INTRODUÇÃO DO MONOCULTIVO DA PIMENTA-DO-REINO

A Comunidade Quilombola do Tambaí-Açu demonstrou, por meio dos nove sujeitos entrevistados, que a relação do capitalismo com a comunidade não é algo distante, isto é, no dizer de Tiriba e Fischer (2015, p. 413), é "[...] atravessada por mediações de segunda ordem do capital". Travessia experienciada de forma mais intensa a partir de 1970, com a introdução do monocultivo intensivo da pimenta-do-reino, pelos japoneses, nas proximidades da comunidade, personificado como "trabalho pro outro", assalariado, individualizado, fragmentado, sem espaço para o lazer. Diferente do trabalho nos mutirões quilombolas, caracterizado como colaborativo, festivo, humanizante. Ressalta-se que, em dias atuais, as travessias de segunda ordem do capital se configuram também em outros "atravessamentos", tais como: escola (sistematizada), meios de comunicação, internet, televisão, celular, dentre outros.

Assim, a forma que os nove sujeitos da pesquisa apontam como maior choque na identidade do trabalho da comunidade foi e tem sido o recrutamento de mão de obra para o trabalho assalariado nos pimentais. Travessia de segunda ordem do capital, configurada no monocultivo intensivo da pimenta-do-reino, na região nordeste paraense, município de Mocajuba (PA), implantado por japoneses desde 1970 na região do Vale do Tambaí-Açu[97], conforme nos revelou o quilombola **Mundico** (Entrevista 1):

> [...] a partir daí, começa sair os pais de família da roça. Deixam de ir pra roça pra trabalhar no mutirão... pra sair pra trabalhar nos pimentais e, não deixa de ser uma boa oportunidade pra ganhar dinheiro, mas não é uma boa alternativa pra construir sua própria vida.

O trecho da fala do quilombola **Mundico** (Entrevista, 1), ao dizer que o trabalho nos pimentais *"[...] não deixa de ser uma boa oportunidade pra ganhar dinheiro, mas não é uma boa alternativa pra construir sua própria vida"*, levou-nos ao entendimento de como a comunidade analisada foi, segundo Tiriba e Fischer (2015), "atravessada" pelo sistema capital.

Assim, ao se pensar nos mutirões quilombolas como oposto ao "trabalho pro outro", a fala de **Mundico** (Entrevista 1) é reveladora de que, nos pimentais, ocorre o processo inverso, a desconstrução da comunidade, operada pelas mediações de segunda ordem do capital. Nos pimentais, não há espaço para o pensar-resistir quilombola. O pensar é voltado à produção,

---

[97] Ressalta-se que as primeiras mudas da pimenta-do-reino introduzidas no município de Mocajuba não foram resultado da ação dos japoneses. Foram introduzidas nesse município por meio de uma ação de incentivo à produção agrícola, operada pelo governo local, na década de 1970, pelo então prefeito, Hildebrando Sabá Guimarães, apelido Nairo, com mudas adquiridas em Tomé-Açu e distribuídas gratuitamente para agricultores à época (Anotações de campo a partir de conversas informais com produtor Francisco Pontes, 70 anos, à época, realizadas em 2018). Portanto, analisa-se, nessa exposição, a introdução da pimenta-do-reino desenvolvida pelos japoneses como modo de produzir baseado no monocultivo intensivo e assalariamento de trabalhadores, dedicação exclusiva e os impactos desse modo de produzir na Comunidade Quilombola Tambaí-Açu, localizada nas proximidades em que os pimentais dos japoneses foram implantados a partir da década de 1970, ou seja, na região do Vale do Tambaí-Açu, Mocajuba (PA).

à meta de quilos colhidos no final do dia, uma alternativa inviável para a construção da comunidade, pois a lógica do mercado capitalista está no individual, e não no coletivo, colaborativo, festivo.

Procurou-se compreender, portanto, além das aparências, a totalidade dessa realidade objetiva, aprofundando a análise do processo histórico do ciclo da pimenta-do-reino no estado do Pará. Estudos acadêmicos, a exemplo de Lourinho (2014, p. 2), citado anteriormente, revelam que a introdução do monocultivo intensivo da pimenta-do-reino no estado do Pará se deu pelos imigrantes japoneses a partir de 1933.

A pesquisa de Lourinho (2014) se correlaciona com a fala do quilombola **Dico** (notações de campo, 2017), ao dizer que *"[...] a pimenta levou muita gente pros pimentais da redondeza"*. Os dados da pesquisa de Lourinho (2014) correspondem às informações sobre a chegada dos japoneses em Mocajuba (PA) e, com eles (japoneses), da pimenta-do-reino. Seus pimentais foram desenvolvidos no entorno do território, reconhecido pelo Iterpa, em 2009, como Comunidade Quilombola do Tambaí-Açu, região de Mocajuba, conhecida como Vale do Tambaí-Açu. A fala do quilombola **Dico** destaca, além da instalação dos japoneses na região, as mudanças que vieram com eles.

Assim, Flohrschütz e Homma (1983) confirmam citações anteriores, de outros estudos, sobre o processo histórico da introdução do monocultivo intensivo da pimenta-do-reino no estado do Pará, consubstanciado também nos relatos dos quilombolas que experienciaram esse processo em 1970, no município de Mocajuba, pois:

> A introdução da cultura da pimenta-do-reino no Brasil ocorreu por volta do século XVII. Contudo foi somente em 1933, com o advento da variedade Cingapura trazida pelos imigrantes japoneses e submetida a testes de comportamento produtivo no município de Tomé-Açu, no Estado do Pará, que a pipericultura teve real, incremento no Brasil. Em meados da década de 50 com o desenvolvimento desta cultura no Estado, nosso país atingiu um estágio de autossuficiência, passando de importador a exportador de pimenta-do-reino, tendo atingido, sucessivamente, nestas cinco décadas, o quinto, o terceiro e, em anos recentes, a primeira posição como produtor e exportador mundial do produto. [...] Até o final da década de 50, essa cultura tinha como característica básica o monocultivo, sendo, predominantemente, trabalhada por agricultores japoneses. O aparecimento do fungo *Fusarium solani f. sp.piperis*, em 1957,

e mais tarde, o ataque pelo vírus do Mosaico do Pepino em 1967, foram acontecimentos que alteraram, fundamentalmente, os componentes do quadro produtivo da cultura nos anos que se seguiram. Durante a década de 60, em razão da disseminação maciça destas moléstias, a atividade registrou grande mudança quanto ao seu posicionamento espacial, passando a se deslocar a partir de sua área de origem - o município de Tomé-Açu - seguindo o rumo sul-nordeste no sentido do litoral e o curso dos eixos rodoviários Belém-São Luiz e Belém-Brasília e na região do Baixo Tocantins, sendo atualmente cultivada em mais de 50 municípios paraenses. (FLOHRSCHÜTZ; HOMMA, 1983, p. 11-12).

Observa-se, a partir dessa citação, que, embora os japoneses tenham chegado ao Brasil no início do século XX, a partir das políticas de imigração, foi somente a partir de 1933 que iniciaram a implantação da pimenta-do--reino no estado do Pará. Os empreendedores japoneses, incentivados pelo governo brasileiro, na crise do pós-Segunda Guerra Mundial, vieram e se mantiveram no estado do Pará, por meio das políticas de financiamento, operadas por intermédio do Proterra[98], a partir de 1970 (FLOHRSCHÜTZ; HOMMA, 1983).

Nota-se que os incentivos aos empreendimentos agrícolas dessa época estão relacionados ao período militar, que incentivou a produção agrícola no Brasil, a fim de suprir as necessidades do mercado mundial. Essa lógica favoreceu a produção da pimenta-do-reino, especificamente no Pará, bem como de outras produções agrícolas. No entanto, à medida que a crise mundial do capital avança nesse período, de acordo com Flohrschütz e Homma (1983), os incentivos foram se tornando escassos e isso levou muitos produtores a abandonarem seus pimentais.

Observa-se na Figura 5, a seguir, o gráfico e as características das fases do ciclo da pimenta-do-reino no Pará, de 1951 a 1982.

---

[98] Programa de Redistribuição de Terras, operado no período militar (1964-1984).

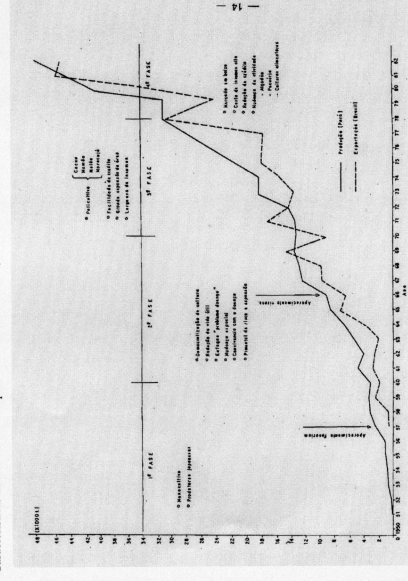

Figura 5 – Características da fase do ciclo da pimenta-do-reino no Pará, de 1951 a 1982

Fonte: FLOHRSCHÜTZ; HOMMA (1983)

O gráfico da Figura 5 apresenta duas características principais desse período: a produção do estado do Pará (gráfico em linha) e a exportação do Brasil (gráfico em pontilhado). Observa-se que a oferta da produção do Pará seguiu, quase que predominantemente, a procura do mercado de exportação. Em termos de Brasil, em alguns momentos, houve mais produção que procura internacional.

Ressalta-se, com base em Filgueiras (2009), que a procura pela pimenta-do-reino, mundialmente, está relacionada com o desenvolvimento das grandes indústrias de alimentos, já que a pimenta-do-reino é um dos principais ingredientes em conservação de alimentos. Dessa forma, os Estados Unidos da América encontram-se entre os maiores importadores da pimenta-do-reino no mundo. Consequentemente, a oferta se dá por essa procura, daí a necessidade da produção em larga escala e ao menor custo possível. Logo, optou-se, dado o clima favorável e a mão de obra barata, pela implantação dos pimentais em solo paraense.

Nesse sentido, vejamos os preços recebidos pelos produtores de pimenta-do-reino, no período de 1952 a 1982, na imagem a seguir.

Figura 6 – Preços médios corrigidos da pimenta-do-reino tipo preta recebidos pelos agricultores do estado do Pará, de 1952 a 1982

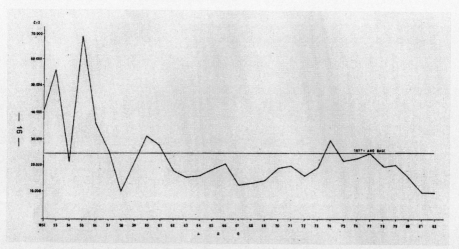

Fonte: FLOHRSCHÜTZ; HOMMA (1983).

Observe no gráfico da Figura 6 que os preços oscilaram bastante. Interessante que, no período correspondente ao regime militar no Brasil, os preços estavam em baixa em relação aos outros períodos. O desenvolvimento nos preços tem relação com o período em que os japoneses se estabeleceram como produtores no Pará, especificamente na região nordeste paraense, confirmando a citação anterior: "[...] nos anos de 1980 a 1982 e em 1984, *(o Brasil)* alcançou a posição de maior exportador mundial de pimenta-do-reino, graças à produção paraense" (LOURINHO, 2014, p. 2, grifos da autora).

A evolução dos preços internacionais da pimenta-do-reino é observada como oscilação de década em década. No início de 1961, os preços estavam em baixa, pois havia grande oferta em escala mundial. Com as crises dos fungos[99] nos países asiáticos, o preço aumentou em meados da década de 1970, pois a produção caiu. No início da década de 1980, os preços sobem e caem novamente no final dessa década devido à alta produção. No início dos anos 1990, continua em baixa, mas, no final, sobe, pois os fungos atacam a produção brasileira, e assim, em clima de oscilação, caminha o mercado da pimenta-do-reino no mundo. Como se percebe no gráfico da Figura 7, a seguir:

Figura 7 – Evolução dos preços internacionais da pimenta-do-reino, de 1960 a 2007

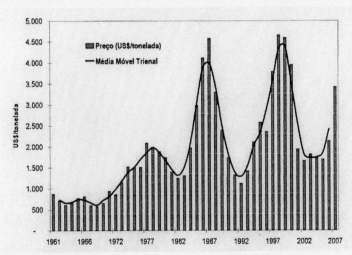

Fonte: FILGUEIRAS (2009, p. 7)

Com o mercado em alta, a necessidade da mão de obra se torna crucial para o aumento da produção. Verifica-se na fala do quilombola **Dico** (Entrevista 3), ao se reportar ao período de 1970 a 1980, que os pimentais dos japoneses estavam a pleno *"vapor"* nas plantações, e na produção, em torno da Comunidade Tambaí-Açu:

---

[99] Causada pela Podridão-das-raízes pelo *Fusarium solani f. piperis* e Podridão-do-pé *(Phytophthora palmivora)*. Disponível em: http://www.ceplac.gov.br/radar/pimentadoreino.htm. Acesso em: 11 mar. 2019.

> *[...] a maioria do nosso povo passou a trabalhar como escravo, porque deixaram o nossos afazeres e passaram a trabalhar com os patrões nos negócio do dinheiro né? Da pimenta-do-reino, [...] a gente sentimo na pele, que não foi fácil, trabalhar pros japoneses.*

Percebe-se, na fala do quilombola **Dico** (Entrevista 3), um pouco do processo de recrutamento dos trabalhadores para o sistema assalariado. Ao dizer que *"não foi fácil trabalhar pros japoneses"*, ele se reporta à precarização do trabalho nos pimentais, ao ritmo de trabalho intenso e à baixa remuneração, percebida principalmente ao deixar os pimentais e voltar ao trabalho da roça. O quilombola **Dico** (Entrevista 3) vivenciou essa forma de trabalho, em dedicação exclusiva, por mais de 20 anos.

Vale ressaltar que a intenção desse demonstrativo da evolução produtiva da pimenta-do-reino tem como foco o processo do ciclo da pimenta-do-reino no estado do Pará. Nesse sentido, vejamos o demonstrativo a seguir, que apresenta a produção da pimenta-do-reino no Pará e suas mesorregiões. Nele, observa-se como a mesorregião do nordeste paraense se destaca na produção na década de 1990, apesar da crise nesse mercado, causada pela alta oferta, pelos baixos preços e pelo ataque do fungo *fusarium*[100] nas plantações.

Figura 8 – Evolução da produção da pimenta-do-reino nas mesorregiões do estado do Pará, de 1990 a 2008

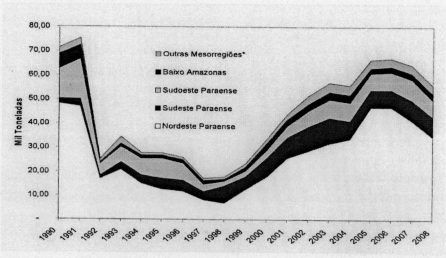

Fonte: FILGUEIRAS (2009, p. 15)

---

[100] Ver Glossário.

As pesquisas que fizemos sobre o ciclo da pimenta-do-reino no estado do Pará demonstram a relação desse mercado com o município de Mocajuba, a exemplo do IBGE, (2007), que o cita como maior produtor nacional de pimenta-do-reino, e continua ao afirmar que esse:

> [...] é um daqueles municípios em que a urbanização melhorou nos últimos anos, principalmente graças a riqueza obtida com o cultivo da pimenta-do-reino, cujos reflexos são possíveis de constatar tanto em residências particulares como em órgãos públicos. (Instituto Brasileiro de Geografia e Estatística [IBGE], 2007).

Os dados históricos do IBGE (2007) apresentam Mocajuba (PA) como um município dotado de um legado de desenvolvimento econômico produzido pelo período da pimenta-do-reino. Nesse sentido, aspectos de desenvolvimento estrutural e social relacionados à pimenta-do-reino ainda são um campo pouco explorado por pesquisadores. Segundo Costa (2017, p. 66, grifos da autora), o município de Mocajuba:

> Nas décadas de 80 e 90, [...] se tornou um dos maiores produtores de pimenta-do-reino. *No auge da produção, o município produziu 40.000 quilos desse produto*, o que favoreceu decisivamente o fomento da economia local, gerando riqueza para um pequeno grupo de pessoas.

Percebe-se que Costa (2017) confirma as informações anteriores sobre o *boom* da pimenta-do-reino e, embora não seja seu foco de estudo, ensaia análise sobre os impactos causados por esse tipo de mercado em Mocajuba. A afirmação de que, "No auge da produção, o município produziu 40.000 quilos desse produto"[101] coincide com a declaração anterior do IBGE (2012), de que o município de Mocajuba foi o maior produtor nacional de pimenta-do-reino. Essas informações se configuram em evidências que tornam sólido o objeto desta exposição e reafirmam aspectos históricos de Mocajuba, com lacunas a serem reveladas.

As informações de que o município de Mocajuba foi o maior produtor nacional de pimenta-do-reino na década de 1980, segundo o IBGE (2012) e Costa (2017), bem como as falas dos sujeitos desta pesquisa, comprovam o imenso potencial de produção de pimenta-do-reino na região do nordeste paraense, a partir da década de 1970. Assim como outros trabalhadores, muitos quilombolas do Tambaí-Açu trocaram sua força de trabalho, como mão de obra nos grandes pimentais, a baixo custo, como nos disse a quilombola **Tia Biro** (Entrevista 2).

---

[101] Souza (2013).

O ciclo da pimenta-do-reino no Pará foi construído historicamente com a presença maciça de mão de obra barata dos povos do campo[102]. Essa monocultura tem como base de desenvolvimento de seu processo, quase na totalidade, a força manual de trabalho, da retirada das árvores e do processo de estacamento[103] até a plantação, limpeza e colheita.

Pode-se afirmar, portanto, que esse tipo de monocultivo precisa de muita mão de obra, por se tratar de *travessia* de *segunda ordem* (TIRIBA; FISCHER, 2015) do sistema capital, ou seja, o capitalismo em sua versão intensificada para o mercado mundial. Na tentativa de desumanização do trabalhador, todo o processo produtivo provém da minimização dos custos, pois pagava-se nos pimentais, no dizer da quilombola **Tia Biro** (Entrevista, 2), *"20 centavos"* por diária trabalhada, enquanto se lucra milhares à custa da mais-valia, ou seja, o salário não paga a força de trabalho despendida pela trabalhadora e pelo trabalhador.

Entretanto, observa-se um processo diferente da forma de trabalho nos pimentais. Embora a fala do quilombola **Mundico** (Entrevista 1) revele que o monocultivo intensivo da pimenta-do-reino tenha afetado 50% da relação dos mutirões na comunidade estudada, os mutirões resistiram ao modo de produção capitalista. Essa resistência se configurou na "experiência que marcou a consciência popular" (THOMPSON, 1987, p. 201) desse povo, ou seja, o trabalho em mutirão[104], caracterizado como colaborativo, criativo, não assalariado e festivo, diferente do trabalho individualizado, fragmentado, assalariado, praticado nos pimentais.

Isso os manteve no *"costume"*, no dizer do quilombola **Mundico** (Entrevista 1), mesmo *"com estes trabalhos"*, isto é, com as "travessias" de segunda ordem do sistema capital, personificadas nos pimentais. Entretanto, com

---

[102] Conforme Cruz (2012, p. 596-597): "Nessa dimensão mais teórico-conceitual, os termos 'povos e comunidades tradicionais' buscam uma caracterização socioantropológica de diversos grupos. Estão incluídos nessa categoria povos indígenas, quilombolas, populações agroextrativistas (seringueiros, castanheiros, quebradeiras de coco de babaçu), grupos vinculados aos rios ou ao mar (ribeirinhos, pescadores artesanais, caiçaras, varjeiros, jangadeiros, marisqueiros), grupos associados a ecossistemas específicos (pantaneiros, caatingueiros, vazanteiros, geraizeiros, chapadeiros) e grupos associados à agricultura ou à pecuária (faxinais, sertanejos, caipiras, sitiantes-campeiros, fundo de pasto, vaqueiros)".

[103] Ver Glossário.

[104] Interessante observar que o mutirão (convidado), expresso nas falas dos informantes da Comunidade Quilombola do Tambaí-Açu como prática de trabalho que os define, tem sentido parecido com o saber do trabalho de Comunidade Quilombola de Mato Grosso, o *muxirum*, que é um tipo de atividade em que, durante a semana, realiza-se uma ação – plantar, carpir, colher – na roça de uma pessoa, no outro dia na roça de outro, e assim por diante. O trabalho que uma pessoa realizaria em uma semana é realizado coletivamente em um dia. Essa prática aumenta a produção, diminui o dispêndio de força física e institui relações de solidariedade, cooperação, amizade, parceria, entre outras (CAETANO; NEVES, 2013, p. 266).

base em Tiriba e Fischer (2015), precisamos tomar cuidado com os "idealismos" com relação às comunidades tradicionais; lembram elas, com base nas pesquisas que realizaram, sobre as contradições entre capital e trabalho, que:

> Se as comunidades e povos tradicionais estão atravessados, também, pelas mediações de segunda ordem é preciso, obviamente, atentar para as consequências – incluindo as reações das comunidades – das relações entre o trabalho e os processos de produção, transmissão e socialização de saberes. (TIRIBA; FISCHER, 2015, p. 421).

Com as "travessias" constantes do capital na realidade objetiva das comunidades tradicionais, "todo cuidado é pouco" na análise, pois não há, como nos legou Freire (1989), espaço para ingenuidades com relação ao capitalismo, já que:

> As bases materiais e simbólicas, econômico-culturais que fundamentam e dão sustentação à vida na comunidade (mediações de primeira ordem), são constantemente ameaçadas pela racionalidade destrutiva da sociedade produtora de mercadorias, ou seja, da sociedade capitalista. (TIRIBA; FISCHER, 2015, p. 413).

Todavia, há também, em meio às contradições do capitalismo, aspectos de resistência à segunda ordem do capital que não podem ser negados, apesar de terem sido atravessados de diversas formas para que fossem ignorados e se tornassem *inexistentes*. Os povos de comunidades tradicionais têm vivido majoritariamente na centralidade do trabalho, ou seja, têm vivenciado o trabalho na sua forma onto-histórica, a exemplo da experiência dos mutirões quilombolas. Conforme constatado por Tiriba e Fischer (2015, p. 420), nas comunidades de povos tradicionais têm resistido: "[...] o fruto do trabalho para a manutenção da vida material e simbólica das famílias e das comunidades (sobrevivência) – e não para fins de troca mercantil. A relação com a natureza é de intercâmbio e de equilíbrio vital" e:

> Todos estes atributos indicam que o rico e vasto conhecimento que é produzido resulta desse modo de trabalhar e viver e nos alerta para a complexidade dos saberes e valores dos povos e comunidades tradicionais. Poderíamos citar, por exemplo, a prática do *muxirum* – denominação própria das comunidades para mutirão – que é um regime de mutualidade. Essa prática, constatada em muitas pesquisas, ilustra os vínculos entre trabalho e educação e, também, entre economia e cultura. (TIRIBA; FISCHER, 2015, p. 420).

O saber social da experiência do mutirão quilombola "parece" responder ao nosso problema: como as mulheres e homens quilombolas constroem processos de resistência, ou não, às determinações do modo de produção capitalista, considerando as reproduções ampliadas da vida e as reproduções ampliadas do capital, que lhes possibilitam estabelecer, conforme Marx (2013), mediações que (re)constroem suas identidades como classe?

Entretanto, ao mesmo tempo que se constroem revelações, novas provocações emergem e indicam que a classe trabalhadora tem muito que aprender com as experiências de mulheres e homens de comunidades quilombolas, pois, assim como somos frutos do trabalho, somos igualmente coletivos.

2.3 SABERES E RESISTÊNCIAS: EXPERIÊNCIAS DA COMUNIDADE REMANESCENTE DE QUILOMBO TAMBAÍ-AÇU – MOCAJUBA (PA)

Para início do debate desta seção, é preciso fazer algumas considerações com relação à categoria *saber*, pois pensar o saber pressupõe duas questões que precisam ser explicadas, ou seja, para que se desfaça, nas palavras de Saviani (2011, p. 67), "uma confusão", isto é, a:

> Elaboração do saber não é sinônimo de produção do saber, pois, a produção do saber é social, se dá no interior das relações sociais, já a elaboração do saber implica em expressar de forma elaborada o saber que surge da prática social, ou seja, o saber elaborado supõe o domínio dos instrumentos de elaboração e sistematização. (SAVIANI, 2011, p. 91).

Assim, o tipo de saber foco deste estudo é o *saber social*; conforme vimos em Rodrigues (2012, p. 81), "[...] entendemos os saberes sociais como conhecimentos produzidos nas relações sociais, em decorrência da materialidade histórica vivida pelos trabalhadores". De forma ao dimensionar esse saber social, nós o entendemos de acordo com o objeto deste estudo, como *Valores*, conforme Quadro 1: síntese sobre a categoria saberes sociais, presente na obra de Rodrigues (2012, p. 83):

> 1. Significância dada pelos trabalhadores para questões como trabalho, educação e sua própria luta de classe. 2. Percepção valorativa sobre ações por eles desenvolvidas em oposição às do capital. 3. Elaborados por um grupo social particular em função de suas atividades e das relações que desenvolvem no plano econômico, social, político e cultural.

Considerações feitas, passamos à ampliação do que é o *saber social*. Esse que define o homem e a mulher, nas palavras de Marx e Engels (2009), como seres históricos. Entende-se, no entanto, que há muitas questões epistemológicas que discutem o sujeito de saber. Façamos, então, um resumo, com base em Fischer e Franzoi (2018), pois o saber social não é qualquer saber, trata-se de saberes que, por serem próprios dos humanos, são saberes do trabalho, que se constroem a partir da tríade "trabalho-saberes-experiência", ou seja, saberes de experiências, das atividades de trabalhadoras e trabalhadores, que, portanto, servem a essa classe (trabalhadora).

Dessa forma, entende-se por saber social a relação que se realiza no e pelo coletivo, isto é, dos sujeitos que fazem *experiência*. Para ampliar mais a análise, busquemos outras contribuições para pensar sobre o que é o saber e a sua relação com a experiência. Assim, recorremos à *ergologia*, pois estamos procurando entendê-la tal qual Fischer e Franzoi (2018, p. 200) propõem, quando afirmam que: "A ergologia debruça-se sobre ao trabalho como experiência e a explica a partir do conceito de atividade humana de trabalho, denominada de atividade industriosa".

Para tanto, é fundamental aprofundar a análise a partir de Schwartz (2011) e Thompson (1987), pois ambos

> [...] discutem o trabalho e/ou a produção das classes sociais como experiência, ou seja, como processos e resultados da intervenção humana, a qual é condicionada, mas não determinada, historicamente (FISCHER; FRANZOI, 2018, p. 200).

Estudos como esses nos embasam e contribuem para entender a experiência como intrínseca aos saberes do trabalho; conforme Freire (1996), é a forma de se problematizar o que é *ser* e *estar* no (*com o*) mundo.

Todo o exposto nos levou à compreensão de que o *sujeito de saber* se apropria do saber por meio de uma construção coletiva, *experiências* (THOMPSON, 1987) que lhe dão, de acordo com Dubar (2005, p. 136), identidade, que é o resultado a um só "[...] tempo estável e provisório, individual e coletivo, subjetivo e objetivo, biográfico e estrutural, dos diversos processos de socialização que, conjuntamente, constroem os indivíduos e definem as instituições".

Nesse sentido, o saber social, por ser coletivo, precisa ser compreendido como *saberes*, por haver uma troca mútua na construção histórica do homem e da mulher. Relação que *condicionada* "[...] restitui a relação identidade para si/identidade para o outro ao interior do processo comum que a torna possível e que constitui o processo de socialização" (DUBAR, 2005, p. 136). Assim, de acordo com Rodrigues (2012, p. 57);

> [...] os saberes são uma totalidade de conhecimentos resultantes da articulação presente-passado que permeia a existência dos seres humanos, considerando-se a dupla natureza da construção material dos homens: as condições de vida que encontram elaboradas antes do seu nascimento e aquelas que resultam de sua própria ação atual no mundo.

No entanto, com base em Rodrigues (2012), é necessário ressaltar que, diante da lógica dicotômica do capital, há um antagonismo entre os saberes: entre aqueles que atendem aos trabalhadores e aqueles que atendem ao capitalismo. Portanto, nota-se como, na divisão de classes, a mesma lógica, isto é, o *conhecimento científico* (pensamento único) é supervalorizado apropriado pela classe burguesa, enquanto o saber do *senso comum* é levado a ser desconsiderado, por pertencer em geral à classe determinada a fazer o trabalho descolado do pensar, ou seja, a classe trabalhadora.

Descolar o saber do fazer tem sido o objetivo principal no processo do trabalho capitalista. Dessa maneira, o sistema capital tenta tornar utilitários os *saberes tácitos*[105] dos trabalhadores para a maximização da produção. No entanto, precisamos compreender, conforme Gramsci (1989, p. 7), que "Não existe atividade humana da qual se possa excluir toda intervenção intelectual, não se pode separar o *homo faber* do *homo sapiens*", pois acreditamos, conforme Tiriba (2001, p. 89-90), na centralidade do trabalho "sob outra lógica (centrada no homem integral e não no mercado)".

Considerando, pois, que todo saber (social) resulta do trabalho, pode-se afirmar que esse ato produz cultura, ou melhor, a "cultura do trabalho", materializada nos saberes sociais do trabalho, a exemplo do que vem sendo construído nas comunidades quilombolas, como: o saber colaborativo; o festivo do mutirão; o da produção da farinha; das redes de economia para a venda do excedente, por meio dos "regatões", no comércio da Boca do Tambaí e ponte do Turão, e Tauaré (no passado) e, atualmente, no mercado municipal de Mocajuba (PA); o saber do "samba-de-cacete" e do "banguê".

Saberes que resistem, contrariando a lógica do mercado pensada de forma unilateral, centrada no consumo, no lucro e no acúmulo por meio do trabalho individualizado. Já os saberes historicamente construídos pelos quilombolas têm como principal objetivo o contrário, ou seja, a produção da subsistência das famílias, em que comercializam apenas o excedente e ainda produzem sentimentos, valores, cultura.

---

[105] Entende-se como "[...] aquele que não se exprime formalmente, é desenvolvido na experiência individual; é difícil e, as mais das vezes, impossível exprimi-lo em uma linguagem codificada, formalizada, e ele se liga geralmente a uma situação específica" (JONES; WOOD, 1993, p. 3 *apud* ARANHA, 1997, p. 14).

Esses saberes constituem, conforme Tiriba (2008, p. 70), "[...] estratégias de sobrevivência e/ou de produção de uma nova sociedade, estas experiências são como 'escolas' de produção, de uma cultura do trabalho", o que pode, de forma herdada ou por afirmação, ser (re)construída, como processos de formação da classe econômico-cultural que vive do trabalho, pois, segundo Thompson (1987, p. 10), "A consciência de classe é uma forma como essas experiências são tratadas em termos culturais: encarnadas em tradições, sistemas de valores, ideias e formas institucionais".

Nessa perspectiva, como a classe acontece com relação às *experiências* vivenciadas, é uma questão de formação da consciência de *si-para-si*, pois homens e mulheres comportam também uma dimensão de identidade de classe que pode ser relacionada à definição dada pela *ergologia* como *"corpo-si"*, isto é, o saber como o ato educativo do trabalho, o qual perpassa a perspectiva de que:

> A experiência só pode ser formadora se supomos que há nesse ser a tentativa contínua de integrar os acontecimentos, um ser concebido como uma totalidade vivente, um ser tão enigmático como se queira imaginar que possa encarar os encontros da vida e que possa fazer continuamente escolhas de uso de si mesmo. (SCHWARTZ, 2011, p. 57).

Assim, entende-se que a identidade de classe tem relação também com as experiências que constroem os *saberes sociais do trabalho*, que "[...] podem ser entendidos como aquele mobilizado, modificado e/ou (re)criado em situação de trabalho. Situa-se, portanto, no polo da experiência de trabalho" (FISCHER; FRANZOI, 2018, p. 209).

A busca por compreender como se constitui a formação da classe econômico-cultural, que vive do trabalho, tem-nos levado a ampliar a perspectiva do contraditório processo de (re)construção dos quilombos, diante das determinações da realidade objetiva, do sistema capital, pois, segundo Castro e Guimarães (1991, p. 10 e 13 *apud* FISHER; FRANZOI, 2018, p. 202):

> [...] a questão não é apenas "trazer de volta os trabalhadores", como escreveu Burawoy, mas reintroduzir o "sujeito desaparecido", como sugeriu Thompson (1990). [...] o arcabouço analítico burawoyniano, ressente-se da ausência de dimensões centrais, como a divisão sexual do trabalho, as relações étnicas e de gênero.

Pensar os sujeitos como sujeitos de saber, portanto, históricos, é incluí-los com todas as suas dimensões e identidades no foco do conhecimento. Precisamos ir além do que já se pensou sobre trabalhadores e trabalhadoras e suas resistências na fábrica, e procurar entendê-los em experiências de outros chãos. Assim, por meio dos saberes sociais do trabalho, que vão sendo (re)construídos de geração e geração, dialeticamente se consolidam as resistências, com várias formas, nas lutas sociais.

Nota-se, pois, que falar de *experiências* pressupõe várias nuances, já que essa categoria, no dizer de Ciavatta (2018, p. 59), carrega em termo uma "historicidade polissêmica", ou seja, para Ciavatta (2018, p. 59, 70, grifos da autora):

> O termo experiência vem do grego e seu sentido é de conhecimento pelos sentidos. Na língua portuguesa, pode significar experimento, experimentação, prática de vida, habilidade, perícia, prova, demonstração, conhecimento transmitido pelos sentidos, conhecimento acumulado pela humanidade. [...] *No entanto*, [...] O tema experiência de classe em E. P. Thompson (1924-1993) [...] parte da dialética marxista que tem na totalidade uma questão teórica e metodológica fundamental. A historicidade dos sujeitos, das classes sociais, das condições de vida e de trabalho e das lutas de classe estão presentes em todas as suas obras. [...] *Portanto*, temos por objetivo examinar o conceito de *experiência* de classe que, em Thompson, está intrinsicamente ligado à sua reflexão sobre o que chamou de "o fazer-se" da classe trabalhadora nas suas condições de vida e de trabalho (THOMPSON, 1987). Na historicidade de suas análises, o autor amplia o conceito de classe para além das determinações econômicas, considerando-as, mas incluindo os demais aspectos da vida social (moradia, saúde, religião, grupos sociais e políticos etc.).

Os estudiosos de E. P. Thompson, em sua maioria, delinearam suas pesquisas mais no conceito de classe que no conceito de experiência (CIAVATTA, 2018). Porém, esse cenário vem se transformando, pois alguns já percebem a necessidade de ampliar horizontes e estudam a categoria experiência de Thompson (1987), "[...] para pensar as experiências de classe e os movimentos sociais de resistência, das *classes trabalhadoras* contra a opressão capitalista" (CIAVATTA, 2018, p. 70, grifos da autora).

Nesse sentido, Rodrigues (2012), tomado pelas experiências e saberes apreendidos e compartilhados como pesquisador na Amazônia, durante suas pesquisas de campo, focado em analisar saberes linguísticos dos quilombolas, relata em sua tese "Saberes Sociais e lutas de classes" o que seria resistência quilombola, naquele contexto, configurado na "disputa de saberes entre os trabalhadores e o capital" (RODRIGUES, 2012, p. 17). Embora não tenham sido os remanescentes de quilombos de Cametá seu objeto de estudo, ele imprimiu em suas análises aspectos pertinentes para se entender um processo que leva um povo a construir "saberes de resistência", pois:

> [...] partindo-se da premissa marxiana de que o capital busca de todas as formas dominar o trabalhador, fazendo-o aceitar como seus os pensamentos daquele, não se poderia perder de vista que o silenciar do capital linguístico-cultural dos trabalhadores, como o dos remanescentes de quilombos de Cametá, implicava necessariamente a destituição de elementos que os fortalecessem enquanto fração de classe, impondo-lhes uma homogeneização linguageira, via escola, e que em nada contribuía para a diminuição das desigualdades sociais a que estavam mergulhados, senão fortalecimento do capital por meio do fomento de uma pretensa consciência comum. Todavia, já nesse período nos chamava a atenção certa *resistência desses sujeitos* diante dos avanços do capital. Ou seja, mesmo a *escola* imprimindo valores burgueses, via *saberes instituídos* como necessários ao aprendizado escolar, notava-se, por parte dos remanescentes dos quilombos de Cametá, a intensificação de alguns saberes linguísticos como que fortalecendo o sentimento de classe, de comunidade, como que lhes possibilitando unidade para os embates político-sociais necessários para atendimento de suas necessidades pelo poder público local. (RODRIGUES, 2012, p. 17, grifos da autora)

Nota-se nas análises de Rodrigues (2012) que ele buscou conceituar como "saberes de resistência" ou "saberes de contestação social" outras formas de compreensão da realidade, e estes, no contexto dos quilombos, como formação da classe econômico-cultural, que vive do trabalho, são materializados na: linguagem, organização em associação, cobrança ao poder público pela melhoria da escola (como direito), luta por se manterem na comunidade com qualidade de vida. A luta social, portanto, resistência, conforme Tiriba (2008), configura-se como "escola" na ampliação de saberes sociais, que podem levar à consciência de classe.

Dessa forma, partindo da premissa de que "[...] o trabalho é o princípio primeiro, para se entender a sociedade e, portanto a educação" (FISCHER, 2015, p. 151), procurou-se construir, por meio do aporte teórico apresentado, o entendimento da mediação dos saberes sociais, com a resistência quilombola, a fim de compreender, por exemplo, a relação do trabalho socializado dos quilombolas, configurado nos mutirões, com a perspectiva dos "saberes do trabalho", caracterizado por Fischer e Franzoi (2018, p. 209-210) como:

> [...] aquele mobilizado, modificado e/ou (re)criado em situação de trabalho. Situa-se, portanto, no polo da experiência de trabalho. [...] Podemos dizer, então, que, à luz da ergologia, analisar o estado dos saberes do trabalho implica assumir a ideia do trabalho como experiência, num entendimento da experiência como "saberes que podem se acumular no tempo de encontro com situações variáveis, históricas." (SCHWARTZ, 2010, p. 38). Neste sentido, o saber é manifestação e resultado da história produzida pelos sujeitos em atividade de trabalho. No enfrentamento das infidelidades do meio e na busca de tornar o trabalho vivível, o 'corpo si' vivencia verdadeiras 'dramáticas de uso de si'. Nesses casos, as normas que antecedem o agir no trabalho são retrabalhadas, a partir de julgamentos e escolhas individuais e coletivas que resultam em saberes.

Considera-se, dessa forma, que os processos de resistência, construídos como estratégia de sobrevivência, a exemplo das formações dos quilombos, são materializados em saberes do trabalho, os denominados mutirões.

A interface desses saberes levou os quilombos da região do Baixo Tocantins (nordeste paraense) a desenvolver um meio próprio de vivência. As experiências de cooperatividade e auto-organização (PISTRAK, 2018), construídas nos quilombos por meio do trabalho, foram fundamentais para que resistissem até o espaço-tempo presente. Espaço-tempo pensando conforme Fischer e Franzoi (2018, p. 201-202), que, ao recorreram a Marx (*apud* ENGUITA, 1989, p. 9), responderam à pergunta "O que é o tempo?" com a afirmação: "[...] o tempo é o espaço em que se desenvolve o ser humano". Ou seja, este tempo é denso. Denso de subjetividade do trabalhador, incluído aqui o seu saber, em parte apropriado pelo capital, em parte não.

Assim, embora as palavras do quilombola **Dico** (Entrevista, 3) revelem que *"a comunidade mudou muito"* com as transformações das relações de trabalho, ao longo da história, os quilombolas resistem. Suas comunidades persistiram, mesmo com as investidas do capital, operadas por meio do monocultivo intensivo da pimenta-do-reino, a fim de suprir as necessidades do mercado mundial.

Suas formas de trabalho, com base nos mutirões quilombolas, contrapõem-se à lógica do sistema capital, pois os mutirões quilombolas se configuram em um trabalho associado. Nessa perspectiva, mesmo tendo absorvido aspectos da lógica do mercado, como o ato de trabalhar por diárias nos grandes pimentais, os mutirões quilombolas formam a unidade dos saberes do trabalho, (re)construídos como resistência, na Comunidade Quilombola Tambaí-Açu, pois o capital não dá opções de escolha, as escolhas são (re)construídas. Os quilombolas (re)constroem a escolha de sobreviver na produção da vida, para isso precisam (re)criar saberes colaborativos, pois viver em comunidade, coletivamente, tornou-se possibilidade de sobrevivência e luta por direitos.

Dessa forma, entendemos os mutirões quilombolas como organização do trabalho para a resistência ao processo de homogeneização produtivo-cultural do sistema capital, que centraliza o trabalho para o mercado, em detrimento ao trabalho onto-histórico.

Nessa direção, todos os nove sujeitos (homens e mulheres) entrevistados revelaram o saber do mutirão quilombola como *saber do trabalho, resistente e identitário.* Entende-se, pois, que o *saber identitário de resistência* pressupõe três aspectos: primeiro, que o saber aqui é entendido como *saber social do trabalho*; segundo, que a identidade neste estudo parte da perspectiva da *identidade de classe,* ou seja, a identidade que provém do trabalho *onto-histórico,* em contradição ao trabalho *estranhado* do capital. Conforme Bogo (2010, p. 41): "A principal referência que forjou a identidade de gênero humano está no trabalho, ou, se preferirmos, na atividade social em que as pessoas desempenharam e desempenham suas funções sociais para produzirem seus meios de vida". O terceiro aspecto é o da resistência, entendida como resultado da compreensão de que "todo ser social é um ser cultural incompleto" (BOGO, 2010, p. 58), e que:

> [...] a consciência, portanto, é desde do início um produto social (MARX & ENGELS, 2002), mas a identidade não se esgota na representação do momento presente, porque envolve, também e necessariamente, esse vir a ser, agora não no sentido metafísico que vem do além da história, mas no sentido que as expectativas criam para o futuro. Por isso mesmo como nos disse Gramsci (2004) "A história é um contínuo fazer-se". (BOGO, 2010, p. 58).

Dessa forma, a resistência se configura, conforme já analisamos, em uma luta de contrários, pois "[...] as formas de identidade estão marcadas pela aceitação e manutenção do presente, ou pela resistência a ele, ou pelo desejo de destruição e transformação do poder presente" (BOGO, 2010, p. 59).

O quilombola **Dico** (Entrevista 3) diz que se *"muda muito"*, ou seja, o mundo é dialeticamente uma constante transformação. Os saberes sociais do trabalho, a exemplo dos mutirões quilombolas, que agem em oposição à lógica do capital, associam sujeitos e os unem em causas comuns. Assim, a luta pela sobrevivência e organização, causa crucial para formação da classe econômico-cultural, que vive do trabalho, é o exemplo de que "[...] o projeto mais do que cultural precisa ser político e consciente" (BOGO, 2010, p. 59). Portanto, a formação das classes sociais é um constante vir a ser.

CAPÍTULO TERCEIRO

OS PROCESSOS DE (RE)CONSTRUÇÃO DAS IDENTIDADES COMO FORMAÇÃO DA CLASSE ECONÔMICO-CULTURAL

Em três seções, este capítulo apresenta os resultados da pesquisa, tratados como (re)construção das identidades de trabalhadoras e trabalhadores quilombolas na contradição capital-trabalho, que, de acordo com Thompson (1987), trata-se de processos da formação da classe tanto em termos econômicos quanto culturais que, para Antunes (2009), vive do trabalho.

As análises se concretizaram por meio da unidade abordagem qualitativa e materialista, histórico-dialética, em que registros coletados, por meio de observações e entrevistas com nove sujeitos quilombolas, foram elucidados a partir do referencial teórico, abordados nos dois capítulos anteriores desta exposição. Assim, tem-se o trabalho e suas dimensões onto-criativas como

> [...] fundamento das relações viscerais entre trabalho e educação, pois percebemos e apreendemos os fenômenos da natureza e, neste encontro, modificamos a nós mesmos; produzimos cultura e nos produzimos como seres de cultura (TIRIBA; FISCHER, 2015, p. 407).

Dessa forma, a partir do entendimento da (re)construção da identidade onto-histórica do povo quilombola, concordamos com Dubar (2006) sobre não haver identidade com forma única. Buscaremos evidenciar, com base na categoria "identidade social" (DUBAR, 2005), o que poderia significar, conforme Bogo (2010), a "identidade de classe". As evidências comprovam que as comunidades tradicionais quilombolas nos legaram um modo de vida e a real experiência humana, pois, de acordo com Tiriba e Fischer (2015, p. 407), é "[...] na relação com o outro ser humano, com outros grupos e classes sociais, que produzimos saberes sobre possíveis maneiras de (ser) estar no mundo".

Assim, nas últimas décadas, a pretexto do fim da história, a lógica do capital tem sido perversa, com experiências que destoam do seu receituário (FRIGOTTO, 2010). Daí a necessidade de entendermos os processos de resistência e transformação da identidade social quilombola sob o prisma da luta de classes, pois entendemos a (re)construção das identidades como processos da formação econômico-cultural.

Portanto, por meio dessas análises, objetivou-se responder à questão: *como mulheres e homens quilombolas constroem processos de resistência, ou não, às determinações do modo de produção capitalista, considerando as reproduções ampliadas da vida e as reproduções ampliadas do capital, que lhes possibilitam estabelecer, conforme Marx (2013), mediações que (re)constroem suas identidades como classe?*

Logo, a exposição deste terceiro capítulo apresenta em sua primeira seção "A socialização quilombola da força de trabalho – contradição capital-trabalho", que objetivou entender a (re)construção das identidades como processos da formação da classe econômico-cultural, composta também de povos tradicionais (trabalhadores e trabalhadoras), como os quilombolas.

Segue-se, nesses termos, as subseções, a saber: 1) "A experiência do trabalho e a produção do ser social coletivo: entre as mediações de primeira ordem e as mediações de segunda ordem do capital", que objetiva analisar as materialidades produtivas tanto objetivas quanto subjetivas da Comunidade Quilombola Tambaí-Açu; 2) "Saberes e experiências do trabalho: resistência-aderência ao capital", em que se analisa a personificação do capital e a percepção a partir da prática do "trabalho pro outro" como diferente do trabalho nos mutirões; 3) "A Comunidade Quilombola Tambaí-Açu como sentido de trabalho: assimilação e negação de culturas", na qual se buscou compreender como os processos de resistência econômico-cultural ao capitalismo se operam de diversas formas, inclusive no fazer-se religioso da Comunidade Quilombola Tambaí-Açu.

Já nas subseções que seguem, a resistência ao capital foi aprofundada pelas análises de auto-organização. Vejamos: 4) "A Comunidade Quilombola Tambaí-Açu: saberes de resistência e organização em processo", em que foram analisados os processos de organização da Comunidade Quilombola Tambaí-Açu em associação e autorreconhecimento quilombola, fundamentais para terem acesso aos direitos como políticas públicas; e 5) "A Acreqta e a educação quilombola: espaços-tempos de lutas", em que foram analisados alguns aspectos da relação crucial entre movimentos sociais e processos de luta pela educação do campo e educação quilombola.

Na segunda seção, intitulada "Experiências coletivas do bem viver: práticas de trabalho socializado", procurou-se compreender a prática de trabalho mutirão quilombola como experiência-base dos processos de formação da classe econômico-cultural, que vive do trabalho. Para tanto, foram expostas análises em duas subseções, a saber: 1) "O estranhamento do trabalho: resistência econômico-cultural ao capital e à formação da identidade" e 2) "O papel das mulheres nos processos de resistência quilombola ao capital: o companheirismo na produção da vida".

Finalmente, a terceira seção deste capítulo tratou dos processos de (re)construção da(s) identidade(s), com base no entendimento de que as/os quilombolas sentem, vivem e são comunidade e, assim, se (re)constroem e se formam no constante vir a ser.

3.1 A SOCIALIZAÇÃO QUILOMBOLA DA FORÇA DE TRABALHO: CONTRADIÇÃO CAPITAL-TRABALHO

Resultado da produção de mulheres e homens, as materialidades produtivas, conforme Marx e Engels (2009), tanto objetivas quanto subjetivas[106], são construídas para suprir as necessidades vitais de mulheres e homens, tais como alimentação, vestuário e lazer, assim como seus saberes sociais, contidos na música, no "retiro" do fazer da farinha de mandioca, no mutirão quilombola, na cura por meio das plantas medicinais, nas benzedeiras, curandeiras e parteiras, na expressão de sua religiosidade, espiritualidade, no *bem viver*[107] de todas e todos, entre outros, entendendo, pois, conforme Saviani (2011, p. 13), que "[...] o que não é garantido pela natureza tem que ser produzido historicamente pelos homens, e aí se incluem os próprios homens", ou seja, a própria construção do mundo humano e/ou (mundo da cultura), analisado no contexto da Comunidade Quilombola Tambaí-Açu, Mocajuba (PA).

As materialidades produtivas de um povo perpassam pela unidade econômico-cultural, ou seja, pela "[...] conexão da estrutura social e política com a produção" (MARX; ENGELS, 2009, p. 30). Nesse sentido, continua:

---

[106] Conforme Araújo e Teodoro (2006, p. 73): "Para Marx o 'econômico' significava as condições de produção de existência, a relação dos homens entre si no processo de produção da própria vida. É claro que a vida tem um caráter determinante sobre a consciência. Mas este determinismo não pode ser entendido de forma mecânica. Produção material não é produção econômica, mas produção dos meios de vida que pressupõe elementos objetivos e subjetivos. 'Produzir seus próprios meios de vida' deve ser entendido como produção dos bens materiais e imateriais necessários à sobrevivência humana. Produção da objetividade e da subjetividade (VAISMAN, 1997). Produção dos meios de vida é produção de si próprio".

[107] Conforme Acosta (2016, p. 23), "[...] pode ser interpretado como *sumak kawsay* (kíchwa), *suma qamaña* (aymara) ou *nhandereko* (guarani), e se apresenta como uma oportunidade para construir coletivamente uma nova forma de vida".

> A produção das ideias, das representações, da consciência está em princípio diretamente entrelaçada com a atividade material e o intercâmbio material dos homens e mulheres, linguagem da vida real. O representar, o pensar, o intercâmbio espiritual dos homens e mulheres aparece aqui ainda como direta exsudação (*direkter Ausflu*) do seu comportamento material. O mesmo se aplica à produção espiritual como ela se apresenta na linguagem da política, das leis, da moral, da religião, da metafísica etc. de um povo. Os homens e mulheres são os produtores das suas representações, ideias etc., mas, os homens e mulheres reais, os homens e mulheres que realizam (*die wuirkenden Menschen*), tal como se encontram condicionados por um determinado desenvolvimento das forças produtivas e pelas relações (*Verkerhrs*) que a estas corresponde, até as suas formações mais avançadas. A consciência (das *Bewusstsein*) nunca pode ser outra coisa senão o ser consciente (das *bewusste Sein*), e o ser dos homens é o seu processo real da vida (idem, ibidem p. 31).

A mulher e o homem, ao transformarem a natureza em favor de suas necessidades, criam o seu mundo humano (mundo da cultura), composto de relações com outras mulheres e homens. Nessas relações, produzem materialidades, heterogenias, com universos diferentes, de várias formas de se produzir a vida, a exemplo das objetividades e subjetividades (re)construídas em comunidades tradicionais, como as quilombolas, ao (re)construírem práticas de trabalho que, diferente do trabalho para o capital, são baseadas na colaboração, criatividade e união de forças dos mutirões.

Isso em sua gênese pode ser pensada como consequência da relação identitária entre trabalho-educação. Logo, os saberes sociais que se inter-relacionam na Comunidade Quilombola Tambaí-Açu também são resultantes dessas materialidades produtivas ou saberes do trabalho, que se configuram em objetividades e subjetividades, experiências e costumes herdados, e que designam os traços da (re)construção da(s) identidade(s) quilombola(s).

As experiências dos sujeitos, em condição de "pretas velhas e pretos velhos", ou seja, portadores de muitos saberes sociais, tanto da produção objetiva quanto subjetiva da vida, repassam como um dever aos mais jovens a racionalidade quilombola, a exemplo do trabalho colaborativo, festivo dos mutirões.

Na prática de trabalho dos mutirões quilombolas, forma-se a unidade de saberes, da experiência da Comunidade Quilombola Tambaí-Açu, na qual os saberes se cruzam, no fazer(-se) educativo do trabalho. Nesse contexto, crianças, jovens e até mesmos adultos aprendem como é ser quilombola, a partir do significado dos seres da natureza, "os encantados"[108], do ser do outro, do modo de se falar, das músicas, danças do banguê e do samba-de--cacete, da devoção aos santos e santas, enfim, principalmente de respeitar e desejar o *bem viver* de todas e todos na comunidade. *Bem viver* pensado com base nas experiências dos povos da América do Sul, ou seja:

> Vivir Bien es recuperar la vivencia de nuestros pueblos, recuperar la Cultura de la Vida y, recuperar nuestra vida en completa armonía y respeto mutuo con la madre naturaleza, con la Pachamama, donde todo es VIDA, donde todos somos uywas, criados de la naturaleza y del cosmos, donde todos somos parte de la naturaleza y no hay nada separado, donde el viento, las estrellas, las plantas, la piedra, el rocío, los cerros, las aves, el puma, son nuestros hermanos, donde la tierra es la vida misma y el hogar de todos los seres vivos (CESPEDES, 2010, p. 10-11 *apud* CAETANO, 2018, p. 183).

Visão cosmológica[109] em que os saberes ancestrais do cuidar do outro são a base de se praticar a vida ou, melhor, de vivê-la, na perspectiva do que buscou sintetizar Acosta (2016, p. 28):

> O Bem Viver supõe uma visão holística e integradora do ser humano imerso na grande comunidade da *Pacha Mama*. Não se trata de "viver melhor", supondo diferenças que, no fim das contas, conduzem a que poucos vivam às custas do sacrifício de muitos. Nas palavras do jornalista Pablo Stefanoni, "a questão se complexifica, sem dúvida, quando este 'viver bem' que seria não desenvolvimentista, não consumista e inclusive não moderno-ocidental – é confrontado ao 'viver melhor', que implicaria, pelo capitalismo, que outros vivam pior".

A partir do *vivir bien*, espera-se que os homens vivam bem, e não vivam melhor, pois viver melhor pressupõe que alguém viva pior, e viver bem, nos termos do bem viver, pressupõe que o *outro* precisa estar bem para que *eu* esteja bem, ou seja, o cuidar do outro (ACOSTA, 2016), a exemplo da prática de trabalho mutirão, que, ao produzir a subsistência, produz o próprio ser, humanizando-o por meio de valores, saberes e cultura.

---

[108] Ver Glossário.

[109] "El cosmos como un sistema de creencias, el corpus como el sistema de conocimientos y la praxis en los procesos de producción, así como la interrelación de rituales, representaciones y simbolismos, esta compleja interrelación es lo que satisface las necesidades tanto materiales como espirituales, pues para el conocimiento tradicional, 'naturaleza y cultura son aspectos que no se pueden separar' (pág. 108)". (BANEGAS; CORDERO, 2018, p. 17).

Compreende-se, assim, que atos de cooperatividade, como os praticados em comunidades quilombolas como Tambaí-Açu, até os dias atuais, em que unem forças por meio de mutirões para contribuírem um com o outro na produção da vida, pode ser caracterizado como práxis do *bien vivir* (ACOSTA, 2016), pois se diferenciam da forma de produção pensada, no consumo, no lucro, na produção em larga escala, em prol de suprir as necessidades do mercado em detrimento das necessidades humanas, próprias das práticas de trabalho no modo de produção capitalista.

3.1.1 A experiência do trabalho e a produção do ser social coletivo: entre as mediações de primeira ordem e as mediações de segunda ordem do capital

As materialidades produtivas da agricultura quilombola, estimada segundo os relatos dos sujeitos entrevistados, consideraram dois momentos na construção histórica da comunidade, isto é, dado o impacto causado pela introdução do monocultivo intensivo da pimenta-do-reino na região do Vale do Tambaí-Açu, Mocajuba (PA), pelos japoneses a partir de 1970. Diante desse contexto, os sujeitos fizeram uma comparação do que e como produziam antes e depois desse período.

Antes da introdução do monocultivo intensivo nessa região, onde foram plantados por japoneses mais de 60.000 pés de pimenta-do-reino, segundo os relatos, o arroz se configurava como o que mais se produzia, inclusive para comercialização do excedente. Os relatos estimam de cinco a dez toneladas, ou mais, por ano, conforme fala do quilombola **Teneca** (Entrevista 6). A média era de uma e/ou meia tonelada por família, sendo que havia, à época, aproximadamente 20 famílias na comunidade. Disse-nos assim o quilombola **Teneca** (Entrevista 6), que:

> [...] *a gente fazia uma previsão... olha, a gente vai colher de 800 a uma tonelada e meia, a gente vai colher. Então eles [os contratantes] deixavam aquelas sacas de lona né? De 60 kg. E aí eles deixavam 15 a 20 sacas pra gente, por família. Aí eles deixavam por exemplo, aqui pra minha família, deixava de 15 a 20 sacas. Mas só que era barato, naquela época. Eu alembro que nós colhemos um arroz... nós e a família do Augustinho (in memoriam). Dali o marido da Tia Preta, lá na vila né? Nos colhemos um arroz pra gente pagar o contrato da compra de um cavalo, de sociedade, [...] e aí eu alembro que a gente levou dois cascos*[110] *grandes, que tava tubado de arroz,*

---

[110] Ver Glossário.

> *pra gente levar pra vender lá na boca do Tambaí, lá onde os compradores vinha nos esperar, lá... pra fazer o pagamento e aí nos levamos esses dois cascos grandes que ia de vinte e dois a trinta e duas sacas de arroz [60 kg].*

Essa alta produção e comercialização do excedente, entre outros produtos o arroz, nos anos que antecedem a introdução do monocultivo intensivo da pimenta-do-reino no município de Mocajuba, deu-se pela alta procura no mercado de alimentos no período pós-Segunda Guerra Mundial, quando o Brasil foi incentivado a produzir, entre outros bens de consumo, alimentos, principalmente a partir da década de 1950 (PRADO JUNIOR, 2006). O governo brasileiro iniciou a corrida desenvolvimentista, incentivando a criação e manutenção de várias empresas para a larga produção, entre elas as de alimentos, para o consumo tanto interno quanto externo (PRADO JUNIOR, 2006).

Referente à produção agrícola do estado do Pará, a Tabela 1 apresenta os produtos mais ofertados e comercializados no estado entre os anos 1950 e 1960, segundo o *Censo Agropecuário* (IBGE, 1960). Assim, havia mercado para produtos como arroz, milho, extrativos vegetais e fumo/tabaco. Entre esses produtos, a produção da pimenta-do-reino chama a atenção, pois, mesmo que tenha sido pequena a produção na década de 1950, já havia mercado no estado do Pará, ou seja, essa informação correlaciona-se com a introdução da pimenta-do-reino no estado do Pará já em percurso pelos japoneses.

Tabela 1 – Produção agrícola do estado do Pará entre 1950-1960

PRODUÇÃO AGRÍCOLA – PARÁ – 1950 a 1960		
PRODUTO	QUANTIDADE	
Arroz	Cultivo simples	Cultivo associado
	12.656 t	52.207 t
Milho	Cultivo simples	Cultivo associado
	5.346 t	34.903 t
Pimenta-do-reino	Produção total	5.073 t
Extrativismo vegetal	Borracha	10.903 t
	Madeira	321.374 m^3
	Andiroba	3.723 t
	Murumuru	012 t
	Ucuuba	681 t

PRODUÇÃO AGRÍCOLA – PARÁ – 1950 a 1960		
PRODUTO	QUANTIDADE	
Fumo/tabaco na folha	Cultivo simples 6.073 t	Cultivo associado 93 t
Fumo/tabaco de corda	Produção total	1.466 t

Fonte: adaptada de IBGE (1960)

Os relatos dos sujeitos da Comunidade Quilombola Tambaí-Açu apresentam as transformações no(s) mundo(s) do trabalho, a partir da introdução do monocultivo intensivo da pimenta-do-reino, na região Vale do Tambaí-Açu, Mocajuba (PA), ou seja, nas proximidades dessa comunidade, na década de 1970, em que a produção do arroz caiu bastante. O relato do quilombola **Mundico** (Entrevista 1) revela que diminuiu a produção do arroz e passou a ser somente para o consumo, pois:

> *[...] A produção diminuiu, a comercialização também, pois o arroz se produz pouco, o milho é pouco, a única que se produz mais é a farinha, mas mesmo assim não se entra mais ninguém pra comprar. Primeiro porque se tem as grandes indústrias que produzem o arroz, o milho e o feijão. O comercio ficou para os grandes empresários, e o outro impasse é a produção, porque se não tem, não tem o que comprar [...].*

Percebe-se, na fala do quilombola **Mundico** (Entrevista 1), as observações levantadas sobre a diminuição da produção do arroz em dois pontos: primeiro, com relação ao mercado e ao surgimento das grandes indústrias de alimentos, ocasionando a baixa procura da produção de alimentos da comunidade; segundo, pela baixa produção ocasionada pelos trabalhadores cooptados para os pimentais.

O milho também foi bastante produzido, antes da introdução do monocultivo da pimenta-do-reino, nas proximidades da Comunidade Quilombola Tambaí-Açu, operado pelos japoneses. Embora o foco fosse para alimentação dos "xerimbabos"[111], havia a venda do excedente para os regatões. Chegaram a produzir, por ano, meia tonelada por família, segundo o quilombola **Tio João** (Entrevista 5):

> *O que a gente produzia, nessa época, era arroz, milho... que nessa época a gente vendia muito [...] era o que a gente mais produzia. Era o arroz, pra vender, assim fora... era o arroz. O milho a gente não vendia muito, se muito que dava era meia tonelada, por causa das criação [...].*

---

[111] Ver Glossário.

Com a entrada do monocultivo intensivo da pimenta-do-reino, nos arredores da comunidade, implantado pelos japoneses, adotando um sistema de trabalho ritmado para a produção em larga escala e para suprir as necessidades do mercado mundial, muitos trabalhadores e trabalhadoras foram recrutados, desde a derrubada da mata para a empinação das estacas, plantação das mudas de pimenta-do-reino, limpeza dos pimentais, até a colheita.

Observou-se, nos relatos dos sujeitos, dada a proximidade desses monocultivos com o território da Comunidade Quilombola Tambaí-Açu, a mudança na dinâmica do trabalho na comunidade, a exemplo do milho, que passou a ser produzido muito pouco, segundo relato do quilombola **Mundico** (Entrevista 1):

> [...] houve uma queda muito grande, isso é verdade. Então muitas pessoas deixaram de plantar arroz, de plantar milho. Apesar do milho ser mais comum de plantar. [...] então, houve uma diminuição muito grande. Como eu falei, o pessoal que faziam uma e meia hectare deixaram de fazer. Uns deles passaram a fazer meia hectare [...].

Essa diminuição na produção da comunidade se deu principalmente porque muitos trabalhadores quilombolas, passaram a se dividir entre o trabalho da roça e o trabalho dos pimentais. Percebe-se, novamente, na fala do quilombola **Mundico** (Entrevista 1), a sua compreensão sobre oferta e procura, e de como foram afetados com as grandes indústrias, de outros monocultivos, operadas por grandes empresas, que passaram a plantar arroz, feijão, milho, entre outros produtos de forma mecanizada, levando muitos trabalhadores da agricultura familiar a comprar em vez de plantar, pois a procura por seus produtos diminuiu, não havia, portanto, mercado para a produção do excedente.

Nesse sentido, a Tabela 2 indica para que direção o mercado de alimentos se movimentava no estado do Pará a partir de 1970, conforme o Censo Agrícola IBGE, referente à produção dessa época.

Tabela 2 – Produção agrícola – Pará – 1970

PRODUTO	QUANTIDADE	
Arroz	Cultivo associado 76.601 t	Cultivo misto 1.506 t
Arroz em casca	Produção microrregião: Baixo Tocantins 7.010 t	Produção município: Mocajuba 762 t

PRODUÇÃO AGRÍCOLA – PARÁ – 1970		
PRODUTO	QUANTIDADE	
Mandioca	Produção microrregião: Baixo Tocantins Total: 144.883 t	Produção município: Mocajuba Total: 8.357 t
Milho	Cultivo associado 61.789 t	Cultivo misto 3.144 t
Milho em grãos	Produção microrregião: Baixo Tocantins 3.842 t	Produção município: Mocajuba 396 t
Pimenta-do-reino	Produção total	14.821 t
	Por microrregiões: Baixo Tocantins	286 t
	Por município: Mocajuba	32 t
Extrativismo vegetal (em Mocajuba)	Borracha	203 t
	Madeira	Mil m^3
Fumo/tabaco (em Mocajuba)	Na folha 4 t	Em corda 2 t

Fonte: adaptada de IBGE (1970)

Observa-se, na Tabela 2, que a produção, em termos do estado do Pará, aumenta e já se percebe o despontar da produção em larga escala, em termos de microrregiões e municípios, e como pode ser notado, Mocajuba (PA) já se apresenta como produtor de pimenta-do-reino também. Entretanto, nota-se que toda a produção, como o arroz em casca e o milho, apresenta-se em queda em relação à década anterior, porém com aumento da produção da mandioca nesse município.

A partir das necessidades do capitalismo, voltado à produção de alimentos por meio de monocultivos, que exigem grandes áreas de plantio em larga escala, há impactos ambientais irreversíveis, a exemplo do que ocorrera na região do Vale do Tambaí. Áreas enormes de terras devolutas foram ocupadas pelos grandes produtores, o que ocasionou o desmatamento de grandes áreas para o plantio da pimenta-do-reino, que além de exigir áreas extensas, exige que as estacas em que se planta a pimenteira (trepadeira) sejam de madeiras específicas, por conta da durabilidade, entre elas a maçaranduba[112] e o acapu[113], espécies, segundo os sujeitos, abundantes na região naquela época.

Assim, práticas de trabalho de comunidades tradicionais, como as quilombolas, a exemplo do extrativismo, ou seja, coletas de frutos, raízes, cascas e plantas medicinais das matas, bem como extração de látex, seringueiras e maçarandubas, bem como cipós, como o timbuí, foram comprometidas pela ação voraz dos grandes produtores, por necessitarem de grandes áreas de terra e das árvores para os estacamentos.

Os impactos ambientais na região de entorno da Comunidade Quilombola Tambaí-Açu, ocasionados pelo monocultivo intensivo da pimenta-do-reino, modificaram os costumes e a produção do extrativismo, pois havia outros produtos que, no dizer do quilombola **Mundico** (Entrevista 1), eram *"[...] outras coisas que se produzia do nativo"*. Nesse sentido, a fala do quilombola **Tio João** (Entrevista 5) revela como a comunidade comercializava esses produtos antes da travessia do monocultivo da pimenta-do-reino:

> *[...] A gente vendia lá na boca do Tambaí. E a gente comercializava... eles compravam nosso arroz e levava pro Moju, pra Belém. A gente vendia e comprava coisas lá. Esses barcos vinham até aí comprar, na boca do Tambaí. Antigamente, os barcos vinham até lá no Turão. Vinha o barco [...] um barco grande do tamanho do céu do Brasil[114], eles vinham buscar a o cêctcpfudc [...] tirei muita maçaranduba, e muito uko duǎ Essa maçaranduba e esse timbuí era pra exportar. Eles compravam também... quando chegava o inverno, a gente descia o [Rio] Cairarí, pra trabalhar, pra tirar essas maçarandubas e passava o inverno pra lá. A gente fazia com o empreiteiro. A gente ia fazendo aquelas bolas de maçaranduba grande... três latas, dessas latas, de 10 litros, dessa lata de querosene. E aí trazia, vinha trazendo e depositando lá nos compradores, aí na boca do Tambaí. E aí quando a gente vinha, era só ajustar, pegava o dinheiro, [...] e foi se acabando com o tempo e nem pense a monstruosidade de árvores de maçaranduba e que se estragou com isso... com esse comércio. E isso era no tempo do machado, se fosse no tempo do motosserra, era dimais rápido que se ia derrubar tudo [...].*

---

[112] Ver Glossário.

[113] Ver Glossário.

[114] Céu do Brasil: trata-se de barco de grande porte que faz o transporte de passageiros, transporte e comércio de mercadorias, via Mocajuba-Cametá e vice-versa (Anotações de campo, 2018).

A comercialização se dava a partir do sistema de aviamento, em que a negociação ocorria por meio de atravessadores, a fim de abastecer as grandes cidades, como a capital, Belém do Pará. Percorriam, em grandes e pequenas embarcações, rios, furos e igarapés à procura das produções agrícolas de comunidades no interior do Pará (GOMES, 2006). Assim, entre esses atravessadores, destacavam-se os regatões[115], também conhecidos como marreteiros, que, por andarem em embarcações de pequeno porte, atracavam em portos de difícil acesso, a exemplo do porto da Comunidade Quilombola Tambaí-Açu.

Nota-se, assim, na Figura 9, como se configura a dinâmica da região Vale do Rio Tambaí-Açu, onde a comunidade encontra-se localizada. Percebe-se, no mapa, a localização de pontos de comércios estratégicos até meados da década de 1970, conforme os sujeitos relataram. O quilombola **Tio João** (Entrevista 5) relatou como é a *"Boca do Tambaí-Açu"*, local em que os rios Tambaí-Açu e Cairarí se encontram, daí o nome *"Boca do Tambaí-Açu"*. Nesse local, os grandes barcos atracavam à espera da negociação com os produtores da região.

Atualmente, nesse ponto de comércio, já não há a casa de comércio do "Velho Quintino" (*in memoriam*) e os grandes barcos que vinham de Belém via rios Moju e Cairari também já não entram mais até a "Boca do Tambaí-Açu", no entanto encontra-se na mesma região um povoado chamado Novo Vale, localizado na rota de encontro dos rios Cairarí-Tambaí-Açu, conforme pode ser observado no ponto geográfico indicado na cor azul-claro do mapa.

Observa-se, no trajeto de cor azul-escuro, o rio Tambaí-Açu e a ponte histórica do Turão (ponto geográfico de cor roxa), em que os batelões/regatões, no *"gingado do faia"*, como informaram os sujeitos, vinham encontrar com os barcos carregados de arroz da Comunidade Quilombola Tambaí-Açu.

---

[115] Ver Glossário.

Figura 9 – Rota da comercialização da produção da Comunidade Quilombola Tambaí-Açu até meados da década de 1970 – do Rio Tambaí-Açu ao Rio Cairarí

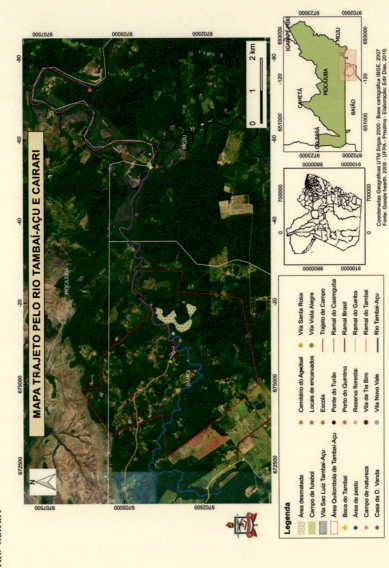

Fonte: UFPA/PROOTMA (PEREIRA, 2019)

Entre as informações que apresenta, o mapa da Figura 9 destaca a localização do cemitério onde se encontra enterrado o fundador da comunidade, o quilombola Luís Euzébio de Sousa (ver ponto Cemitério Algodoal). Essas informações foram fornecidas pela quilombola **Tia Preta** (87 anos), filha de Luís Euzébio e matriarca dessa comunidade. Nota-se, também, outra informação de destaque sobre o local chamado "Boca do Tambaí-Açu": os pontos geográficos da casa onde faziam comércio de toda sua produção com o citado Velho Quintino um dos amigos de Luís Euzébio de Sousa), lugar em que os grandes barcos atracavam à espera da comercialização dos produtos da região do Vale do Tambaí-Açu.

Nesse sentido, o quilombola **Dico** (Entrevista 3) revela a forma como ocorria a comercialização dos *"produtos nativos"* (extrativismo), pois havia procura desse comércio, principalmente por regatões, que adentravam a comunidade em favor de suprir pedidos e encomendas da cidade, já que muitos desses "produtos do nativo" serviam como medicina alternativa. Esse comércio ocorrera no período anterior à entrada do monocultivo intensivo da pimenta-do-reino. Os *"produtos do nativo"* são caracterizados pelos quilombolas como:

> [...] formas de trabalho que tinha aqui na comunidade, com meus pais e meus irmãos, que eu aprendi tirar da própria natureza o nosso sustento. Digamos assim, o alimento, da caça, a maçaranduba, o timbuí, o breu.[116] Essas eram as coletas. Tinha frutas da época, uxi[117], bacuri[118] que a gente pegava na mata, pra comer, pra vender e comprar as coisa, né? (Entrevista 3)

Observa-se que, com a travessia de segunda ordem do capital, operada pelo monocultivo da pimenta-do-reino, o extrativismo da Comunidade Quilombola Tambaí-Açu foi bastante afetado. Os japoneses e outros grandes pimentalistas que usaram as árvores para fazer estacas e plantar a pimenta-do-reino causaram a escassez de algumas espécies. Os sujeitos revelaram como foram alvo da necessidade voraz dos pimentalistas[119], ao buscarem estruturar meios para a produção da pimenta-do-reino. Assim, o quilombola **Tio João** (Entrevista 5) nos disse que:

---

[116] Ver Glossário.
[117] Ver Glossário.
[118] Ver Glossário.
[119] Embora o monocultivo intensivo da pimenta-do-reino no Brasil e no Pará tenha sido introduzido pelos japoneses, essas plantações não foram cultivadas apenas por japoneses. Outros empresários, inclusive brasileiros, também investiam em pimenta-do-reino na região nordeste paraense.

> [...] As estacas, pra esses pimentais, saíram, a maioria daqui, do nosso território... dessa área daqui do Tambaí, daqui da comunidade. As dos japoneses foram tirado lá do outro lado do rio, do terreno deles lá. E agora pra nós sobreviver? Nós demos nossas estacas. Aqui, nesse nosso meio, tinha estaca, muito pau, muito jarana[120], muito acapu. Eu, pra lhe dizer a verdade, eu cheguei vender dez mil estacas em um ano. Tinha um tá que tinha pimental... Teve um ano que eu tirei 10 mil, e o compadre tirou 10 mil também, e não era assim como hoje, que cada qual tinha sua área, a gente invadia o do outro assim, e tava tudo bem, porque era só um lote só. E aí a gente ia tirar pra onde tinha, pra lá nós ia tirar. Ali, naquela parte, onde era o centro do papai a gente ia lá trabalhar. Que agora tá mais perto da estrada, tinha dimais acapu e a jarana. Eu tirei foi muito milheiro de estaca lá [...].

As vozes dos sujeitos despontam a experiência da destruição causada por si mesmos, contraditoriamente, em prol da necessidade dos pimentalistas. As falas revelam como foram cooptados para esse tipo de trabalho. Trabalho para a produção em larga escala, *"trabalho pro outro"*, travessia de segunda ordem do capital operada e voltada a atender ao mercado mundial.

Ao se perceber explorado pelas necessidades do mercado da pimenta-do-reino, o quilombola **Tio João** (Entrevista 5) diz que: *"[...] pra nós sobreviver, nós demos nossas estacas"*. Observa-se que, atravessados pelas mediações do capital, não tiveram tempo de pensar nos impactos e sentem que precisavam sobreviver, pois o sistema capital não dá tempo para escolhas e determina: entrega e sobrevive, ou vende as terras e vai embora.

3.1.2 Saberes e experiências do trabalho: resistência-aderência ao capital

O capital, personificado no monocultivo intensivo da pimenta-do-reino, assim como em outros lugares e outros monocultivos, atua em prol do atendimento das exigências do mercado. Nessa lógica, com base em Marx (2013), ocupam e desocupam os espaços-tempos[121] dos povos do campo, em

---

[120] Ver Glossário.
[121] Conforme Santos (1988, p. 9-13), o espaço é tempo, pois está em movimento; o espaço é resultado da ação dos homens e mulheres sobre o próprio espaço, ou seja: "[...] O espaço não é nem uma coisa, nem um sistema de coisas, senão uma realidade relacional: coisas e relações juntas. Eis por que sua definição não pode ser encontrada senão em relação a outras realidades: a natureza e a sociedade, mediatizadas pelo trabalho. Não é o espaço, portanto, como nas definições clássicas de geografia, o resultado de uma interação entre o homem e a natureza bruta, nem sequer um amálgama forma pela sociedade de hoje e o meio ambiente. O espaço deve ser considerado com um conjunto indissociável de que participam, de um lado, certo arranjo de objetos geográficos, objetos naturais e objetos sociais, e, de outro, a vida que os preenche e os anima, seja a sociedade em movimento. O conteúdo (da sociedade) não é independente, da forma (os objetos geográficos), e cada forma encerra uma fração do conteúdo. O espaço, por conseguinte, é isto: um conjunto de formas contendo cada qual frações da sociedade em movimento. As formas, pois têm um papel na realização social".

prol da homogeneização produtiva cultural, operada por meio da alienação do salário, no consumo, lucro, acúmulo, bem como na exploração da força do trabalhador por meio da mais-valia. Os povos do campo-quilombolas, a exemplo do que experimenta a Comunidade Quilombola Tambaí-Açu, denunciam em seus dizeres e fazeres que o "desenvolvimento" voraz do capital os levou à percepção de que:

> [...] depois que chegou o desenvolvimento e aí com o povo que vinha de fora, o que a gente fez? O povo começaram o desmatamento. Começou o desmatamento e tudo foi ficando mais difícil. E aí acabou o timbuí, a maçaranduba, acabou a caça. E aí eles tiveram que se virar pra fazer alguma coisa. E aí eu passei a observar que a partir disso aí, as pessoas passaram a trabalhar pros patrões. E aí começaram a trabalhar pros japonês, passaram a trabalhar com o pessoal que vinha de fora. (Dico, Entrevista 3)

Percebe-se que as necessidades do monocultivo intensivo da pimenta-do-reino condicionam o trabalhador, ideologicamente, à sua própria destruição; destroem os seus meios de vida, para que o trabalhador se sinta atrelado à "única" forma de trabalho "promissora", ou seja, a assalariada, "[...] pois o patrão faz com que o trabalhador viva unicamente para aumentar o capital e só viva à medida que o exigem os interesses do mercado" (MARX; ENGELS, 2007, p. 66).

O próprio trabalhador conclui, assim, que, com a destruição da floresta, só lhe resta o trabalho dos patrões, e o capital tenta dar o *xeque-mate*, pois o trabalhador se encontra, nesse estágio, encurralado, sem perspectiva e, assim, vai ao encontro do patrão, "[...] pois na sociedade de mercado o capital é independente e pessoal, enquanto que o indivíduo que trabalha não tem nem independência e nem personalidade para o capital" (MARX; ENGELS, 2007, p. 66). A ideologia do capital está, portanto, em tentar destruir outros meios de sobrevivência do trabalhador, para que ele se torne trabalhador para o mercado.

Entretanto, em meio às metamorfoses do trabalho e suas contradições (MELLO, 2001), ocasionadas a exemplo do monocultivo intensivo da pimenta-do-reino, desenvolvido na região do Vale do Tambaí-Açu, a comunidade precisou se (re)criar, (re)construindo, com base nessas transformações, sua base econômica produtivo-cultural. Observa-se, porém, que houve momentos em que o povo da comunidade foi "seduzido" pela remuneração de seu trabalho, desde a venda de frutos e raízes, que antes era para a família, até a extração de árvores para o comércio aos grandes pimentalistas.

Algumas famílias quilombolas trabalharam (e ainda trabalham) para os grandes pimentalistas. Vivem em meio à contradição de trabalhar em suas roças e, durante principalmente a safra da pimenta-do-reino (processo produtivo da colheita), trabalham por produção[122], pois precisam de outros bens de consumo, como bicicletas, motos, combustível (gasolina), roupas, óleo de cozinha etc.; trabalho para o "outro" como forma de complementação de renda.

Assim, o modo de produção capitalista adentra a comunidade, coopta trabalhadores e, nas relações que se constroem nos grandes pimentais, o sistema capital influencia comportamentos individualistas, que acabam se reproduzindo dentro da comunidade, por exemplo, quando alguns se negam ao trabalho nos mutirões e preferem trabalhar por diárias nos pimentais da região.

Ocorre, nesse processo, o estranhamento do trabalho, pois o trabalhador perde o controle de sua própria produção e passa a ser controlado pelo capital por meio do salário, condicionado a produzir mais trabalho, produção, diárias, em um círculo vicioso e alienante (MARX; ENGELS, 2007).

No entanto, os povos do campo, contraditoriamente, resistem ao se manterem nesse campo de interesses antagônicos, (re)construindo possibilidades de sobrevivência, inclusive da própria identidade. Desse modo, a Comunidade Quilombola Tambaí-Açu se (re)cria em um processo de ressignificação de seus saberes, herdados e modificados na contradição entre capital e trabalho, a exemplo do fazer da farinha de mandioca, que era usada antes apenas para a subsistência das famílias e passou a ser, a partir da década de 1980, o produto com maior produtividade e fonte de recurso (financeiro) para os/as trabalhadores/as dessa comunidade.

Nesse sentido, observa-se, na Tabela 3, o aumento da produção da mandioca e da pimenta-do-reino, conforme o Censo Agrícola (IBGE, 1980). A produção da pimenta-do-reino aumentou consideravelmente nessa década em comparação com a década anterior. Nota-se a quantidade de pés de pimenta-do-reino em Mocajuba. Ressalta-se que os números estão relacionados à produção na década de 1980. Conforme Lourinho (2014), essa foi a década *boom* da produtividade da pimenta-do-reino no Brasil, graças à produção paraense.

---

[122] Atualmente, assim como no passado, os grandes pimentalistas pagam no período da colheita por quilo colhido (processo manual), ou seja, não por diárias. O quilo colhido é pago em média de 30 a 40 centavos. Entretanto, o quilo vendido para comercialização em preços atualizados está entre R$ 6,00 e R$ 7,00. Um/a trabalhador/a colhe em média 100 kg por dia, e o pagamento ocorre geralmente por semana (Anotações de campo, 2018).

Tabela 3 – Produção agrícola do estado do Pará, referente a 1980

PRODUTO	PRODUÇÃO AGRÍCOLA – PARÁ – 1980 QUANTIDADE			
Arroz em casca	Produção microrregião: Baixo Tocantins 11.388 t	Produção município: Mocajuba 532 t		
Mandioca	Produção microrregião: Baixo Tocantins Total: 293.830 t	Produção município: Mocajuba Total: 7.552 t		
Milho em grãos	Produção microrregião: Baixo Tocantins 5.766 t	Produção município: Mocajuba 167 t		
Pimenta-do-reino	Produção total: Pará	59.842 t		
	Por microrregiões: Baixo Tocantins	13.853 t		
	Por município: Mocajuba	Total	Quant. pés	Plantados em 1980
		1909 t	1.437.153	248.383
Extrativismo vegetal (em Mocajuba)	Borracha	---		
	Madeira	Mil m³		
Fumo/tabaco (em Mocajuba)	Na folha 1 t	Em corda 0 t		

Fonte: adaptada de IBGE (1980)

Considerando o histórico da produção da mandioca na comunidade estudada, os sujeitos (mulheres e homens) não estimam a quantidade produzida de farinha de mandioca, na época anterior à entrada da pimenta-do-reino, pois, no dizer do quilombola **Teneca** (Entrevista 6), *"era só pra alimentação"*, e continua, dizendo que além da farinha de mandioca: *"[...] tinha o feijão, o milho, a fava[123], a gente plantava girimum[124], maxixe, tudo a gente tinha de um pouco pra nossa alimentação, mas a gente colhia muita fava, muita fava, esses daí não era pra vender".*

---

[123] Ver Glossário.

[124] Trata-se da mesma abóbora (Anotações de campo, 2018).

Entretanto, entre as décadas de 1980 e 1990, durante o *boom* da pimenta-do-reino, o produto farinha de mandioca passou a ser o que mais se produzia na Comunidade Quilombola Tambaí-Açu. Houve aumento da produção, pois pararam de plantar arroz e aumentaram as áreas de plantio da mandioca. Essa produtividade está relacionada na tabela do Censo Agrícola de 1980. Segundo o quilombola **Tio João** (Entrevista 5), a produção estimada variava de 50 a 60 sacas, a cada duas semanas, pois:

> [...] a farinha (de mandioca) a gente passou a vender mais, e o que mais a gente cultivava era pra farinha. Nessa década de 70 em diante, passou a ser a farinha. Foi a farinha, que até hoje tá prevalecendo na nossa produção [...] Olha, nessa época aí de 1970 a 1980, eu sempre como o meu pai, a gente acostumava fazer... naquele tempo não era hectare[125] era braça né? A gente media uma vara com terçado, assim, e cortava lá em cima, o cumprimento da altura da gente e o terçado cortava e media sessenta braças[126]. Sessenta por sessenta por cem, e aí era aquele enorme de roçado. Eu acho que dava mais de duas hectare cada roçado, de sessenta por sessenta, na braça né? Aí a gente fazia muita farinha pra vender, [...] Naquele tempo, [década de 1980] pra vender [comercializar] já entrava aqui caçamba da prefeitura. E a gente dava de metade pra fazer assim... eu alembro que teve um ano, que eu dei pra um pessoá aí do Igarapé-açu, [...] e o pessoal aí do Igarapé-açu eu dei de meia pra eles fazer. E eles colocavam de cinquenta paneiros na água, que naquele tempo era na água que colocava. Agora já não se usa quase. Era na mandioca mole da água. Aí fazia duas semanas e eu ia contratar a caçamba pra vim buscar, [...] e aí levava 50 sacos, 60 sacos que cabia dois alqueiro, sacos de dois alqueiros,[127] que falava. Era no menos 30 sacos que a gente fazia, por carrada, era por carrada. A gente fazia muita farinha. Eu cheguei alugar forno de cobre pra fazer essa farinha aqui. Era de duas em duas semana a produção. Era em duas semana, pra levar negócio de trinta a sessenta sacos de farinha. A gente conseguia produzir muita farinha, mesmo com a pimenta-do-reino [...].

A fala do quilombola **Tio João** (Entrevista 5) revela que a farinha de mandioca prevalece, atualmente, como o que mais se produz e, portanto, é comercializado o excedente de toda produção da Comunidade Quilombola

---

[125] Hectare, conforme o Dicionário Unesp (BORBA, 2011, p. 703), trata-se de unidade de medida de área, equivalente a dez mil metros quadrados. Símbolo: ha.

[126] Braças, conforme o Dicionário Unesp (*Idem*, 2011, p. 197), trata-se de unidade de medida de comprimento, equivalente a 1.828, 8 m.

[127] Alqueire, conforme o Dicionário Unesp (*Idem*, 2011, p. 53), trata-se de unidade de medida de área, equivalente a 48.400 m² em MG, GO e RJ, a 24.200 m² em SP, e 27.225 m² nos estados do NE do Brasil.

Tambaí-Açu. No seu dizer, é a farinha de mandioca que *"até hoje tá prevalecendo na nossa produção"*. Produção essa intensificada para suprir as necessidades do mercado local e regional, a partir de 1980. O quilombola revela que, à medida que foi se intensificando a produção, o modo de produzi-la também foi se modificando com o tempo, e para aumentar a produção, hoje já não se usa a mandioca na água, isto é, já passa diretamente pelo triturador, conhecido por caititu[128], e os fornos de cobre podem inclusive ser alugados para maior produção.

Toda essa produção é resultado da socialização do trabalho a partir dos mutirões quilombolas, que ocorriam, inclusive, segundo **Preto do Batuque** (Entrevista 4), até para a comercialização, pois iam à cidade fazer a venda do excedente em *"comboios de cavalos quando não tinha outro transporte para levar"*.

Percebe-se que a Comunidade Quilombola Tambaí-Açu, desde a experiência das redes de economia do campo, com outras comunidades, até o comércio com os *"batelões[129]"* e outros comerciantes da cidade, também se movimentava e ainda se movimenta contraditoriamente de acordo com as necessidades do comércio local. Já os pimentais e outros monocultivos se despontam, como produção em larga escala, em prol de suprir as necessidades do mercado, nacional e internacional.

Dessa forma, os quilombolas (re)constroem modos diferentes de fazer economia, pois, ao contrário dos monocultivos, diversificam sua base produtiva, mantendo viva a comunidade e sua economia de base familiar, caracterizada como resistente ao *modus operandi* capitalista. Assim, vivem o comércio apenas do excedente, garantindo, com isso, as necessidades básicas (vitais) da comunidade.

A produção da vida, ou seja, a subsistência quilombola é bastante diversificada até os dias atuais. No sentido da diversificação, havia, segundo relatos dos sujeitos, um produto bastante cultivado e consumido pelas famílias, antes da travessia de segunda ordem do capital, materializada no monocultivo intensivo da pimenta-do-reino, que é a chamada fava.

Os sujeitos não estimam quantidade, mas havia produção por parte de todas as famílias, conforme a fala do quilombola **Dico** (Entrevista 3), para *"alimentação das famílias a gente plantava a fava. A fava era bastante, a fava é igual um feijão, só que é maior. Esses produtos que a gente plantava além do arroz, era pra nossa alimentação e sobrevivência"*.

---

[128] Ver Glossário.
[129] Ver Glossário.

A introdução do monocultivo intensivo da pimenta-do-reino impactou o modo de produção familiar da Comunidade Quilombola Tambaí-Açu, Mocajuba (PA). Isso está elucidado nos relatos dos sujeitos da pesquisa. O modo de produzir do capital condicionou a comunidade à diminuição de suas produções para o sustento da vida. Alguns assumiram os pimentais como trabalho por um tempo suficiente, que acabou por afetar a produção da comunidade.

A tentativa de supressão da produção para subsistência quilombola, por parte do capital, ao intensificar a procura por alimentos, afetou até mesmo a subjetividade quilombola, pois práticas humanizantes de trabalho, como os mutirões, chegaram a ser ameaçadas pela lógica de produção em larga escala, voltada unicamente para as necessidades do mercado, em detrimento das necessidades da comunidade. Fato observado quando algumas famílias que experienciaram o trabalho nos pimentais, também ensaiaram a produção da pimenta-do-reino na comunidade.

Os sujeitos da pesquisa avaliam que algumas famílias da comunidade conseguiram produzir a pimenta-do-reino, mesmo em pouca quantidade, na década de 1980, apesar do custo-produção da pimenta-do-reino ser considerado alto para a realidade quilombola. No entanto, na década de 1990, conseguiram empréstimos (financiamento) pelo Banco da Amazônia (Basa) e pelo Banco do Brasil. Porém, as mudas oferecidas por esses projetos foram de má qualidade, somadas à crise ocasionada pelo *fuzarium* (fungo); seus pequenos pimentais foram destruídos e, consequentemente, toda a produção.

Os relatos apresentam a persistência de alguns sujeitos da comunidade em produzir a pimenta-do-reino. Assim, no final da década de 1990, tornou a haver produção de pimenta-do-reino na comunidade, a partir de outros financiamentos do Banco do Brasil, por meio do Programa Nacional de Fortalecimento da Agricultura Familiar (Pronaf)[130].

Entre os nove sujeitos pesquisados, cinco tiveram acesso aos projetos do Pronaf no final da década de 1990. Mesmo não sabendo estimar a quantidade que produziram de pimenta-do-reino nesse período, eles relataram a experiência de se trabalhar com a pimenta-do-reino na agricultura familiar. Assim, o quilombola **Teneca** nos disse que:

---

[130] O Programa Nacional de Fortalecimento da Agricultura Familiar (Pronaf), principal política pública brasileira de crédito para as unidades familiares de produção, completou 22 anos em 2017. Durante pouco mais de duas décadas, o valor total das operações do programa atingiu R$ 200 bilhões. Os recursos foram aplicados na efetivação de cerca de 28,5 milhões de contratos, com inadimplência em torno de 1%. Esses números ressaltam a capilaridade de uma política consolidada, que se tornou referência em financiamento da agricultura familiar (BRASIL, 2017).

> *Nós ideiemos de plantar também. E aqui era quase tudo, quase tudo aqui teve pimental. Quase tudo aqui os pequenos tinham trezentos pé, quinhentos, setecentos. Então, nós peguemos um projetozinho aí no centro no nosso retiro e, quando chegou na hora de nós colher a pimenta, eu me senti muito bem com pimental e muita gente lá. Infelizmente que nós fomo maltratado, porque nós não tivemo condição, não tivemo um técnico pra dá atenção mesmo, e nós não tivemo como fazer essa adubação. Como você sabe o pimental só vai pra frente se for adubado. Então nós fazia aquele trabalho, aquele ano, foi no final da década de 90. E essa oportunidade d'agente ter pimental aqui foi logo que os japoneses foram embora, aqui de fronte. Esse japoneses aí, a gente trabalhou com eles, a gente trabalhou uns tempos, mas era sempre no tempo da colheita. (Entrevista 6).*

Nota-se que a perspectiva do trabalho como educativo se materializa contraditoriamente no "trabalho pro outro", ou seja, para os grandes pimentalistas. Os sujeitos que tiveram a experiência de trabalhar nos grandes pimentais, a partir das relações que construíram nesses espaços, perceberam que também podiam produzir a pimenta-do-reino. Assim, construíram saberes de assimilação à cultura da pimenta-do-reino, isto é, à prática de produzi-la.

Percebe-se, na fala do quilombola **Teneca** (Entrevista 6), sua apropriação sobre saberes técnicos, aprendidos no fazer-se do trabalho nos pimentais. Esses saberes técnicos da pimenta-do-reino lhes dão base para questionar o descaso com que foram tratados pelos bancos, que financiaram os projetos, mas que não disponibilizaram apoio técnico para que pudessem perceber e tratar os fungos que destruíram suas plantações.

Nos grandes pimentais, aprenderam na "lida" do trabalho a cultivar a esperança da possibilidade de possuir pimentais em seu território, como nos revelou o quilombola **Teneca** (Entrevista 6): *"[...] através deles (japoneses) a gente trabalhando, muitos sentiram que era bom, que era como a gente pegar mais um dinheirinho e, melhorar um pouco mais a condição, e ter mais uma condição de comprar certas coisas, que tinha precisão".* Observa-se, nos dizeres dos sujeitos, como foram ideologicamente "seduzidos" pela lógica do mercado para possuir, ganhar dinheiro e melhorar de vida por meio do monocultivo da pimenta-do-reino. Com a pimenta-do-reino, tem-se a percepção ideológica (MARX, 2009) de que podem melhorar as condições de vida na Comunidade Quilombola Tambaí-Açu.

Todavia, ao se dividirem em trabalho nos pimentais e trabalho nos mutirões, mesmo recebendo remuneração, pensada ideologicamente como vantagem, já que aumentaram um pouco a renda, com o dinheiro que recebiam nos pimentais, o que ocorrera, na realidade, foi o aumento das dificuldades na comunidade. O trabalho individual nos pimentais afetou diretamente o trabalho socializado dos mutirões, que diversificava a produção para a subsistência dos sujeitos da comunidade. Essa lógica de ficar, como nos disse o quilombola **Dico** (Entrevista 3), *"[...] iguá a papagaio indo e vindo"* para os pimentais e para os roçados, condicionou o desaparecimento de alguns produtos, como a fava, e a diminuição da produção de alimentos e pequenas criações, como porco, galinhas, entre outros.

Assim, a produção da vida na comunidade se tornou um campo de contradição entre capital e trabalho. Com isso, eles passaram um bom tempo se dividindo entre mutirões e pimentais. Movimento atualmente avaliado como *"trabalho pro outro"*, que, no dizer da quilombola **Tia Preta** (Entrevista 8), nunca *"trabalhou em pimentá"*, e nos ensina que o *"trabalho pro outro não produz a comunidade [...] trabalho pro outro não te dá tempo pra mais nada, é só trabalhar, trabalhar... No trabalho pro outro, tu se escraviza a tua, sô"*.

Igualmente, os quilombolas que experienciaram o "trabalho pro outro", personificado no monocultivo intensivo da pimenta-do-reino, implantado nos arredores da Comunidade Quilombola Tambaí-Açu pelos japoneses, concluíram com o tempo que o "trabalho pro outro" afetava negativamente a comunidade, pois suprimia algumas características do mutirão quilombola, a exemplo do ato festivo do banguê e do samba-de-cacete, nas brincadeiras do convidado. Com isso, abandonam a lógica dos grandes pimentalistas, porém, contraditoriamente, tentam produzir pequenos pimentais na comunidade.

Estimulados pelo Pronaf, já no início dos anos 2000, apesar das dificuldades, conseguiram produzir a pimenta-do-reino, por meio de mutirões, como revelado na experiência da quilombola **Tia Biro** (Entrevista 2). Segundo ela, esses projetos da pimenta-do-reino, embora com os percalços causados pelos próprios projetos dos bancos, contribuíram para melhorar as condições de vida daqueles que conseguiram produzi-la, pois, como ela nos disse:

> *Eu peguei o primeiro projeto, era bem aqui. Nessa área aqui era o meu pimental. E aí, a pimenta mais cara que eu vendi lá, foi de três reais (o quilo), já aqui com produção minha, da minha família. Mas, eu posso dizer, que essa pimenta me ajudou muito, eu tirava lá, de lá do banco, e ia fazendo. Eu morava numa casinha de paia e aí pegou fogo. E com o dinheiro dessa primeira pimenta, eu fui comprando madeira, pra conseguir esta casa [...]. Eu tenho até hoje um liquidificador que eu comprei com os últimos quilos*

> *da pimenta, nesse pimental, os últimos quilos. Foi noventa reais aquele liquidificador que eu disse que iria comprar, pra ficar uma coisa de lembrança. E eu tenho ele (liquidificador) até hoje, mas já faz muitos anos.*

Observa-se que a produção da pimenta-do-reino para o pequeno produtor, agricultor familiar, tem outro sentido, pois não acontece em larga escala, nem como monocultivo. Na agricultura familiar, a pimenta-do-reino é trabalhada em formato de consórcio com outras plantas, ou seja, com frutíferas, leguminosas etc. Há registros de experiências do cultivo da pimenta-do-reino aliado ao açaí, ao cumaru[131] e à castanha-do-pará, inclusive, com substituição das estacas por árvores que se adaptam à planta da pimenta-do-reino.

Entretanto, embora com mudanças na forma de se produzir, a lógica de atender ao mercado não se altera. A ordem de exploração do trabalho pelo capital continua a mesma, pois mesmo em pequena quantidade e mesmo sendo a pimenta-do-reino produzida na agricultura familiar, o resultado dessa produção atenderá apenas a algumas famílias, dando continuidade à pobreza. Para o mercado, não há sentido que todos da comunidade produzam, já que o mercado sobrevive do movimento da oferta e da procura. Por isso, a ele não interessa a superprodução, mas a lógica da necessidade da procura, ou seja, da competição.

Assim, as desigualdades, que são parte da sobrevivência do capital, continuam e, nessa lógica, nunca existirá espaço para todos, pois os espaços sempre serão limitados, determinados, condicionados a manter o *status quo* da classe dominante (FRIGOTTO, 2010). Por isso, o socialismo do bem viver (pensado pela Bolívia e pelo Equador) leva-nos a refletir sobre o viver bem, em vez de viver melhor, pois o viver melhor é próprio do capitalismo, porque pressupõe que sempre haverá alguém em situação pior. Já o viver bem é pensar que o bem precede o bem do outro (ACOSTA, 2016), ou seja, precede a organização do trabalho, como forma de unir forças, diminuir o dispêndio e, consequentemente, aumentar a produção que dará condição de sobrevivência igual para todos. Princípios esses correlacionados à prática do trabalho mutirão, caracterizado como forma de trabalho socializado, que não visa apenas à produção, mas valores, sentimentos, cultura.

Nesse sentido, vale ressaltar que, no histórico tempo presente, mesmo atravessados pelo sistema capital, os quilombolas têm conseguido manter a produção para subsistência da comunidade, por meio das roças construídas

---

[131] Ver Glossário.

em mutirões. Os relatos dos sujeitos confirmam a preocupação de todos com a segurança alimentar de seus familiares, ao afirmarem produzir, além de alimentos que rendem excedente para a comercialização, outros para o consumo das famílias, como legumes etc. Isso tem sido crucial para a permanência e a sobrevivência dessa comunidade, como saberes que produzem o *bem viver*.

De tal modo, o quilombola **Dico** (Entrevista 3) nos relatou que já houve uma plantação paralela à roça do arroz, milho e mandioca, em que eles produziam e vendiam bastante, fruto de um saber ancestral, que é o tabaco[132]. Confirmou-nos que: *"[...] muitas coisas que se plantava, muito, muito mesmo, era o tabaco, era plantado muito, nós trabalhava muito com tabaco, pra venda, a gente trabalhava muito"*.

Igualmente, o quilombola **Teneca** (Entrevista 6) revelou também que já se produziu e se vendeu muito tabaco. Ambos relataram que trabalharam muito nessa produção, porém não sabem precisar quantas arrobas chegaram a vender, só informaram que era muito o tabaco produzido, chegava a encher os quartos por inteiro, e que passavam horas enrolando *"enviras"* para poder levar e vender. Iniciavam na *"boca da noite"* e só finalizavam pela madrugada. Conforme o quilombola **Teneca** (Entrevista 6):

> *[...] tabaco a gente plantava e vendia o arroba aí... por aí. A gente vendia aquelas arrobas de tabaco de mole, que a gente falava [...] A gente plantava, naquela época, além do arroz, era com o tabaco. Porque naquela época, meu pai trabalhava muito com tabaco. Nós tinha uma preocupação né? Pois era muito tabaco que a gente colhia. Ele plantava, insemeava aquela semente e depois tirava. Ele deixava um quadro no meio do roçado, que era plantar esse tabaco lá. E pensa num serviço que a gente tinha de toda madrugada. A gente metia nas cordas, naquelas cordas de fio de envira né? Quer dizer, um quarto como esse aqui da casa, se você chegasse aqui, você ia ver o quarto tubado de tabaco. As vezes a gente pegava da "boca da noite" até nove horas arrumando aquilo, pra vender, mas era naquela papagaiada grande, naquela rodada grande... era animado. E aí, quando era negócio de quatro horas da manhã, pula de novo, pra trabaiá de novo e tinha dia que a gente amanhecia o dia com a mão vermelha, daquela tinta que o tabaco largava, das cordas do tabaco... E era isso.*

Contudo, embora sejam dotados do saber da produção do tabaco e tenham sido grandes produtores de tabaco no passado, pois havia mercado, ou seja, havia procura, atualmente não há registro de produção para

---
[132] Ver Glossário.

comercialização nessa comunidade. Portanto, observa-se que a comunidade possui um histórico de muito trabalho, atrelado a diversos saberes do trabalho, tais como: saberes da produção do arroz; do milho; da mandioca; da fabricação da mandioca e seus derivados; da produção de tabaco, da fava; saberes extrativistas; ambientais; de subsistência; do mutirão; da cultura popular, banguê e samba-de-cacete; das ervas medicinais; da cura, das crenças, das parteiras; da comercialização do excedente; técnicos da produção da pimenta-do-reino; entre outros. Esses saberes se (re)constroem na contradição dos saberes sociais para o trabalho-capital.

Os dizeres e os fazeres demonstram que a materialidade produtiva quilombola do Tambaí-Açu era bastante diversificada antes da implantação dos grandes pimentais na região. Os relatos também apresentam que houve a diminuição de alguns produtos e o aumento de outros, dada a oscilação da oferta e da procura do mercado. E assim se movem e se (re)criam entre as reproduções ampliadas da vida e as reproduções ampliadas do capital.

Está explicito que essa comunidade, mesmo com as investidas de homogeneização produtiva-cultural do sistema capital, configurado no contexto da Comunidade Quilombola Tambaí-Açu, no monocultivo intensivo da pimenta-do-reino, conseguiu manter muitos de seus costumes e saberes, isto é, suas materialidades produtivas que, conforme Tiriba e Fischer (2015), são a base econômico-cultural da Comunidade Quilombola Tambaí-Açu.

Ressalta-se, nesse sentido, que as subjetividades configuradas nos saberes do trabalho, como do mutirão, (re)construídas nesse processo, foram cruciais para a resistência ao modo de produção individualista, fragmentado, penoso e sem lazer dos pimentais. A produção da mandioca, cujas roças são produzidas por meio de mutirões, mesmo com outros trabalhos na comunidade, como o serviço público, ou seja, tipo de "trabalho pro outro", tem sido, até o tempo histórico presente, base da comercialização do excedente no mercado local, abastecendo também a região.

Percebe-se que, nos mutirões, a produção material da vida na Comunidade Quilombola Tambaí-Açu se (re)constrói, assim como a identidade, no movimento constante de si, para si, como processo da formação da classe econômico-cultural, pois, de acordo com Thompson (1984, p. 34, grifos da autora): "A consciência é definida pelos homens (*e mulheres*) ao viver sua própria história e, ao final, é a única definição". Da mesma maneira, a produção material da vida da comunidade analisada é composta também de subjetividades, que são experienciadas como cultura popular, nos saberes do banguê e do samba-de-cacete, que adentram, inclusive, as celebrações (até os dias atuais) dos domingos na Igreja Católica, na expressão da religiosidade da comunidade, nos tambores e batuques, que dão o tom da espiritualidade, entendidos:

> [...] como processos de criação e recriação da realidade humano-social, as culturas do trabalho vão se constituindo no contexto das relações sociais de produção, determinadas, em grande medida, pela classe que mantém o poder material e simbólico. Imersas no sistema capitalista, nos dias atuais, outras culturas do trabalho se manifestam nas experiências marcadas pela resistência econômico e cultural à produção capitalista. Indo ao encontro da palavra economia, do grego *Oikos* (casa) e *nemo* (eu distribui, eu administro) e da palavra cultura (cultivar, criar, cuidar, tomar conta), podemos dizer que na economia popular (Tiriba, 2001), o objetivo do trabalho não é a reprodução do capital, mas a reprodução ampliada da vida. (VENDRAMINI; TIRIBA, 2014, p. 55).

Daí a compreensão, com base em Thompson (1987) e Antunes (2009), de que a formação da classe que vive do trabalho é tanto cultural quanto econômica, ou seja: "O fazer-se da *classe trabalhadora* é um fato tanto da história política e cultural quanto da econômica" (THOMPSON, 1987, p. 17, grifo nosso). Nesse sentido, Vendramini e Tiriba (2014) ajudam a concluir que a classe que vive do trabalho, composta de povos tradicionais como os quilombolas, vem formando a si própria, tanto como foi formada.

Diante das transformações que vêm (re)construindo a comunidade, observou-se que, atualmente, nas festas dos santos, que foram no passado grandes irmandades (organizadas em romarias), os saberes culinários exalam cheiros e sabores que reportam à ancestralidade. Na Comunidade Quilombola Tambaí-Açu, as casas são próximas umas das outras, todos se conhecem, todos acompanham a vida mutuamente. Há um sentimento forte do *bem viver*, da ajuda mútua, da preocupação com o outro, todos sabem quem está no trabalho da roça, quem foi à cidade, se já chegaram, se as crianças foram ou se estão na escola da comunidade. A organização geográfica da comunidade pode ser observada conforme o croqui da Figura 10:

Figura 10 – Croqui da Comunidade Quilombola Tambaí-Açu

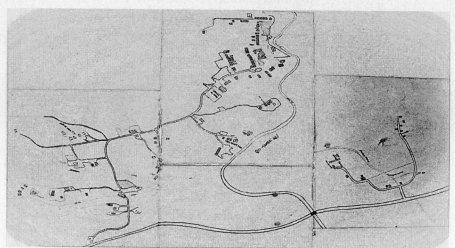

Fonte: elaborada pelo quilombola Tiago Neves[133]

Nota-se que o croqui da Figura 10 demonstra a forma como a Comunidade Quilombola Tambaí-Açu encontra-se organizada. Com relação às residências, observa-se que se encontram próximas umas das outras. O rio Tambaí-Açu atravessa e banha toda a comunidade.

Essa organização do espaço geográfico propicia que todos saibam quando há doentes na comunidade, visitem-se, mediquem-se com ervas, fruto de ricos saberes herdados. Ao falecer algum membro da comunidade, tem-se o costume do preceito, isto é, de se respeitar o luto, e durante muitos dias a comunidade silencia.

Mantém-se o costume rotineiro de visitas um ao outro, de perguntar, saber do outro, bem como dos círculos de conversas nos banhos de rio, no final da tarde. Nos retiros e/ou casa de forno-farinha, compartilham os saberes das melhores raízes de mandioca, dos frutos, das folhas e sementes medicinais, marcam as datas dos mutirões, em que os saberes (re)encontram-se, (re)criam-se e (re)constroem a(s) identidade(s) quilombola(s). Trata-se, portanto, de experiências que formam a(s) identidade(s) de classe, em oposição ao modo de vida privado do capital.

Portanto, a produção da vida e da identidade na Comunidade Quilombola do Tambaí-Açu se (re)constrói na unidade objetiva-subjetiva das materialidades, isto é, na (re)construção histórica de base econômica-cultural.

---

[133] Estudante do Curso de Licenciatura em Pedagogia, turma 2017, da UFPA, Campus Cametá. É bisneto de Luís Euzébio de Sousa e Benvinda Neves, fundadores da Comunidade Quilombola Tambaí-Açu.

Experiência vivida, heterogênea, que destoa da cultura capitalista individualizante, consumista, homogeneizante, que tenta violentar, no dizer de Thompson (1987, p. 346), a "natureza humana".

3.1.3 A Comunidade Quilombola Tambaí-Açu como sentido de trabalho: assimilação e negação de culturas

Os sujeitos da comunidade analisada revelaram que a história de sua formação se funde com a (re)construção de sua religiosidade. O dizer da quilombola **Tia Preta** (Entrevista 8) e dos demais entrevistados na pesquisa transparece que o que se entende por comunidade é o mesmo que Comunidade Cristã Católica. Isso foi constatado porque, ao serem perguntados sobre o trabalho que lhes dá identidade, como comunidade quilombola, reportam-se primeiro aos mutirões, ou seja, à cultura que está em sua matriz africana e, posteriormente, com o fato de terem sido reconhecidos como Comunidade Cristã Católica, na década de 1980, pela Paróquia de Mocajuba (PA), como sua primeira forma de organização institucional.

Nesse sentido, vale ressaltar, que todos compreendem a comunidade relacionada ao processo de construção das comunidades de base da Igreja Católica, ou seja, para esses sujeitos, a Comunidade Quilombola Tambaí-Açu, antes de se tornar Comunidade de Base Católica, estabelecia-se como comunidade dividida por quatro irmandades, a saber: Santa Maria, São João, São Tomé e São Benedito, sendo que esse último, segundo o quilombola **Tio João** (Entrevista 5), não recebia missa, somente foi reconhecido como santo de devoção após a década de 1970.

Recebiam a visita do padre, porém de forma assistemática, isto é, quando eram pagas as missas, que se realizavam nas casas dos "donos e donas" dos santos. Segundo o quilombola **Tio João** (Entrevista 5), um dos primeiros coordenadores de base da comunidade, esse processo:

> [...] foi assim que foi se dando... e as famílias foram crescendo né? Dentro da nossa comunidade, até que a gente resolveu formar, naquele tempo trabalhava... e a nossa religião era romaria, era reza nas casas. Uma missa por ano em cada. Era três missa que tinha aqui no Tambaí. Era, uma lá em casa, que era do São João, mês de junho. Uma na casa do velho Melquiades, que era São Tomé e a outra lá, da velha Tia Preta, que era Nossa Senhora das Graças. Essa era a nossa religião. São Benedito não tinha. O São Benedito da Sabá, foi só depois da década de setenta, que a gente aderiu ele, pois eles celebravam lá na casa deles, mas não tinha

> *missa lá. Não era constante todo ano, como os nossos. Era lá na minha irmã Sabá, mãe do Adilson, e aí ela tinha esse Santo que ela celebrava. Era o Santo de devoção dela. E aí, quando nós construímos a comunidade, aí que foi fundado a Comunidade Cristã. E aí, ela pediu: como ia ficar o São Benedito? Já que só ia ter o padroeiro que o velho Quintino que trouxe [São Luís], em homenagem ao velho que abriu o lugar aí? Que era o Luís Euzébio de Sousa. E aí foi, o Marcílio perguntou pra ele [Quintino]: que Santo poderia trazer como padroeiro da comunidade? Ele disse: olhe eu sugiro que seja São Luís porque foi o seu Luis Euzébio que abriu o lugar aqui. E aí, escolheram ele (São Luís) e aí nós fomo registrar e aí era até eu o coordenador da comunidade. Era presidente que se chamava, não era nem coordenador, era presidente. E aí, a Sabá perguntou: mas compadre como é que vai ser a missa do meu Santo? Escolheram São Luís e o São Benedito? E ai eu falei: eu vou conversar lá e aí eu joguei lá pro Padre e aí ele falou: olha vai ser o seguinte vai ser duas missas lá no Tambaí, uma é do padroeiro em junho e a outra vai ser do Santo de devoção que é o São Benedito. E aí ficou assim né? E desde esse tempo pra cá [...].*

Observa-se que havia "certa" resistência ao São Benedito, e esse fato reverbera nas irmandades, nas romarias, como o quilombola **Tio João** (Entrevista 5) nos falou, pois a Igreja Católica não reconhecia essas manifestações religiosas. Assim, tendo a oportunidade de adentrar a comunidade, procurou sistematizar essas manifestações de acordo com a sua doutrina. Percebe-se, com isso, o companheirismo entre os quilombolas, ao negociarem com o padre a existência dessas manifestações dos donos e donas dos santos. Experiências dotadas de coletividade, do bem viver, pois a devoção a santos como São Benedito tinha (e ainda tem) um significado forte de espiritualidade, que os fizeram questionar diante da percepção das transformações na comunidade, dizendo "Como vai ficar o São Benedito?", bem como o companheirismo ao homenagear o fundador da Comunidade Luís Euzébio de Sousa.

A resistência pela devoção a São Benedito também está registrada no relato da quilombola **Tia Preta** (Entrevista 8). Ela nos descreveu todo o processo de reconhecimento da Paróquia de Mocajuba à Comunidade Cristã Católica São Luís do Tambaí-Açu.

A quilombola **Tia Preta** (Entrevista 8) revelou que o Padre Bernardo[134] foi quem ministrou a primeira missa na comunidade. Ele, para fundar a comunidade como cristã, fez exigências como: que todos os casais se casas-

---

[134] Realizada em 23 de janeiro de 1974 (Anotações de campo).

sem, que as crianças fossem batizadas e comungassem, sob pena, do contrário, de não receberem mais nenhuma missa. Não aceitou nenhum santo já venerado nas "romarias" (Santa Maria, São João, São Tomé, São Benedito) como santo padroeiro, pedindo que apresentassem um novo santo. Assim, tiveram a ideia, a partir de um dos amigos do Sr. Luís Euzébio, o chamado Quintino (*in memoriam*), de que o santo padroeiro fosse em homenagem ao fundador da comunidade, portanto, São Luís Gonzaga. Embora a escolha do santo padroeiro tenha se firmado em São Luís Gonzaga, a devoção a São Benedito resistiu, e com o passar do tempo foi acolhido pela comunidade como santo de devoção. A quilombola **Tia Preta** (Entrevista 8) assim relatou:

> *Eu ajudei muito a organizar esta comunidade. Olha, eu e Agostinho [esposo] trabalhemo muito, e trabalhemo. Nós larguemo o culto a nossa Senhora das Graças, porque o Padre pediu pra comunidade. Ele pediu antes de formar a comunidade, ele [padre] nos disse: Que Santo vocês festejam aqui? E nós falemo: Nossa Senhora das Graças, Santa Maria, São João, São Tomé e São Benedito. Ele [padre] disse: mas eu não quero nenhum desse Santo, pra ser festejado aqui. Vocês têm que procurar um padroeiro, pra cá. Não quero nenhum desses aí. E aí nós ficou: Que padroeiro nós vamos arrumar? E aí vira daqui, vira dacolá... E aí o velho Quintino, que morava ali na buca do Tambaí, nós escreveu de lá, dizendo pra nós: que era pra nós escolher o padroeiro São Luís, porque foi quem abriu a comunidade aqui. E agora? E agora anda atrás deste Santo. E de lá eu nem sei quem foi que deu a ideia. Nos encontrou esse Santo em Belém. Eu não sei, não me alembro quem foi a pessoa que trouxe este Santo de lá. Eu sei que quem adquiriu, foi uma pessoa daí de Mocajuba. Eu creio, que sabia do movimento aqui e adquiriu esse Santo pra cá, pra nós. E aí veio, esse Santo. E naquele tempo, quem se movia era eu e Agostinho (in memoriam). Então veio São Luís. E aí um dava palpite pra cá, outro pra lá, e tinha um que dava ideia, eu quero tár Santo, e aí outro dizia quero outro Santo. E Melquiades disse que queria que o Santo fosse no nome dele, e o velho Quintino pulou lá que não, o Santo tinha que ser com o nome daquele que abriu a localidade aqui. E aí foi, que foi que veio São Luís né? São Luís Gonzaga. E aí veio o Santo, e teve a grande festa do São Luís Gonzaga. E é por isso que o Santo Padroeiro daqui é São Luís, por causa do meu pai que era Luís Euzébio, aquele que abriu a localidade aqui [...].*

Assim se deu a (re)construção da religiosidade na Comunidade Quilombola do Tambaí-Açu, a partir de "[...] determinações que não se restringem às bases econômicas, propriamente ditas, mas como um entrelaçamento entre vida material, social, (religiosa) e cultural, mediadas pela experiência, pela ação humana" (VENDRAMINI; TIRIBA, 2014, p. 63), de irmandades, "romarias", donos e donas de santos determinados pela ancestral cultura africana aos santos padroeiros e de devoção determinados pela doutrina Cristã Católica.

Percebe-se, entre os santos, que a devoção a São Benedito foi resistente à tentativa de homogeneização religiosa por parte da Igreja Católica e, mesmo levados a assimilar a sua doutrina, conseguiram se (re)afirmar na comunidade. Atualmente, a devoção a São Benedito ainda é presente, com grande festa no dia 5 de outubro, e o santo padroeiro, também venerado, é festejado no mês de junho (São Luís Gonzaga). As missas e festejos religiosos na Comunidade Quilombola Tambaí-Açu ainda são espaços do soar dos batuques dos tambores, chocalhos, afoxé, pandeiros, entre outros, que embalam os cantos em louvor a Jesus Cristo e aos santos.

Ressalta-se que, atualmente, os cristãos[135] na comunidade possuem outras representações. Além do catolicismo, encontram-se nessa comunidade representações da Igreja Evangélica Assembleia de Deus e os Batistas, que contribuem com a reeducação religiosa voltada aos princípios éticos, morais, da doutrinação cristã. Observa-se que tais movimentos também têm sido determinantes para as transformações de comportamento da comunidade, no que se refere às expressões de cultura popular, no sentido de homogeneizar as heterogenias.

Assim, outras expressões de religiosidade, a exemplo das religiões de matriz afro, não se apresentam explicitamente na Comunidade Quilombola Tambaí-Açu. No entanto, observa-se que ainda há crença em benzedeiras, curandeiras/os, entre outras. A partir de relatos coletados em conversa informal, concluiu-se que há pessoas na comunidade que frequentam terreiros (umbanda e candomblé) em outros lugares, porém não ousam falar sobre o assunto.

Entre os sujeitos entrevistados, houve falas que revelam a (re)existência de pessoas na comunidade que "incorporam", que são médiuns, que vivem sua espiritualidade de forma oculta, possuindo uma gama de saberes acumulados sobre ervas medicinais, crendices, entre outros saberes que se escondem e se camuflam para (re)existir.

O não se revelar, nesse contexto, torna-se uma forma de (re)existir, pois infelizmente enfrentam muitos preconceitos, discriminação. A experiência da espiritualidade se manifesta de diversas formas, e (re)cria-se,

---

[135] Conferir Weber (1983).

ressignifica-se no constante vir a ser (humano). A religiosidade quilombola é, pois, espaço-tempo de resistência às tentativas de homogeneização cultural imposta pelo capital em suas diversas faces, ao manter traços de ancestralidade africana vivos.

Nesses termos, a Comunidade Quilombola Tambaí-Açu (re)cria sua religiosidade entre negação e assimilação à religiosidade cristã. As experiências da cultura religiosa africana na comunidade, mesmo alteradas, à medida que o capitalismo avança, em suas diversas faces, ainda se manifestam nos instrumentos, nos batuques e tambores, nos cultos da Igreja Católica, nas comidas, nas crendices, nas ervas medicinais, nos santos, nos "encantados", processos esses de confronto entre homogeneização cultural e heterogenias culturais, movimento condicionado pela contradição capital-trabalho.

Na tentativa de homogeneização das heterogenias, operadas pelo capital, as ações de doutrinação cristã, pregadas pelas igrejas, têm favorecido esse processo, pois levam seus "discípulos" a criarem preconceitos com relação às outras formas de se (re)ligar a Deus (Oxalá), a exemplo das religiões de matriz afro, tema esse dotado de contradições e debates, que o tempo-espaço desta obra não nos permite aprofundar.

3.1.4 A Comunidade Quilombola Tambaí-Açu: saberes de resistência e organização em processo

O processo de organização política da Comunidade Quilombola Tambaí-Açu vem se construindo por meio da Associação Comunidade Remanescente de Quilombo Tambaí-Açu (Acreqta). O caminhar do percurso até se chegar ao que a Acreqta atualmente representa para a comunidade é um processo importante e tem-se (re)construído no autorreconhecimento de ser quilombola e de viver em comunidade. Peculiaridades que definem os povos quilombolas e têm sido apropriadas pelo Estado como forma de exigência ao acesso às políticas públicas para os povos quilombolas no Brasil.

Ressalta-se, entretanto, que o ser quilombola é dotado de uma amplitude, complexa e heterogênea, que não há como ser definido em três linhas conceituais, como vêm fazendo os governos, as leis e os decretos deste país.

Assim, a Constituição Federal de 1988 reconhece a existência, como reparação social desses povos, e dá margem para que se institucionalizem por meio de associações. Nesse contexto, a Acreqta, fundada a partir da Associação de Moradores do Tambaí-Açu, em 1999, é resultado do autorreconhecimento de ser preto, preta, trabalhador e trabalhadora que vive em comunidade, forma de resistência que os visibiliza, contraditoriamente, no seio da sociedade.

Segundo o quilombola **Dico** (Entrevista 3), primeiro presidente da Acreqta, ela resultou de um processo longo e complexo. Nos primeiros debates sobre autorreconhecimento quilombola, a maioria não se afirmava, dado o processo histórico de exclusão operado pelo colonialismo e capitalismo, desde a reificação do escravismo até o racismo em dias atuais. Desse modo, não se afirmar quilombola é a demonstração de como o escravismo foi e ainda é perverso para quem tem ancestralidade negra no Brasil.

A decadência dos grandes pimentais, na década de 1990, deixou muitos trabalhadores desempregados, e os que ficaram na região procuraram se organizar para enfrentar a crise. Nasceu, com isso, em 1999, na região do Vale do Tambaí-Açu, a Associação de Moradores do Tambaí-Açu, em que muitos dos seus membros eram da Comunidade Quilombola Tambaí-Açu – que ainda não havia passado pelo processo de reconhecimento quilombola. Desse modo, o pioneiro desse processo, o quilombola **Dico** (Entrevista, 3), nos relata como foi configurada a Acreqta:

> Comecei a ver que os pimentais [dos japoneses] não tinham futuro. Estavam levando o farelo, tava morrendo tudo. Então não tinha esperança ali, isso nos anos de 96, 97, 98. Em 99, fundamos a Associação de moradores. De 97 pra 98, começou a decadência da pimenta e aí eu vi que não tinha saída. Eu cheguei a trabalhar muitos anos lá. Eu vivi lá e aprendi. Quando os pimentais morreram tudo lá, eu já tinha vindo embora e o trabalho já estava sentado aqui. Quando eu ia pra lá, como sempre digo pro pessoal aqui, a gente saia daqui 5h da manhã e ia caminhando aqui pelo pessoa do Copa até lá no Lucy. Todo dia, ia e voltava, iguá papagaio, e aí com tempo a gente foi pondo na cabeça: mas o que nós estamos fazendo? E aí chegou o momento, que eu disse, não, a gente precisa tomar uma decisão, e a gente criou a Associação. Não foi fácil, a Comunidade não aceitou criar a Associação porque pensavam na terra, do governo tomar as terra, que eles tinha, e que não tinha documentação, era devoluta. E aí eu falei com o seu Nestor, ali depois da ponte, e ele aceitou fazer a reunião lá. E aí teve a reunião e a Associação foi fundada pra lá, Associação de Moradores do Tambaí-Açu.

Observa-se que, no primeiro ensaio de organização em associação, houve um conflito entre aqueles que não queriam participar da Associação de Moradores do Tambaí-Açu, afetados pela decadência dos pimentais dos japoneses, na região de entorno à comunidade. Esse "não participar" estava relacionado à desinformação e ao medo de perder suas terras para o Estado, já que seus territórios não eram registrados, ou seja, tratava-se de terras devolutas, ocasionando a resistência em não aderir a essa forma de organização. Também não aceitavam que a sede da Associação de Moradores do Tambaí-Açu se instalasse dentro dos limites da comunidade.

Nesse processo, por meio da participação de outros movimentos sociais, como o Sindicato dos Trabalhadores e Trabalhadoras Rurais (STTR), o quilombola **Dico** conhece o Movimento Social Negro/Quilombola, que lhe possibilitou compreender a si mesmo e sua autoidentificação negra. Ao se aproximar das lideranças da Coordenação das Associações das Comunidades Remanescentes de Quilombos do Pará (Malungu)[136], construiu parcerias que iniciaram estudos sobre a Comunidade Tambaí-Açu, com o objetivo de reconhecimento quilombola. Com isso, a partir de 2000, a Comunidade Tambaí-Açu passou a receber estudiosos para contribuir no reconhecimento quilombola e:

> [...] em 2001, passamos a nos reconhecer como Remanescentes de Quilombo, através da Associação Quilombola, mudou-se somente o nome, mas com CNPJ sendo o mesmo da Associação de Moradores do Tambaí-Açu. Esse processo não foi fácil. Não foi fácil por um lado porque foi um período muito longo, porque na época, ainda existiam os primeiros filhos, os meus tios, que eram filhos de Luís Euzébio. Fizeram a abertura aqui junto com meu avô Luís Euzébio. Então na época veio o pessoal da Regional (Malungu) que trabalhava na época e o Dr. Sérgio, que vieram fazer a primeira pesquisa na comunidade. Então eles [tios] que tinham medo de se identificar com as pessoas, eles se negaram né? Diziam que não eram mulatos e não quiseram se reconhecer. E a partir de 2001, que eu passei a conhecer através dos encontros fora e através do trabalho da minha esposa, que é a agente comunitária de saúde [...] e aí todo mês ela encaminha os dados da comunidade né? Das pessoas que nasce, que adoece, que morre e envia pro governo. E aí através destes dados e deste trabalho se tornou fácil. E aí os estudiosos vieram diretamente com ela. E aí, com isso, nos chamaram. E aí eu e com eles [parentes] se declaramo que a gente era mesmo, tinha identidade. E aí foi muito fácil, esse auto reconhecido. E aí eu peguei, como já tava com a Associação de Moradores montada né? E aí foi fácil porque a gente já tinha uma associação. E aí a gente só fizemo

---

[136] A palavra Malungu tem origem africana e significa companheiro/a. Disponível em: http://malugupara.wordpress.com. Acesso em: 15 out. 2018.

mudar só o nome da Associação e inserir outros membros daqui da comunidade. E aí passou de Associação de Moradores para Associação Remanescente. E aí, daí pra frente, graças a Deus, só tivemos trabalho de mudar o estatuto algumas coisas e acrescentar e registrar em cartório, isso foi em 2001. (Entrevista 3).

O direito à titulação de propriedade de terras quilombolas e da preservação de suas culturas tornou-se garantido na Constituição Federal de 1988, mais especificamente em seus artigos 68, 215 e 216. Tal direito foi conquistado a partir de muitas lutas e reivindicações do Movimento Negro Nacional.

Os vários documentos produzidos relacionados aos direitos humanos – a CF de 1988, no Brasil; a Convenção 169, da Organização Internacional do Trabalho (OIT), ratificada pelo Decreto n.º 5.051, de 19 de abril de 2004, que trata do direito à autodeterminação de Povos e Comunidades Tradicionais; e a Lei n.º 12.288, de 20 de julho de 2010, do Estatuto da Igualdade Racial – juntos se tornaram cruciais para que comunidades quilombolas, como a de Tambaí-Açu, pudessem ser reconhecidas e certificadas pelo Estado, como ocorreu em 30 de novembro de 2009.

O despertar das lideranças da Comunidade Quilombola do Tambaí-Açu para o autorreconhecimento foi importante para (re)afirmação da identidade quilombola. A (re)afirmação da identidade quilombola tem se intensificado, ao longo desses mais de 20 anos de organização em associação (Acreqta). A consciência de si, ou seja, de negra/negro, com um passado e presente pautado em muita luta e trabalho, tem-se (re)construído como característica humana de superação. O ser negro/negra não é sinônimo de inferioridade, mas de luta por liberdade, pela sobrevivência, pelos direitos, pela produção da vida com base não no individualismo, mas na união, no mutirão que os dignifica, humaniza, portanto, identifica como povo de luta e povo trabalhador.

Assim, a Acreqta é composta de 146 famílias associadas (dados de 2019), em **Mundico** (Entrevista 1), enquanto presidente vivenciou dois mandatos. A Acreqta foi fundada oficialmente em 14 de novembro de 2001.

A partir da organização em associação, a comunidade teve acesso a algumas políticas de governo, entre elas o Programa Nacional de Habitação Rural (PNHR). Com esse programa, 100 famílias foram beneficiadas com casas, o que tornou mais dignas as moradias na comunidade. O acesso às políticas públicas, a exemplo do sistema de cotas, para adentrar a universidade, tem contribuído com a formação e permanência dos jovens na comunidade.

Portanto, a organização em associação, bem como em outros movimentos sociais negros/quilombolas, tem sido crucial para o povo da Comunidade Quilombola Tambaí-Açu, enquanto (re)construção da(s) identidade(s) quilombola(s), como processo (constante) de formação da classe econômico-cultural que vive do trabalho.

3.1.5 A Acreqta e a educação quilombola: espaços-tempos de lutas

A luta histórica em termos da educação quilombola tem sido pauta de debate na Acreqta. Compreendendo que a educação quilombola é uma bandeira de luta constante do Movimento Nacional Negro/Quilombola, é válido ressaltar que, em termos de povos do campo, a educação quilombola, com suas especificidades, também é parte da luta pelos direitos à educação do campo. Nesse sentido, ao nos reportarmos ao processo histórico das políticas públicas no Brasil e da luta dos movimentos sociais ao acesso à educação do campo, bem como à educação quilombola, é necessário entender que, conforme Caldart (2007, p. 72), "[...] não se tratam de qualquer política pública", pois:

> [...] nasceu tomando/precisando tomar posição no confronto de projetos de campo: contra a lógica do campo como lugar de negócio, que expulsa as famílias, que não precisa de educação nem de escolas porque precisa cada vez menos de gente, a afirmação da lógica da produção para a sustentação da vida em suas diferentes dimensões, necessidades, formas. E ao nascer lutando por direitos coletivos que dizem respeito ao público, nasceu afirmando que não se trata de qualquer política pública [...]. É importante ter presente que está em questão na Educação do Campo, pensada na tríade Campo – Política Pública – Educação e desde os seus vínculos sociais de origem, uma política de educação da classe trabalhadora do campo, para a construção de um outro projeto de campo, de país, e que pelas circunstâncias sociais objetivas de hoje, implica na formação dos trabalhadores para lutas anticapitalistas, necessárias a sua própria sobrevivência: como classe, mas também como humanidade.

A educação do campo e a educação quilombola, como políticas públicas, são uma visão, antes de tudo, de identidade de classe, pois a tríade campo, política pública e educação nos apresenta, em essência, que há uma luta anterior às políticas públicas no Brasil, que é a luta pela sobrevivência por meio do trabalho dos povos do campo. Essa luta iniciou na disputa do direito à terra, ou seja, primeiro à garantia vital de sobreviver no campo, viver da roça, produzir o próprio alimento por meio da agricultura familiar e viver em comunidade.

Suprida a necessidade do acesso-direito à terra, inicia-se uma nova luta: a da permanência nessa terra. Com isso, constroem-se outras necessidades. De acordo com Marx e Engels (2009, p. 32), "[...] o instrumento de satisfação já adquirido conduz a novas necessidades — e esta produção de novas necessidades é o primeiro ato histórico". As novas necessidades para viver plenamente no campo conduzem aos debates sobre educação; não qualquer educação, mas uma educação do campo-quilombola, com aspectos da luta, dos direitos, do reconhecimento, de identidade, de política pública, e essa, por estar no campo (do conhecimento) do campo, inter-relaciona-se a outras políticas. Para tanto, necessita estar vinculada a um projeto social de classe, o que vem ocorrendo nos últimos anos com a (re)construção da organização do Movimento Quilombola no município de Mocajuba.

O campo de diversidade em que está inserida a educação do campo é composto de povos, como os quilombolas, com bandeiras de lutas que também estão no campo de atuação da luta pela educação do campo, isto é, a luta pela educação quilombola. Contudo vale ressaltar que a luta pela Educação Quilombola carrega o peso histórico-cultural-racial e essa dimensão a torna especifica em relação da Educação do Campo, constituindo-se inclusive como modalidade específica, conforme prevê a Resolução CNE/CEB 08/2012.

E essa dimensão específica de modalidade, tem se tornado possível graças a CF 1988 e Leis como 10.639/2003 e 12.288/2010. A partir da Constituição de 1988, dada a luta e reivindicação do Movimento Nacional Negro, os direitos dos quilombolas foram contraditoriamente visibilizados, a partir do reconhecimento dos remanescentes de quilombos, que deu base ao direito de regularização de seus territórios (HAGE, 2013).

Esse marco da CF de 1988 levou o movimento a outras lutas, ou seja, à luta pelo acesso às políticas públicas para quilombolas. Algumas dessas lutas avançaram e conseguiram, entre outras coisas, que leis e decretos de direito fossem legitimados, porém, como de "costume", o Brasil tem uma tradição de tentar garantir os direitos por meio de leis, entretanto sabe-se que somente leis e decretos não produzem prática e, assim, em favor de manter viva a pressão, as bandeiras de luta dos movimentos sociais se tornaram constantes.

A Acreqta e a educação quilombola têm-se tornado, portanto, campos de atuação importantes para a resistência da comunidade aos moldes urbano-homogeneizantes da educação escolar. A Emeif Luís Euzébio de Sousa[137], nas pessoas de suas professoras e professores, bem como nos demais funcionários, tem sido resistente ao modelo urbano de educação, procurando (re)construir a história da educação da Comunidade Quilombola Tambaí-Açu por meio de sua matriz histórica, cultural e social.

Dessa forma, reconhecendo o papel do Movimento Social Negro/Quilombola, ao lutarem pela (re)construção da educação quilombola, instituindo suas diretrizes a partir da resolução Conselho Nacional de Educação CNE 08/2012, bem como por meio das leis n.º 10.639/2003 e n.º 11.645/2008, que dispõem sobre a obrigatoriedade do ensino da cultura afro-brasileira e indígena nas escolas de todo o país, os professores da Emeif. Quilombola Luís Euzébio de Sousa, por iniciativa própria, ou seja, sem encaminhamento e coordenação dos sistemas de educação escolar local, vêm se desenvolvendo de forma a considerar as especificidades da Comunidade Quilombola Tambaí-Açu, Mocajuba (PA).

Nesse sentido, a professora quilombola **Lili** (Entrevista 9)[138] nos relatou que a história da comunidade é levada a sério na escola e sempre há atividades sobre os temas que abordam o trabalho, a cultura, os valores, a memória dos pretos e pretas velhas da comunidade, os costumes, os saberes, pois, ao falar sobre a comunidade, como ela mesma nos disse, é crucial falar sobre a importância do mutirão, porque ele:

> [...] é cultural para nós. Os mutirões são uma necessidade, hoje, para comunidade, assim como no passado, pois, eu como professora, sempre oriento meus alunos sobre o que é o mutirão, o que significa para nós. Sempre que há espaço, a gente conversa em sala de aula sobre o mutirão, a gente orienta as crianças sobre o mutirão e, na prática, a gente faz o mutirão com as crianças duas vezes aqui na comunidade: no largo da Igreja, que é a "varrição" das festas dos Santos, tanto o padroeiro como o de devoção, neste período a gente limpa todo o terreiro da comunidade em frente e ao lado da Igreja [Católica]. Essa limpeza sempre ocorre antes das festas do padroeiro e antes da Festa do São Benedito. E aí a gente faz o mutirão da limpeza. Nestes dias, a gente sempre faz assim:

---

[137] Localizada na Comunidade Quilombola Tambaí-Açu, fundada em 1936, por Luís Euzébio de Sousa, reconhecida pelo Estado na década de 1940, em 1983 passou a ser administrada pelo município de Mocajuba.

[138] Realizada em 28 de novembro de 2018, às 16h, na Comunidade Quilombola Tambaí-Açu, com duração de 20 minutos e 32 segundos.

a gente se envolve com as crianças da escola, os pais dos alunos, e é chamada toda a comunidade para este momento. Mas como já falei, a gente já não consegue reunir como antes, no passado, pois, alguns sempre estão trabalhando por outros lugares, fora da comunidade. E aí acontece de não vir todos os pais, mas mesmo assim, acontece este mutirão, com as crianças, com os adultos que vem pra fazer a capina... e aí outros vão puxando, e as crianças vão ajudando a carregar no carrinho para outro espaço, e esse é o trabalho que eles fazem. E aí gente explica o significado do mutirão para todas as crianças da escola, não só eu, mas todos os professores. Quando chega esta época, a gente trabalha o tema na escola, a gente conta a história para elas [crianças] porque mudou, e como é importante o coletivo. Assim, a gente também já trabalha o banguê, por exemplo. Em 2017, fizemos todo uma memória sobre o banguê, principalmente no mês de novembro, o mês da consciência negra. Inclusive, tem crianças daqui, que já tocam o banguê com os mais velhos.

Percebe-se, na fala da professora quilombola **Lili** (Entrevista 9), a importância do pertencimento, no fazer(-se) da escola. A experiência da educação escolar quilombola na Comunidade Quilombola Tambaí-Açu tem-se tornado diferencial, a partir da participação e mobilização dos professores que são da própria comunidade. A eles(as) tem-se considerado a identidade com o povo quilombola, aspecto fundamental para a construção da educação que defende o projeto de sociedade da comunidade, ou seja, o projeto de (re)construção da(s) identidade(s) quilombola.

Dessa forma, percebe-se que a luta quilombola está além do direito pela terra, isto é, não perpassa apenas pelo título da terra, mas por outros direitos. Para a permanência da classe trabalhadora do campo no espaço campo, a luta dos movimentos sociais tem-nos sido educativa, ou seja, como nos faz pensar Arroyo (2003, p. 5): "[...] o aprendizado dos direitos vem das lutas por essa base material. Por sua humanização. [...] A luta pela vida educa por ser o direito mais radical da condição humana".

Essa constatação de que a luta está além da terra, ou seja, pela permanência nela, vale-se da história dos movimentos sociais do campo, assim como o Movimento Negro/Quilombola, que vem ocupando espaço nos debates, que viabilizam as políticas públicas direcionadas a quem realmente precisa. Políticas públicas para quem o nosso país e a nossa história possuem uma triste dívida social, que são os povos negros, remanescentes da luta pela liberdade, da luta pela sobrevivência, ou seja, os quilombolas brasileiros, que para terem acesso a algum direito precisam ir à luta pela garantia da lei, pela prática da lei. O povo quilombola, parafraseando a letra da música "Comida" (TITÃS, 1987)[139], não quer só comida, quer terra, comida, saúde, moradia e educação de qualidade.

As análises indicam que a luta pela implementação, de fato, das políticas públicas no campo perpassa, pelo que nos disse a professora quilombola **Lili** (Entrevista 9), pela *"necessidade do mutirão"*, isto é, do sentido educativo do trabalho socializado, bem como da auto-organização (PISTRAK, 2018) que as comunidades quilombolas já possuem como experiência, de forma a ser base da união de forças, organização dos movimentos sociais, pois a consciência de ser e estar no mundo dos povos do campo/quilombola foi, e é, condição essencial de transformação da realidade.

3.2 EXPERIÊNCIAS COLETIVAS DO BEM VIVER: PRÁTICAS DE TRABALHO SOCIALIZADO

Prática de trabalho que se contrapõe à lógica do capital, base da identidade social dos povos quilombolas da região nordeste do Pará, a exemplo da Comunidade Quilombola do Tambaí-Açu, Mocajuba (PA), o *mutirão*, também chamado de *cunvidado* ou:

> Putirum, simboliza a união de várias pessoas como uma única e grande família que indistintamente associava trabalho e lazer. Estes se processavam da seguinte forma: a "companhia" convocava os habitantes do povoado para executar uma determinada tarefa do roçado, por exemplo, o plantio que era mais comum, marcava-se o dia deste. Na noite anterior ao "cunvidado" acontecia o encontro dos participantes, que "desinibidos" com alguns goles de cachaça promoviam o Samba-de-cacete. (PINTO, 2004, p. 97).

Percebe-se que, embora o objetivo do mutirão seja comum entre outras comunidades tradicionais, ou seja, de unir forças para diminuir o dispêndio do trabalho como forma de cooperatividade e trabalho ontocriativo[140], também produz valores cruciais para a vida de comunidades quilombolas do nordeste paraense, bem como de outras comunidades tradicionais e regiões do Brasil. Conhecida inclusive como *muxirum*, essa

---

[139] Álbum: "84-94 – Um" (1987).
[140] O homem, ao criar, se cria, isto é, conforme Saviani (2011, p. 155), "[...] o produto dessa ação, o resultado desse processo, é o próprio ser dos homens".

experiência do trabalho, assim como outras culturas, "[...] não se reaparece da mesma forma" (THOMPSON, 1988, p. 303) e se diferencia nas definições dos rituais que a compõem.

Com isso, os mutirões realizados na Comunidade Quilombola Tambaí-Açu, segundo o quilombola **Tio João** (Entrevista 5): *"é o mesmo convidado"*, possuem elementos diferentes em relação às outras comunidades quilombolas do nordeste paraense, tal qual nos revelou Pinto (2007), pois, em seus estudos sobre as comunidades quilombolas do município de Cametá, observou-se uma forma "teatral" de fazer o mutirão, com representações de "capitua, pastoras, soldados, cavadores de cova, general das flores, sangueiro e o guaxini" (PINTO, 2007, p. 42), o que não foi observado nos mutirões do quilombo Tambaí-Açu, mas possui mesmo sentido de trabalho coletivo. Assim:

> Nos povoados de Mola e Tomázia, no município de Cametá, onde esta prática cultural ainda se faz presente, homens e mulheres e crianças transformam-se em atores de uma peça teatral. A véspera do Convidado, à noite, parentes, vizinhos e amigos reunidos rezam uma ladainha, que é oferecida ao "santo advogado do dono do cunvidado", em seguida se divertem dançando o Samba-de-cacete. Enquanto os participantes do convidado divertem-se embalados pela música, pela pinga, pelo estrondar convidativo e rústico dos tambores do Samba-de-cacete, familiares do dono do roçado se encarregam de preparar toda a alimentação a ser distribuída no dia seguinte. Pela manhã após um reforçado café com beiju ou bolacha, mingau de arroz e feijoada com bucho e mocotó, inicia-se o convidado ou Putirum, quando após uma breve oração de "pedido de proteção e encomendação dos trabalhos a Deus" e santos venerados, que é rezada na beira da roça, entram em cena os atores (como capitua, pastoras, soldados, cavadores de cova, general das flores, sangueiro e o guaxini) para uma animada, fantástica e amistosa batalha entre homens e mulheres. O trabalho todo transcorre ao som de músicas, versos e gritos de incentivos, próprios do Convidado, nos quais a regra para a vitória consiste na destreza dos soldados no ato de abrir as covas e na rapidez das pastoras em jamais deixar a cova sem muda. O fim do Convidado, assim como o alcance da vitória, é demarcado pela conquista de uma bandeira, símbolo do convidado ou Putirum, que foi plantada pelo dono do convidado no fim do roçado. (PINTO, 2007, p. 42).

Embora com algumas diferenças elementares, os mutirões do quilombo Tambaí-Açu, Mocajuba (PA), possuem semelhanças com os de outras comunidades quilombolas e, dessa forma, também possuem o banguê e o samba-de-cacete como ritmo do trabalho. O mutirão quilombola do Tambaí-Açu também é compreendido como festivo, alegre, momento de brincadeira, de comunicação, de ajudar o outro, de criar amizade, de namorar, de debater os rumos da comunidade. Nos mutirões, os saberes se cruzam e se (re)constroem. O mutirão é um trabalho educativo, organizativo, resistente e identitário. Assim, o convidado, segundo o quilombola **Tio João** (Entrevista 5), é:

> [...] o mesmo mutirão, a gente fala convidado, porque a gente saía convidando, mas é o mesmo mutirão. Era a forma de reunir o povo pra trabalhar e olha, quando havia, assim, um grande convidado, quando era grande o convidado, é quando falo que era um roçado grande. A gente marcava, por exemplo, terça feira, era o meu convidado e aí todo mundo chegava, já na segunda-feira à tarde. Ia todo mundo pra lá, já pra tá lá cedo na terça feira, e aí acontecia. Surgia o banguê né? E o samba-de-cacete também. E aí a gente que ia com o banguê, levava o velho Toleco [in memoriam], ele era o cara, mesmo deficiente, ele tocava cuíca sabe? Ele era o compositor, ele só olhava ali e enversava na hora mesmo. Quando a gente tava tocando, ele tava ouvindo e inventava os versos na hora. Ele era do Juaba, mas casou com uma mulher daqui. [...] Ele tocava muito, ele inventou muita das músicas que nós canta. Muitas dessas músicas ele que inventava. E foi ele que versou muito disso que nós canta até hoje, que ficou na cabeça, e a gente lembra até agora. Muita coisa a gente também inventou, mas ele também contribuiu muito. Ele era muito bom de versar e, aí a gente tocava a noite inteira, bebendo cachaça, era comendo. E quando era no outro dia de manhã cinco horas o pessoá já tava de pé pra sair pra roça.

O encontro do mutirão tem o almoço, a janta, o chocolate com tapioca, as brincadeiras de ganzá[141], as músicas do banguê e o samba-de-cacete, o licor de murici e jenipapo, além dos instrumentos de trabalho. O mutirão, que tem o ritmo da animação dos trabalhadores, possui um espaço para o lazer, que nos pimentais é suprimido pelo ritmo do relógio do empregador, pois, nos pimentais, vende-se o tempo-força do trabalho; nos mutirões, doa-se, festeja-se, compartilha-se. Nesse sentido:

> [...] não deixa de ser verdade que o moral elevado dos trabalhadores era sustentado pelos altos ganhos da colheita. Mas seria um erro ver a situação da colheita como resposta direta

---

[141] Ver Glossário.

> a estímulos econômicos. É igualmente um momento em que os ritmos mais antigos irrompem em meios aos novos, e uma porção do folclore e dos costumes rurais pode ser invocada como evidência comprovadora da satisfação psíquica e das funções rituais – por exemplo, a obliteração momentânea das distinções sociais – da festa do fim da colheita. "Como são poucos os que ainda sabem", escreve M.K. Ashby, "o que era trabalhar a noventa anos! Embora os deserdados não tivessem grande participação nos frutos, eles ainda assim partilhavam a realização, o profundo envolvimento e a alegria do trabalho". (THOMPSON, 1998, p. 274).

Nos mutirões quilombolas, assim como observado por Thompson (1998, p. 74) em colheitas (agricultura) de outros povos do campo, "[...] eles partilham a realização do profundo envolvimento e a alegria do trabalho", e dialeticamente visam à produção e aos "ganhos", no entanto, como o autor ressalta, esses estímulos não podem ser vistos apenas como econômicos, pois trata-se de costumes do trabalho ontocriativo, portanto cultural.

Assim como em outros mutirões, ou "cunvidados" de comunidades tradicionais da região nordeste paraense, "reza-se" em agradecimento por mais um dia de trabalho, segundo a quilombola **Tia Biro** (Entrevista 2), *"[...] rezamo antes de iniciar os trabalhos, junto com a família do dono do convidado"*. Característica dos saberes do trabalho, que (re)cria o mundo humano ao também produzir valores e/ou a *consciência costumeira* de se realizar tais atos que se configuram em resistência (THOMPSON, 1998), pois, nos pimentais, com a lógica do tempo voltado à produção, rituais que tiram a atenção do trabalho em termos do sistema de fábrica foram suprimidos, porém nos mutirões ainda se mantêm os rituais festivos, como forma de resistência *teimosa* (THOMPSON, 1998) às tentativas de homogeneização cultural pelo capital, ao imprimir no trabalhador o trabalho unicamente para a produção, acúmulo e lucro de mercado.

O trabalho dos patrões e o trabalho dos mutirões possuem, no dizer dos sujeitos quilombolas do Tambaí-Açu, formas diferentes de trabalho. Enquanto os *"[...] mutirões são organizados para se ajudarem"* (Dico, Entrevista 3), no *"trabalho pro outro"* se individualizam, pois, nos pimentais, o ritmo do trabalho é pago pela produção, no cumprir da meta, isto é, no cumprir do horário, no dizer da quilombola **Tia Biro** (Entrevista 2): *"no do outro, tu entra sete horas, sete meia, sai meio dia, e de lá entra uma e meia, duas horas"*. O trabalho do outro, ou seja, do empregador, nos "chãos" dos pimentais é regulado pelo relógio, assim como no ritmo dos "chãos" da fábrica (THOMPSON, 1998).

A mudança na dinâmica do trabalho, observada pelos quilombolas ao diferenciar trabalho nos mutirões e trabalho nos pimentais, é operada por alguns elementos dos moldes taylorista-fordista, baseados na repetição e divisão de tarefas. Nesses termos, o trabalho tem sido objetivado à produção em larga escala, fortemente centrado na noção de tempo, ritmo voltado à eficiência de produzir o máximo, o mais rapidamente possível (GRAMSCI, 2015).

No "trabalho pro outro", a meta a ser alcançada perpassa pelo objetivo em obter o rendimento máximo dos trabalhadores. Para tanto, fragmenta-se o tempo, pois o ritmo de produção, assim como em máquinas, é central para as reproduções ampliadas do capital. Daí a importância do relógio, do cronômetro, das sirenes, do controle do gerente. Elementos simbólicos que fragmentam o tempo e o próprio homem, deslocando o pensar do fazer, transformando os sentidos do trabalho (ANTUNES, 2009).

Com as transformações sociais, o trabalho, a partir das necessidades do capital, passa a ter sentidos antagônicos, ao se processar em formas como trabalho que: medeia a formação humana ao produzir sua própria existência, isto é, o trabalho como princípio educativo, ontocriativo, e o trabalho para destruição humana, em que as ações passam a se operar em seu contrário, ou seja, a humanização pela desumanização, a emancipação pela degradação, liberdade pela escravidão, a vida pela morte. O sistema capital sobrevive, portanto, das desumanidades (TUMOLO, 2003). Essa perspectiva nos leva a concluir que os mutirões quilombolas, criativos, festivos e colaborativos, são experiências de trabalho que associam trabalhadores e destoam do trabalho para o capital, pois:

> [...] se o trabalho, numa forma social genérica, é "um processo entre o homem e a Natureza, um processo em que o homem, por sua própria ação, media, regula e controla seu metabolismo com a Natureza" (Marx, 1983:149), ou seja, é o elemento determinante na constituição da própria natureza humana, no capitalismo a construção do gênero humano, por intermédio do trabalho, se dá pela sua destruição, sua emancipação se efetiva pela sua degradação, sua liberdade ocorre pela sua escravidão, a produção de sua vida se realiza pela produção de sua morte. Na forma social do capital, a construção do ser humano, por meio do trabalho, se processa pela sua *niilização*, a afirmação de sua condição de sujeito se realiza pela negação desta mesma condição, sua *hominização* se produz pela produção de sua reificação. (TUMOLO, 2003, p. 8, grifos do autor).

A forma social do trabalho para o capital personifica a degradação do homem pelo próprio homem nos campos de produção, do lucro, do consumo e da concentração, já as reproduções ampliadas da vida fundamentam-se na ajuda mútua, no cuidar do outro, por meio do trabalho colaborativo dos mutirões, por exemplo, em que a produção é a própria humanização, pois tem a centralidade do trabalho como produtor de si e dos outros, e não o seu contrário.

Na perspectiva do trabalho voltado à hominização[142], o som do início, meio e fim das atividades na roça, ou seja, da produção nos mutirões, diferente dos chãos da fábrica, das sirenes e dos olhares dos gerentes dos pimentais, que controlam o tempo de chegada e saída, não se finaliza no final do dia. Antes, durante e depois, ou seja, até o anoitecer e noite adentro, o mutirão quilombola vive. No mutirão, é o som festivo do "ganzá", isto é, do samba-de-cacete e banguê, que dá o tom e o ritmo do trabalho da roça, da hora que se inicia e da hora que finaliza, ou seja, os mutirões produziram, e ainda produzem, mesmo modificados, a vida na Comunidade Quilombola Tambaí-Açu.

O "trabalho pro outro" é ideologicamente "sedutor". Lá o trabalho tem preço, tem salário, porém não tem lazer e não tem amizade, no dizer do quilombola **Dico** (Entrevista 3): *"[...] no trabalho dos patrões, o povo ficou muito para si"*. Porém, mesmo atravessado pelas mediações de segunda ordem do capital e, por isso, às vezes, incorporado por suas modificações no modo de se produzir a vida, o mutirão vem resistindo às tentativas de assimilação ao fazer-se como trabalho colaborativo, festivo, não assalariado, que produz subsistência e valores de bem viver e, desse modo, (re)constrói-se no contínuo vir a ser quilombola. No passado, conforme o quilombola **Preto do Batuque** (Entrevista 4):

> *[...] eles faziam o roçado tudo em mutirão. Derribavam, queimavam e depois incuivaravam, em mutirão. Plantavam em mutirão, capinavam em mutirão. E aí essa experiência de quando adoecia uma pessoa, aqui dentro da comunidade, no outro dia cedo, todo mundo tava sabendo, porque chegava o mutirão e já comunicava e aí na época quando eles adoeciam né? E ficava uma pessoa mal mesmo assim né? Eles se reunia todas as famílias e iam pra lá, pra ajudar a fazer a roça desse que adoeceu. E ficavam lá plantados até a pessoa ficar boa. Então a experiência do mutirão ajudou muito nessa comunicação. E nesses mutirões havia o banguê né?*

---

[142] *Cf.* Engels (1896).

> *Então eles se divertiam com o banguê, eles tocavam o banguê, eles faziam eles mesmo os instrumentos deles. Chegavam no mutirão de véspera, matava o porco né? Eles se divertiam, já de noite, bebendo cachaça e dançando o banguê. E quando era de manhã cedo, todo mundo já tava na roça. Plantavam e quando eles vinham da roça, antes de servi o almoço, já tava rolando o banguê de novo. E aí depois do almoço, eles iam pra roça de novo, e na volta rolava até de noite... a noite toda. E assim eles se divertiam com a dança do banguê e o samba-de-cacete. E isso que acontecia, era o convidado.*

O mutirão, que mobilizava, e ainda mobiliza, que comunicava, e ainda comunica, (re)cria redes de solidariedade[143]. Nos dias atuais, esses saberes vêm-se (re)significando, (re)construindo. O acontecer do mutirão, no dizer do quilombola **Preto do Batuque** (Entrevista 4), que mobilizava, produzia a vida e fazia a comunidade, atualmente se torna cada vez mais necessário, pois é condição de sobrevivência da comunidade. O mutirão quilombola, historicamente, construiu saberes, cultura e identidade, oposta ao trabalho para o "outro", ou seja, individualizado, fragmentado, assalariado, presente nos pimentais. Saberes sociais que produzem a vida, a consciência, a organização, a religiosidade, a política e a educação. Conforme o dizer do quilombola **Mundico** (Entrevista 1):

> *Em todos os aspectos do trabalho que vejo, o mutirão, de todas as formas, foi quem contribuiu muito pra que a gente pudesse ter uma comunidade formada e hoje reconhecida, identificada, como comunidade quilombola. Uma comunidade que é de um povo que tem uma história.*

A cultura do trabalho, materializada na prática produtiva do mutirão, configura-se na "[...] sintomática dissociação entre as culturas dos [*trabalhadores*] e a cultura do (capital) [...]. É difícil não ver essa divisão em termos de classe, pois [...] muitas das disputas clássicas dizem respeito tanto aos costumes, aos salários e condições de trabalho" (THOMPSON, 1998, p. 16, grifos nossos).

---

[143] Com base em Frigotto (2009, p. 189, grifos do autor), entendemos a solidariedade nesta exposição como um ato educativo do trabalho, pois: "[...] o trabalho como princípio educativo em Marx, não está ligado diretamente a método pedagógico nem à escola, mas a um processo de socialização e de internalização de caráter e personalidade solidários, fundamental no processo de superação do sistema do capital e da ideologia das sociedades de classe que cindem o gênero humano. Não se trata de uma *solidariedade psicologizante* ou moralizante. Ao contrário, ela se fundamenta no fato de que todo ser humano, como ser da natureza, tem o imperativo de, pelo trabalho, buscar os meios de sua reprodução – primeiramente biológica, e na base desse imperativo da necessidade criar e dilatar o mundo efetivamente livre. Socializar ou educar-se de que o trabalho que produz valores de uso é tarefa de todos, é uma perspectiva constituinte da sociedade sem classes".

Nota-se que o mutirão, em suas diversas formas, como nos disse o quilombola **Mundico** (Entrevista 1), tem sido base da (re)construção das identidades quilombolas. O mutirão quilombola, atualmente, (re)constrói-se com as necessidades da comunidade, ou seja, no cuidar do outro ao se organizar em associação, no inquietar-se de suas bandeiras de lutas, na participação dos movimentos quilombolas da região, o que não é diferente do passado, pois, como nos disse o quilombola **Preto do Batuque** (Entrevista 4), o *"[...] mutirão não era só pra produção da roça, ele tinha sentido de amizade"*, ou seja, produziu e ainda produz subsistência e organização.

O mutirão quilombola continua sendo entendido no tempo histórico presente, conforme Thompson (1998, p. 17), como:

> [...] herança importante de definições e expectativas marcadas pelo costume. O aprendizado, prática produtiva da vida, ou seja, que como iniciação em habilitações dos adultos, não se restringe à sua expressão formal na manufatura (tradicional, costumeira), mas também serve como mecanismo de transmissão entre gerações.

Nos mutirões, como princípio educativo do trabalho (GRAMSCI, 2011), aprendem e reproduzem a vida, ou seja, como mecanismo de transmissão, educam de geração em geração a racionalidade da centralidade do trabalho, isto é, do trabalho voltado à produção e à força humana, partilhada, solidarizada, oposto ao trabalho na perspectiva da maquinaria e/ou da fábrica (MARX, 2007), configurado, entre outras formas, no monocultivo intensivo da pimenta-do-reino. Desse modo, o povo quilombola do Tambaí-Açu entende que o mutirão:

> [...] não é só pra produzir (alimentos), mas pra ajudar pra que todos possam ter. O mutirão serve pra mim ajudar e ajudar o outro, também né? O mutirão pra mim, ajuda a comunidade e se ele acabar, acaba a comunidade também. O mutirão é uma necessidade pra nossa comunidade, se acabar o mutirão, vai prejudicar a nossa comunidade. (Irlê, Entrevista 7)

No olhar da juventude, o mutirão ajuda a si mesmo e ao outro, ou seja, como trabalho que humaniza a mulher e o homem. O mutirão e a comunidade estão inter-relacionados pelo ato educativo do trabalho. No mutirão produzem a vida, produzem consciência. Para a jovem quilombola **Irlê** (Entrevista 7), *"[...] o mutirão já é cultural[144] pra nós, a gente convida*

---

[144] Conforme Thompson (1998, p. 22): "[...] não podemos esquecer que 'cultura' é um termo emaranhado, que, ao reunir tantas atividades e atributos em um só feixe, pode na verdade confundir ou ocultar distinções que precisam ser feitas. Será necessário desfazer o feixe e examinar com mais cuidado os seus componentes: ritos, modos simbólicos, os atributos culturais da hegemonia, a transmissão do costume de geração a geração e o desenvolvimento do costume sob forças historicamente específicas das relações sociais e de trabalho".

e as pessoas vão. Quando a gente tá lá no mutirão a gente percebe eles (pessoas da comunidade) felizes ajudando um ao outro, eles são felizes ajudando o outro". Assim, quando ela compara a felicidade de quem trabalha na roça com o trabalho do outro, nos diz:

> No caso do trabalho pro outro, eles são felizes também. Eles recebem o dinheiro né? Mas a gente percebe que eles não têm a roça deles. Eu acho que eles viveriam melhor trabalhando pra si mesmo. Eu percebo que, às vezes, eles não são felizes trabalhando só pro outro.
> (Irlê, Entrevista 7)

O "trabalho pro outro", no dizer dos sujeitos da Comunidade Quilombola do Tambaí-Açu, tende a ser enfadonho. Não sobra tempo para o festejo, para a comunidade, para as festas dos santos, para os cultos (religiosidade), pois o ritmo do trabalho na lógica do capitalismo segue o relógio do patrão, isto é, do objetivo da oferta e da procura. O trabalhador recebe por produção, pois é o salário que dita a regra no capitalismo; é a ideologia do salário imputada no trabalhador, o estímulo à produção em larga escala, para que o trabalhador não se perceba explorado, mas valorizado, como um objeto de valor como qualquer outro (MARX, 2013) e "[...] nestas circunstâncias o trabalhador luta para manter-se ou para se tornar mercadoria" (FRIGOTTO, 2010, p. 65).

Assim, nessa luta entre manter-se como ser que trabalha e produz sua própria existência ou vender a sua força de trabalho, a consciência se (re)constrói por meio do *estranho* "trabalho pro outro". Nesse sentido, a quilombola **Tia Preta** (Entrevista 8) disse que:

> [...] o meu sobrinho, o filho da minha irmã ali, trabalha ali pra esse pimentar... é sábado, é domingo, é dia santo, é tudo enquanto. Eu digo: meu Deus do céu, eles trabalha pra uns pimenta pra ir, pra fora. Eu digo: Não. Deixa tá o serviço, depois eu faço. Tem dia pro trabalho, mas tem dia de ir pra missa, pro festejo, não é só trabalhar, trabalhar. Não tira dia pra ir pro culto, é só pra este trabalho, mas gente, eu digo: acaba com isso! Vocês tão se escravizando atua sô [...]

O "trabalho pro outro", nos pimentais, apresenta-se, no dizer daqueles que construíram consciência de si e da comunidade, como um martírio, cansativo, que não sobra tempo, que escraviza. Nesse sentido, Marx (2008, p. 87, grifos da autora) analisou o estranhamento do trabalho, ou seja, é:

> Através do trabalho *estranhado, exteriorizado,* o trabalhador engendra, portanto, a relação de alguém estranho ao trabalho – do homem situado fora dele – com este trabalho. A

relação do trabalhador com o trabalho engendra a relação capitalista (ou como queira nomear o senhor do trabalho) com o trabalho.

O trabalho estranhado é configurado nos trabalhos dos pimentais, trabalho exterior *"pra fora"*, como nos disse a quilombola **Tia Preta** (Entrevista 8). Trabalho que se engendra na relação do modo de produção capitalista, sem festejo, sem banguê, samba-de-cacete, que não se identifica com o modo de produzir a vida na Comunidade Quilombola do Tambaí-Açu, Mocajuba (PA).

Assim, conforme nos relataram os sujeitos da comunidade Quilombola do Tambaí-Açu, os rituais festivos presentes nos rituais de coletividade, como no mutirão em prol do bem comum, da produção, da não larga escala, escalas que se diferenciam dos rituais de trabalho do grande capital, têm possibilitado o (re)fazer-se quilombola. No capitalismo, os sujeitos estão coletivamente presentes, mas estão presentes na perspectiva do trabalho rotineiro, em que não há espaço para o lazer, para a diversão.

Os rituais do mutirão se transformaram com a intensificação do capitalismo, a partir da década de 1970, período em que "Nunca mudou tanta coisa em tão pouco tempo" (FRIGOTTO, 2010, p. 63). Estágio esse do capital em que a força de trabalho passa a constituir-se numa preocupação visceral, de tal sorte perversa (FRIGOTTO, 2010), imprimindo e introjetando nos trabalhadores a lógica mecânica do trabalho, configurada, entre diversas faces, como o monocultivo intensivo da pimenta-do-reino. Os pretos e pretas velhas relatam, como o quilombola **Tio João** (Entrevista 5), que essas transformações mudaram toda a dinâmica do trabalho que, até meados da década de 1970, configurava-se em mutirões permeados de festividade, em que:

> *[...] tu não ficava porre, e quando era no outro dia, tu tava bom pra trabalhar, pra fazer o serviço. E aí saia pra roça, e aí quando terminava, às vezes dez, onze horas da manhã, a gente voltava e aí, sujo mesmo, o pau quebrava de novo, dançando e muita comida. Naquele tempo, a comida, a mesa, era arrumada no chão... Pra ti ver a diferença de hoje, daquele tempo pra cá, no meio da casa... aquele enorme, as vezes era no tupé, mas as vezes não tinha tupé nada, era no aterro mesmo, redondo de pratos e de vasilhas de comida, quem quisesse ia tirando. Agora não, a gente vai servindo nos pratos né? Como hoje é diferente, muito diferente... mas é assim que era, a pessoa comia, comia, até não querer mais e largar e tinha vez que a gente deitava porre e alegre. Na volta pro roçado,*

> *a gente cantava também, e lá era dobrado, que a gente falava nesse tempo. Era cantando dobrado, e tinha gente que era dimais bom pra controlar a voz assim... de duas vozes, de três a quatro vozes... era dimais lindo de ver e ouvir, e eles [todos] cantavam lá. A nossa cultura, que a gente construiu, hoje a nossa criançada não sabe, só sabe este banguê, e o samba-de-cacete, que a gente mostra como é.*

Ao considerar o passado e o presente, a cultura do mutirão se configura, conforme Thompson (1998), como experiência modificada, isto é, do trabalho que vem sendo (re)construído, na produção da vida na Comunidade Quilombola do Tambaí-Açu. Percebe-se, na fala do preto velho, quilombola **Tio João** (Entrevista 5), que a nostalgia está além do relembrar dos mutirões no passado e se confronta com a preocupação de se manter a cultura viva. Eles (os mais velhos) relembram, para não deixar que se esqueça, a história do trabalho da comunidade, história essa permeada de resistência, pois a resistência dos povos tradicionais se configura de várias formas, mesmo inseridas na sociedade capitalista, outros modos de trabalho se (re)construíram e resistem nos chãos das comunidades quilombolas.

Atualmente, como nos relataram os sujeitos da comunidade, os rituais festivos contidos no banguê e samba-de-cacete dos mutirões foram suprimidos pelas mediações de segunda ordem do capital. Alguns dos homens, principalmente aqueles que tocavam o banguê e o samba-de-cacete, passaram a se dedicar ao trabalho dos pimentais, enquanto as mulheres ficaram cuidando dos mutirões. Essa divisão entre trabalho nos mutirões e trabalho nos pimentais transformou o samba-de-cacete e o banguê em grupo cultural.

Percebe-se que as reproduções ampliadas da vida na comunidade foram e ainda são afetadas pelas reproduções ampliadas do capital e, nessa contradição, as identidades quilombolas se (re)criam. Assim, embora resistente, os mutirões quilombolas não ocorrem como no passado.

Nesse sentido, os sujeitos quilombolas do Tambaí-Açu revelaram que, desde a fundação da comunidade pelo quilombola Luís Euzébio de Sousa até a década de 1980, há memória dos atos festivos do mutirão, com o banguê e o samba-de-cacete. Entretanto, mediados pela intensificação do monocultivo da pimenta-do-reino, o banguê e o samba-de-cacete passaram a não dar mais o tom do ritmo do trabalho na roça. Logo, o banguê e o samba-de-cacete se reconstruíram no grupo cultural de Tambaí-Açu – Quilombauê – compondo-se dos dois ritmos; atualmente se apresenta em datas comemorativas, nas festas dos santos e em outros eventos, quando é convidado.

De tal modo, ressalta-se que embora transformado, o mutirão ainda apresenta atos festivos, porém sem o banguê e o samba-de-cacete. Os atos festivos hoje se constituem nos almoços, nas rodas de conversa antes, durante e depois dos mutirões, nas "contações" de causos e vêm sendo (re) construídos como produção humana contínua de trajetória histórica quilombola. O mutirão resiste, segundo todos os sujeitos (mulheres e homens) entrevistados. O mutirão, como unidade e definição de si para si, é:

> *A forma de trabalho que nos define. Pra mim é o mutirão, o mutirão contribuiu bastante pra resistência dessa comunidade, e naquele tempo, eles produziam arroz, mandioca, abóbora, maxixe, milho, fava... então era essas culturas aí que eles produziam. Eles produziam muito para o consumo, porque não se comprava muita coisa na cidade. Eles plantavam e consumiam, [...] Como tava dizendo aquele que trabalhava pro outro, sempre teve o dele, ele nunca esqueceu de fazer o dele. O que mudou foi a forma por causa do mutirão. O pessoal da época do meu pai, e da minha época, mesmo indo pro outro não esqueceu.* (Preto do Batuque, Entrevista 4).

Aqueles que não deixaram o mutirão ser esquecido repassaram aos mais jovens esse valor, ainda vivo. O mutirão recriado é ressignificado como experiência prática do trabalho, pois sua fonte, conforme Thompson (1998, p. 86), "[...] é a (própria) práxis (produtiva)"[145], dessa maneira:

> *[...] os mutirões continuaram com esses que ficaram, mesmo com os pimentais dos japoneses. Aí, a gente continuava aqui fazendo nossas roças, mas já enfraqueceu um pouco né? Mudou um pouco, pois muitos daqueles que iam, que podiam tá ajudando no mutirão, já teve que sair pra ir pra"lá trabalhar por hora né? E eles iam pra lá e a população era pouca aqui, naquele tempo, então... não é como é agora, que tem cento e poucas famílias, quase duzentas. Naquele tempo se dava muito era umas vinte famílias. Então modificou, mas algumas coisas continuaram, como o mutirão que ficou ainda, ficou prevalecendo as brincadeiras, mas enfraqueceu porque eles saíam e não tinha tempo na dedicação do mutirão.* (Tio João, Entrevista 5).

O mutirão, embora atravessado pelas mediações de segunda ordem do capital, configuradas nos monocultivos intensivos no estado do Pará, mesmo com outras formas de se fazer, não perde o seu sentido, isto é, da

---

[145] "A práxis produtiva é, assim, a práxis fundamental porque nela o homem não só produz um mundo humano ou humanizado, no sentido de um mundo de objetos que satisfazem necessidades humanas e que só podem ser produzidos na medida em que se plasmam neles fins ou projetos humanos, como também no sentido de que na práxis produtiva o homem se produz, forma ou transforma a si mesmo." (VÁZQUEZ, 2007, p. 228-229).

ajuda mútua, colaborativa, pois: *"Os convidado hoje ganharam outro sentido, que é parecido o trabalho de troca de dia, tipo hoje eu vou pra ti, amanhã tu vai pra mim [...]"* (Dico, Entrevista 3).

A experiência da prática de trabalho do mutirão foi e vem sendo crucial para a organização da comunidade. Essa experiência humana, composta de diversos saberes, constrói a economia e a cultura do povo quilombola, pois, conforme Thompson (1981, p. 182):

> [...] homens e mulheres também retornam dentro deste termo (experiência) – não sujeitos autônomos, "indivíduos livres", mas como pessoas que experimentam suas situações e relações produtivas determinadas como necessidades e interesses e como antagonismos, e em seguida "tratam" essa experiência em sua consciência e sua cultura.

O mutirão, no histórico tempo presente, produz, portanto, a consciência da necessidade, ou seja, de se organizar, de lutar por seus direitos. O mutirão vive e se (re)constrói nas ações que o unem, ao se mobilizar para (re)construir o barracão, limpar o terreno para as festas dos santos, nas ações que realizam em prol da luta por direitos, ao se mobilizarem para dialogar com o governo municipal. Assim, resiste em ações na comunidade realizada em prol de alguém que está doente, ao irem fazer os serviços do roçado desse sujeito (doente); resiste em atitudes, como quando, por motivo de morte, silenciam em coletivo durante muitos dias, respeitam o preceito; resistem quando acompanham as grávidas, fazendo visitas, orações; resistem ao respeitarem os donos dos santos da comunidade, no dizer do quilombola **Preto do Batuque** (Entrevista 4), *"o São Bendito da tia Sabá"*.

O mutirão resiste, portanto, em práticas caracterizadas de *bem viver*, a exemplo do cuidar do outro, do se preocupar com o outro e com a comunidade, no cuidar dos rios, no cuidar da terra, no plantio da roça, no trabalho dedicado aos movimentos sociais (STTR, Acreqta, Malungu), na dedicação dos trabalhos nas igrejas, na escola. O mutirão resiste como trabalho que produz a comunidade, que a mantém unida na diversidade. É, portanto, comunicação, organização e cooperatividade.

A partir dos mutirões quilombolas, as mulheres e homens são, por conseguinte, um contínuo fazer-se, e esse processo se materializa na vida, portanto nas experiências. No ato contínuo da (re)construção histórica, mulheres e homens (re)fazem a sua própria natureza, isto é, a cultura do trabalho.

3.2.1 O estranhamento do trabalho: resistência econômico-cultural ao capital e à formação da identidade

O entendimento de que o trabalho nos constitui, como mulher e como homem, como comunidade, como ser social, leva-nos à compreensão de que o mundo construído pelo *trabalho* é *econômico-cultural*, pois compreendemos, conforme Dubar (2006, p. 4), que: "Não há uma dominância absoluta de uma forma identitária sobre as outras. Em diferentes contextos históricos e culturais é possível encontrar configurações diversificadas de identificação de si e dos outros e, portanto, do mundo".

Nesse sentido, afirmar que a identidade é algo além da cultura é entendê-la como um processo de formação constante da classe que vive do trabalho, ou seja, tanto em termos econômicos como culturais. Como produto do trabalho, a (re)construção das identidades corrobora-se no(s) mundo(s) do trabalho, isto é, nos mais diversos chãos do trabalho. De acordo com Thompson (1981, p. 16): "[...] o que queremos dizer é que, ocorrem mudanças no ser social que dão origem à experiência modificada; essa experiência é determinante, no sentido de que exerce pressões sobre a consciência social existente", mudanças essas construídas no interior das relações sociais, operadas na contradição das reproduções ampliadas da vida e das reproduções ampliadas do capital, que, ao modificarem as experiências, (re)criam a consciência de ser e estar no mundo, e nesse movimento (re)criam suas identidades.

Entendemos, assim, que é a produção da vida que determina a consciência do ser social, ou seja, o indivíduo (eu) se constitui à medida que transforma a sua realidade em favor das suas necessidades (com os outros), pois, "[...] como exteriorizam (äufsern) a sua vida, assim os indivíduos o são. Aquilo que eles são, coincide, portanto, com a sua produção, *com o que* produzem e também *com o como* produzem" (MARX; ENGELS, 2009, p. 24-25). Portanto:

> [...] o ato de agir sobre a natureza transformando-a em função das necessidades humanas é o que conhecemos com o nome de trabalho. Podemos, pois, dizer que a essência humana do homem é o trabalho. A essência humana não é, então, dada ao homem; não é algo que precede a existência do homem. Ao contrário, a essência do homem é um feito humano. É um trabalho que se desenvolve, se aprofunda e se complexifica ao longo do tempo; é um processo histórico. (SAVIANI, 2007, p. 154).

Entretanto, nessa construção dialética da relação trabalho-educação, como (re)construção das identidades, deparamo-nos com o trabalho que não dignifica a mulher e o homem, que na *luta dos contrários* (LENIN, 1981) (re)constroem a si mesmos, como processo histórico da formação constante da classe econômico-cultural que vive do trabalho, pois o "[...] ser humano, desde do nascimento, é um constante vir a ser" (BOGO, 2010, p. 103), isto é, um processo econômico-cultural (THOMPSON, 1987). Assim, compreende-se, de acordo com Dubar (2005, p. 133, grifos da autora), que:

> A identidade social é uma articulação entre duas transações: uma "interna" e uma "externa" entre o indivíduo e as instituições com as quais ele/ela se interage, ou seja, subjacentes, tanto aos processos *"culturais"* quanto as estratégias de ordem *"econômica"*.

Processo que se configura dialeticamente no movimento de estranhamento[146] do trabalho (MARX, 2008), ou seja, o movimento do capital, que dá sentido contrário ao valor de uso (sentido ontológico) que temos do trabalho, isto é, cria o sentido do valor de troca, e o trabalho a ser pago como salário se torna mercadoria também (MARX, 2013).

Assim, a classe trabalhadora troca sua força, suas mãos, seu intelecto, pelo salário do empregador, e nessa vivência trabalhador-empregador, de acordo com Bogo (2010, p. 104): "As classes se enfrentam e se ultrapassam, ocupando umas o lugar das outras sempre com novas caracterizações e qualificações dando identidade à história de povos e nações que se autodeterminam no formar das circunstâncias". O capital, materializado no monocultivo da pimenta-do-reino e na experiência das relações de trabalho que produz, leva o trabalhador a personificar o "trabalho pro outro", de forma a se conscientizar da diferença entre o trabalho da roça e o trabalho dos pimentais, pois o "trabalho pro outro", no dizer do quilombola **Dico** (Entrevista 3), é:

> *[...] trabalho do empregado [...], a gente saía daqui cinco horas da manhã e ia caminhando aqui pelo pessoá do Copa, até lá nos pimentais (dos japoneses), todo dia, ia e voltava, iguá papagaio. Aí*

---

[146] Trata-se, segundo Marx (2008, p. 81), do processo de: "Apropriação do objeto, que tanto aparece como estranhamento (*Entfremdung*) que, quanto mais o trabalhador produz, tanto menos pode possuir e tanto mais fica sob o domínio do seu produto, do capital. [...] Tanto mais poderoso se torna o mundo objetivo, alheio (*fremd*) que ele (trabalhador) cria diante de si, tanto mais pobre se torna ele mesmo, seu mundo interior, [e] tanto menos [o trabalhador] pertence a si próprio". O trabalho e o produto de seu trabalho se tornam, na e pela apropriação do capital, estranhos ao trabalhador, pois ele não se sente parte do que ele mesmo produziu, isso se configura em trabalho estranho.

> *com o tempo a gente foi pondo na cabeça, mas o que nós estamos fazendo? E aí chegou o momento que eu disse: não, a gente precisa tomar uma decisão, e a gente criou a associação.*

Primeira associação (de moradores), e com ela se inicia o processo de reconhecimento quilombola, pois, conforme Fischer e Franzoi (2018), é no e a partir do trabalho que ocorre o movimento do espaço-tempo, que "[...] em parte é apropriado pelo capital, mas em parte não", e assim o trabalhador, na experiência do trabalho e da produção para o consumo, contraditoriamente, também (re)cria consciência de si e formas de organização que possibilitam a ele resistir à forma de trabalho operada a torná-lo "[...]'sujeito desaparecido', como sugeriu Thompson (1990)" (CASTRO; GUIMARÃES, 1991, p. 10; 13 *apud* FISCHER; FRANZOI, 2018, p. 202).

Assim, compreendendo o mundo teleologicamente (LUKÁCS, 1981), entende-se que o trabalho "[...] é a condição básica e fundamental de toda a vida humana. E em tal grau que, até certo ponto, podemos afirmar que o trabalho criou o próprio homem" (ENGELS, 1999, p. 4). Dessa forma, Saviani (2007, p. 154, grifos da autora) afirma que a "[...] relação entre trabalho e educação é uma *relação de identidade*, pois os homens aprendiam a produzir sua existência no próprio ato de produzi-la. Eles aprendiam a trabalhar trabalhando".

Portanto, entende-se que a (re)construção das identidades se constrói no e pelo trabalho e na contradição entre trabalho ontocriativo e trabalho estranhado, materializados no trabalho dos mutirões e no trabalho nos pimentais.

As identidades que se configuram nesse contínuo *vir a ser* são identidades (re)construídas como processo de formação da classe econômico-cultural, que vive do trabalho, ou seja, no dizer de Bogo (2010, p. 104): "A identidade de classe se forma quando há reações concretas de lutas para não aceitar passivamente aquilo que está estabelecido por força da classe dominante". Nesse sentido, a formação dos quilombos, como luta oposta ao escravismo e, posteriormente, com as resistências das comunidades quilombolas, deu-se por meio de materialidades produtivas que destoam do modo de produção capitalista, baseado nos mutirões, que os levam a se autorreconhecerem, se organizarem e lutarem por seus direitos.

O homem e a mulher quilombola, à medida que ganham consciência de si, percebem, por meio do ato educativo dos mutirões, que são eles que os humanizam, ou seja, não é o trabalho estranhado, configurado no escravismo e nas diversas formas do modo de produção capitalista, como ainda experienciam na Comunidade Quilombola Tambaí-Açu, ao vivenciarem (nem todos) os pimentais da região no entorno da comunidade.

A percepção de que, no dizer da quilombola **Tia Preta** (Entrevista 8), *"[...] o trabalho do outro não produz a comunidade"* dá condição de afirmarmos que a identidade social quilombola do Tambaí-Açu provém da contradição trabalho-capital, ou seja, o que aponta Thompson (1998, p. 20, grifos da autora):

> A identidade social de muitos trabalhadores mostra também uma certa ambiguidade. É possível perceber no mesmo indivíduo identidades que se alternam, uma *deferente*, a outra *rebelde*. Adotando outros termos, esse foi um problema que preocupou Gramsci. Ele observou o contraste entre a "moralidade popular" da tradição do folclore e a "moralidade oficial". Seu "homem-massa" podia ter duas consciências teóricas (ou uma consciência contraditória)": a da práxis e a "herdada do passado e absorvida acriticamente". [...] Gramsci também insistia que a filosofia não era apenas apropriação de um indivíduo, mas provinha de experiências compartilhadas no trabalho e nas relações socais, estando "implícita na sua atividade e na realidade, unindo-o todos os companheiros de trabalho na prática do mundo real [...]". Assim, as "duas consciências teóricas" podem ser vistas como derivadas de dois aspectos da mesma realidade: de um lado, a *conformidade* com o *status quo*, necessária para sobrevivência, a necessidade de seguir a ordenação do mundo e de jogar de acordo com as regras impostas pelos empregadores, os fiscais dos pobres etc. De outro lado, o *"senso comum"*, derivado da experiência de exploração dificuldades e repressão compartilhada com os companheiros de trabalho.

Nota-se que a consciência (re)construída dos quilombolas como **Tia Preta** (Entrevista 8), com relação ao *"trabalho pro outro"*, é tanto econômica quanto cultural, pois perpassa por elementos antagônicos, como a *deferência* e a *rebeldia* ou a *conformação* e o *senso comum*, contradição operada pelas mediações, reproduções e travessias do capital, ao tenta tornar os seres humanos seres homogêneos, portanto unidimensionais para o trabalho na perspectiva fabril e da maquinaria. Assim, os saberes sociais se confrontam entre aqueles que atendem ao trabalhador e aqueles que atendem ao capital.

O mutirão que dignifica os sujeitos da Comunidade Quilombola Tambaí-Açu, como trabalho que produz a vida, organização, configura-se como resistência econômico-cultural ao trabalho do capital, baseado na produção e acumulação individual, assalariado dos pimentais. Nesse sentido, o quilombola **Preto do Batuque** (Entrevista 4) diz que:

> Quando a pimenta-do-reino chega, ocorreu assim: o pessoal que trabalhava no sistema do mutirão passou a trabalhar pros patrões e largaram mais de trabalhar no mutirão que se tinha, pra trabalha só pra si. E começaram a trabalhar pro outro, e se ocupavam a trabalhar com o trabalho do outro. E se esqueceram de fazer o mutirão. E aí, com o passar do tempo, o pessoal viram que o serviço do outro era muito puxado, e aí uns começaram a parar de trabalhar pro outro e continuaram a roça. E aqueles que não foram mais, deram exemplo que trabalhar pro outro não dava muito resultado, e aí passaram a parar.

O trabalho estranhado (MARX, 2008), materializado no "trabalho do outro", aquele que é apropriado pelo empregador como mercadoria, é configurado, entre outras formas, no sistema de monocultivo intensivo da pimenta-do-reino no nordeste do estado do Pará. A fala do quilombola **Preto do Batuque** (Entrevista 4) revela a diferença entre o trabalho dos patrões e o trabalho dos mutirões, e como o primeiro não se relaciona com a lógica da comunidade, isto é, a experiência do mutirão e/ou a racionalidade quilombola.

O trabalhador, no dizer do quilombola **Preto do Batuque** (Entrevista 4), que permite a si *"ocupar a trabalhar pro outro"* e não para si mesmo, em "certos" momentos passa a sentir que o "trabalho pro outro" é *estranho*, ou seja "[...] assim também a atividade do trabalhador não é sua autoatividade. Ela pertence a outro, é a perda de si mesmo." (MARX, 2008, p. 83). O trabalhador não consegue se ver nesse trabalho que lhe é "externo", pois o trabalho nos pimentais aparece para o trabalhador, no dizer de Marx (2008, p. 83), como se "o (trabalho) não fosse seu próprio, não lhe pertencesse, como se ele (trabalhador) no trabalho não pertencesse a si mesmo, mas a um outro".

No entanto, ao tomarem consciência do trabalho enfadonho dos pimentais – conforme as palavras do quilombola **Preto do Batuque** (Entrevista 4): *"[...] com o passar do tempo, o pessoal viram que o serviço do outro era muito puxado e aí uns começaram a parar de trabalhar pro outro e continuaram a roça"* –, percebem, a partir das suas experiências, o tipo de trabalho com que se identificam e retornam ao trabalho em comunidade, transferindo aos seus descendentes a "experiência modificada" (THOMPSON, 1981, p. 16).

Como nos disse o quilombola **Preto do Batuque** (Entrevista 4): *"[...] aqueles que não foram mais, deram exemplo que trabalhar pro outro, não dava muito resultado e aí passaram a parar"*. Isso, conforme Thompson (1981, p. 16), foi e é determinante para a consciência social, passo crucial para a formação de si-outro, isto é, a identidade. A tomada de consciência do "trabalho pro outro" os trouxe de volta dos pimentais, ao perceberem que esse trabalho não dava resultado para a comunidade. (Re)criam, então, sua identidade com o trabalho dos mutirões, ou seja, o que lhes é de costume, portanto, cultural.

O que não dá resultado, como nos disse o quilombola **Preto do Batuque** (Entrevista 4), é a individualização ocasionada pelo salário, pois não paga a força do trabalho despendido pelo/a trabalhador/a. Assim, nessa luta de contrários, o trabalhador resiste, retorna ao trabalho que herdou de seus antepassados e reconstrói sua própria identidade, configurada, no dizer dos nove sujeitos, na prática de trabalho do mutirão, pois, de acordo com Dubar (2005, p. 135), a "[...] identidade nunca é dada, ela é sempre construída e deverá ser (re)construída, em uma incerteza maior e menor e mais ou menos duradoura". A identidade, como processo de formação da classe econômico-cultural, que vive do trabalho, (re)constrói-se quando o trabalhador se percebe explorado e inter-relaciona essa exploração a construção de alternativas, isto é, ao mutirão.

Nesse sentido, os processos citados por Dubar (1997), relacional e biográfico, em que o primeiro se configura na identidade para o outro, e o segundo na identidade para si, sendo esses processos subjetivamente correspondentes ao que se pode compreender como identidades herdadas e identidades visadas, ou seja, correspondem-se no movimento dialético da (re)construção das identidades (DUBAR, 2005).

Entendemos, portanto, que o resultado do trabalho é cultura e, assim, analisamos a prática do trabalho do mutirão como uma prática que (re)constrói a(s) identidade(s), no plural (DUBAR, 2005) da Comunidade Quilombola do Tambaí-Açu, Mocajuba (PA). (Re)constroem-se na contradição entre trabalhar no mutirão e/ou trabalhar no pimental, ou seja, processos em que o aspecto econômico não foi e não é único e crucial à formação da(s) identidade(s).

Essa formação da identidade do trabalhador também perpassa pelo cultural, isto é, dos saberes e experiências vividas em comum, em coletivo, a exemplo da unidade em se reunir no mutirão, pois a identidade é "[...] o resultado a um só tempo estável e provisório, individual e coletivo, subjetivo e objetivo, biográfico e estrutural, dos diversos processos de socialização que, conjuntamente, constroem os indivíduos e definem as instituições" (DUBAR, 2005, p. 136).

O saber do mutirão faz parte dos processos que definem o ser quilombola do Tambaí-Açu, pois é composto de materialidades subjetivas e objetivas, e sua prática perpassa tanto pelo indivíduo como pelo coletivo, e, em conjunto, em unidade, constrói e define indivíduos, conforme nos apresentou Dubar (2005).

Nos mutirões quilombolas, os saberes e as experiências se entrecruzam na socialização *eu-outro*. Nesse movimento, reconstrói-se o *si* (eu) e o *outro* (comunidade), pois a racionalidade do mutirão, criativo, festivo, colaborativo, humanizante está presente nos saberes do "retiro" (casa de forno/farinha), nas rodas de dança ao som do samba-de-cacete e banguê, nos costumes, nas ervas, na religiosidade, nas festas dos santos padroeiros etc. A partir da relação visceral do trabalho-educação, produzimos cultura e nos produzimos como seres de cultura (TIRIBA; FISCHER, 2015). É no e pelo mutirão que a(s) identidade(s) quilombola(s) acontece(m) e se (re)cria(m).

Outrossim, entende-se a formação da classe econômico-cultural como um fenômeno histórico que parte, com base em Thompson (1987), de uma perspectiva que está além somente dos trabalhadores dos chãos da fábrica, dos proletariados, assalariados. No dizer de Antunes (2009), trata-se de "outros coletivos", que mesmo não sendo assalariados, vivem do trabalho, a exemplo dos quilombolas, trabalhadoras e trabalhadores de comunidades tradicionais presentes, portanto, em outros "chãos".

As organizações dos trabalhadores no século XVIII, de acordo com Thompson (1987), desde as pequenas aglomerações de "dissidentes" até as grandes "sociedades" pautadas em tradições, crenças, ideologias, compostas de artesãos e outros tipos de trabalhadores não assalariados, configuram-se em aspectos cruciais para a formação da(s) classe(s) trabalhadora(s). Nesse sentido, ao se pensar a "hegemonia"[147], em Gramsci (2017), podemos sustentar que os quilombolas compõem a classe trabalhadora, assim como as diversas classes subalternas, tanto da cidade quanto do campo.

Nos processos constantes de formação da(s) classe(s) trabalhadora(s), essas acumularam experiências que condicionaram a (re)construção das identidades. Isso ocorreu por meio do ato educativo das formas de organização, lutas por direitos, disputas, conflitos, manifestações, atos

---

[147] Trata-se de um conceito de Antonio Gramsci (1891-1937), que constitui a ampliação da classe trabalhadora, ou seja, a "[...] inclusão das massas camponesas, ampliando a base da hegemonia [...] preparando com isso, o futuro sistema hegemônico da classe [trabalhadora] operária-campesinato" (PORTELLI, 1977, p. 64). Na concepção gramsciana, a hegemonia da classe trabalhadora se dá pelo processo, não apenas da sociedade política, tal qual frisou Lênin, mas como um processo que perpassa pela sociedade civil mais a sociedade política, ou seja, pelo conjunto composto da direção cultural e ideológica.

pedagógicos cruciais, que vão de encontro ao determinismo econômico, confirmando a premissa de que a formação de classe perpassa também pela cultura. Isto é, pelo processo dialético econômico-cultural configurado, no dizer de Thompson (1987, p. 170), como: "[...] uma magnífica descrição dos primeiros estágios da autoeducação política de uma classe", e continua: "[...] essas experiências marcaram (e têm marcado) a consciência popular" (THOMPSON, 1987, p. 201).

Portanto, podemos afirmar que o principal aspecto de formação da classe trabalhadora, em sua totalidade, é que ela não é homogênea. Daí a importância de considerar a diversidade dos sujeitos em suas lutas e historicidade, ou seja, em suas formações de identidades econômico-culturais.

Identidade(s) que se forma(m) a partir das experiências – "eu-outro" –, ou seja, dos saberes do trabalho, pois, conforme Dubar (2005, p. 135): "A divisão interna à identidade deve ser enfim esclarecida pela dualidade de sua própria definição: identidade para si e identidade para o outro são ao mesmo tempo inseparáveis e ligadas de maneira problemática". Logo, entende-se que se "[...] aquilo que os indivíduos são depende, portanto, das condições materiais da sua produção da vida" (MARX, ENGELS, 2009, p. 25), os quilombolas do Tambaí-Açu são o que são pelo trabalho-cultura.

3.2.2 O papel das mulheres nos processos de resistência quilombola ao capital: o companheirismo na produção da vida

O trabalho nos pimentais recrutou e ainda recruta muitas trabalhadoras quilombolas, e nessa experiência elas acabam também levando suas crianças. As mulheres são vistas pelos patrões como melhor mão de obra para colheita e capina, pois o trabalho é considerado como se precisasse de mais delicadeza no trato e menor remuneração. Esses elementos foram coletados nas falas tanto dos homens quanto das mulheres.

Buscou-se, assim, fazer uma breve análise desse achado, pois com relação às mulheres, tem sido construída uma história de invisibilidade no que diz respeito ao trabalho. Às mulheres tem sido condicionada historicamente a negação de seu papel como trabalhadoras, e quando se trata de mulheres negras, então essa invisibilidade ganha tons mais intensos, ao tentar torná-las "desaparecidas" dos processos da vida real.

Nos pimentais implantados a partir da década de 1970 na região do Vale do Tambaí-Açu, como já citado pelo quilombola **Dico** (Entrevista 3), muitos homens e mulheres foram recrutados. Havia, no período da colheita, uma eminente imigração de trabalhadores e trabalhadoras de outros municípios, que se instalavam com suas famílias até finalizar a colheita. Essa dinâmica de trabalho ocorre até os dias atuais.

Esse processo de recrutamento ao trabalho dos pimentais também se deu na Comunidade Quilombola Tambaí-Açu, onde alguns homens e mulheres se arriscavam mata adentro, em caminhada, rumo aos pimentais implantados pelos arredores, como nos disse a quilombola **Tia Biro** (Entrevista 2): *"[...] nós saía daqui quatro horas da manhã, eu saía de casa. Eu saía junto com os pessoá do Copa [in memoriam]. A mulherada, e a gente ia embora pra lá. A gente ia andando por tudo aí, e ia saí lá"* nos pimentais dos japoneses.

A quilombola **Tia Biro** (Entrevista 2) vivenciou o trabalho nos pimentais e fala com apropriação como dedicar-se ao trabalho dos patrões, influenciada pelo salário, mudou a dinâmica da sua vida e da comunidade. Assim, no seu dizer, com a entrada dos pimentais na região, *"mudou eu com a minha roça"*, ou seja, o monocultivo intensivo da pimenta-do-reino, implantado nos arredores da comunidade, mudou, segundo **Preto do Batuque** (Entrevista 4), a *"forma do mutirão"*, e isso mudou o *eu*, mudou a roça, mudou a *comunidade*.

Os mutirões nas vozes das "mulheradas", tanto para aquelas que foram quanto para aquelas que não foram trabalhar nos pimentais, têm o significado de produção da comunidade. Nesse sentido, para a quilombola **Tia Preta** (Entrevista 8), que faz questão de dizer *"nunca trabalhei em pimentá"*:

> *Os convidados (mutirões) era pra derribar, roçar, plantar. Fazia os cunvidados grandes. Plantavam, juntava muita gente, porque naquele tempo o povo era animado. Os velhos de hoje, eram novos, e as criançadas tavam tudo pequeno. E naquele tempo, [...] no tempo do nosso pai, eles faziam o banguê, já tinha o banguê, o samba né? O trabalho era animado [...]*

O dizer da quilombola **Tia Preta** revela como o *"trabalho animado"*, festivo, movimentava a comunidade, reunia, mobilizava e, assim como trabalho que educa, construía a consciência da união de forças para diminuir o trabalho pesado, aumentar a produção e dar condição de sobrevivência a todos.

Dessa forma, mesmo tendo experienciado o "trabalho pro outro", a quilombola **Tia Biro** (Entrevista 2) também traduz o mutirão como:

> *[...] muita brincadeira, quando chegavam na casa pela tarde, era muita brincadeira... e não tinha confusão, não. Eles vinham, tinha porco, era animado, trabaiavam [...] Os mutirão era muito animado.*

> *Eu era bem nova nessa época, eu alembro que cada um de nós que ia, levava o que tivesse. Quem não tinha comida, levava farinha, levava bacaba. A gente ia, trabaiava, comia, comia, e sobrava comida e a gente vinha cheia, mas também a gente trabaiava [...]*

Percebe-se a tradução do trabalho como "brincadeira", animado, festivo, colaborativo, companheiro, que não se materializa nos pimentais, pois *lá* o trabalho é operado em outro ritmo, isto é, no relógio. Não há espaço, embora haja coletivos, para o lazer que se opera nos mutirões. O momento da alimentação é suprimido pelo tempo da produção. Comem, mas não apreciam, não degustam, não "brincam". O trabalho nos mutirões é pesado, é cansativo, mas é livre, é festivo, assim, não é enfadonho como o "trabalho pro outro".

Nos mutirões, no dizer da "mulherada", há a divisão do trabalho. Para a quilombola **Irlê** (Entrevista 7), o trabalho da cozinha é bem atrativo, assim ela nos disse: *"[...] eu gosto de ficar na cozinha, fazendo a comida com as outras pro mutirão"*, e continua a descrever a divisão dos trabalhos no mutirão entre homens e mulheres dizendo:

> *Pra fazer o mutirão, os adultos, saem convidando, mais os da família né? Eles saem, convidam as famílias, aí a gente vai pra roça. Os adultos cortam a maniva, e vão cavando, e a gente vai só colocando a maniva e fechando o buraco. Aí tem a divisão do trabalho: um corta, outros vão plantando. Os homens cortam a maniva e cavam o buraco e as mulheres vão jogando e fechando o buraco. Quando a gente chega no roçado tem o café, depois tem a merenda, e aí quando termina todo o trabalho tem o almoço, todos juntos [...]Eu não lembro da brincadeira do banguê no convidado, eu só ouço minha mãe dizer que era assim, mas eu nunca vi o convidado com banguê não. Hoje não tem banguê no convidado [...]* (Irlê, Entrevista 7).

A jovem quilombola **Irlê** (Entrevista 7), em seus 21 anos de vida, revela como os jovens da Comunidade Quilombola Tambaí-Açu vêm (re)construindo o mutirão com os mais velhos (pai, mãe, tios, tias, avós) e, em contradição com o trabalho dos patrões, suas identidades. Ela demonstra sua apropriação do trabalho nos mutirões, pois participa de sua (re)construção com a família desde criança.

O mutirão, como experiência herdada e modificada (THOMPSON, 1998), é base da constituição e manutenção da produção da vida na Comunidade Quilombola Tambaí-Açu e se configura como resistência econômico-cultural ao "trabalho pro outro" nos pimentais, pois mantém vivo o trabalho da roça. Portanto, a subsistência e os valores como de unir forças para ajudar uns aos outros.

A divisão do trabalho entre homens e mulheres, observada pela jovem quilombola **Irlê** (Entrevista 7), nos mutirões da Comunidade Quilombola Tambaí-Açu atualmente também foi observada por Pinto (2004, p. 102) durante suas pesquisas em comunidades tradicionais quilombolas da região do Baixo Tocantins, nordeste paraense, assim:

> Ao som do sopro de uma corneta, que marcava o momento esperado para o plantio, os homens com as enxadas na mão se espalhavam pelo roçado formando eitos – espécie de alinhamento – e agilmente removiam a terra formando covas. Atrás dos cavadores iam as mulheres, velhos e crianças, com paneiros cheios de mudas, depositando de uma a duas mudas em cada cova e simultaneamente cobrindo-a com a terra – geralmente a terra é puxada com os pés.

Percebe-se com isso que, nos mutirões quilombolas, o trabalho é dividido entre trabalho mais "leve" para as mulheres e crianças e trabalho mais "pesado" para os homens. Há preocupação dos homens, ao designarem os trabalhos "leves" às mulheres, como relação de companheirismo, pois não se percebe nos sujeitos que, ao designarem trabalho leve e trabalho pesado, façam isso por se sentirem superiores, mas como ato de cuidar do outro. E isso é diferente da lógica dos pimentais, onde também se opera essa divisão porque *lá* as mulheres, no dizer do quilombola **Tio João** (Entrevista 5), são vistas como muito *"boas para a colheita, elas colhem mais que os homens"*, colheita aqui como forma de maior produção, lucro de mercado.

Nas roças da comunidade, isso também acontece. A capina e a colheita são direcionadas às mulheres, pois, como nos disse o quilombola **Preto do Batuque** (Entrevista 4), *"[...] é um trabalho que elas dão conta"*. Os homens fazem a parte mais "pesada" do roçado, não que elas (mulheres) não consigam fazer, pois, na ausência dos homens, as mulheres já fizeram mutirões para se ajudarem diante da tripla jornada de trabalho, em cuidar da roça, da casa e da família.

Dessa forma, foi observado o reconhecimento de todos os homens entrevistados, pois percebem que não foi e não é fácil o trabalho da "mulherada", tanto da roça quanto de outros trabalhos. A divisão das mulheres entre vários trabalhos na lida diária, em uma dinâmica de trabalho triplo – roças, casa e cuidar das crianças – foi importante para a resistência dos mutirões na saída de alguns homens ao "trabalho pro outro". A persistência das mulheres no trabalho da roça, com vistas à sobrevivência dos filhos, foi crucial para a manutenção da comunidade.

Assim, o reconhecimento de **Teneca** (Entrevista 6), ao afirmar: *"[...] se elas precisar, elas consegue"*, pois se unem em mutirão quando percebem que, sozinhas, não vão conseguir realizar todas as tarefas a elas direcionadas, demonstra que as mulheres da Comunidade Quilombola Tambaí-Açu foram e ainda são cruciais em assegurar a produção da vida nessa comunidade.

A divisão do trabalho entre homens e mulheres, no mutirão, também foi observada em termos do formato das *"brincadeiras"* relacionadas à festividade do convidado, pois as mulheres, no dizer dos homens, são *"fracas"* para algumas *"bebidas"*, já que:

> *Nós se organizava né? Assim naquela época, do que a gente chama convidado né? Pra gente tocar o serviço da gente, a gente fazia aqueles convidado pra tocar o serviço da gente, como roçage. E aí vinha a planta, fazia aquelas plantas, aqueles convidado animado, matando porco. Com aqueles convidado grande e, naquela época tinha muita bebida né? Eu lembro que a gente fazia aqueles licor de muruci[148], de jenipapo...[149] fazia aquele licor pra dá pra aquelas mulheradas que são mais fracas, a gente fala né? E aí pra ser animado o serviço da planta sabe? As mulheradas entravam animadas e homens também com licor, a bebida mais forte pra fazer o trabalho. E assim a gente tocava o serviço.* (Teneca, Entrevista 6).

Os dizeres e fazeres dos homens da Comunidade Quilombola Tambaí-Açu revelam "certo" cuidado com as mulheres, pois a elas designam os trabalhos mais "leves". Alguns homens da Comunidade Quilombola Tambaí-Açu, antes de irem trabalhar nos pimentais (década de 1970), faziam os mutirões com as mulheres, na derrubada da mata, na cuivara[150] e até no plantio. Passadas essas etapas, dirigiam-se aos pimentais e as mulheres encaminhavam o restante da produção da roça, juntas, uniam-se e faziam mutirões femininos.

Nesse contexto, o quilombola **Teneca** (Entrevista 6) nos revelou o seu reconhecimento de que as *"mulheradas"* foram responsáveis por *"segurar"* os mutirões, ou seja, a comunidade, enquanto eles estavam dedicados aos trabalhos dos patrões dos pimentais, pois:

---

[148] Ver Glossário.
[149] Ver Glossário.
[150] Conforme Pinto (2001).

> [...] as que não foram, não quiseram ir pros pimentais, elas continuou com o mutirão, porque essa minha mulher aqui, elas trabalhavam né? Elas se reuniam aí umas oito, nove, dez mulherada. Aí nas roças dela, e elas falaram – olha bora trabalhar no mutirão e nas nossa roça. E elas iam, naquela animação. Hoje se trabalhava pra uma, outro dia pra outra e assim elas iam acabando com o que tinha de trabalho na roça. Assim, uma ajudando a outra. Se era pra ficar uma semana e pouco trabalhando aqui, e aí direto só num dia eles acabavam, porque, numa semana, eram seis dias pra trabalhar só ela, só uma, e aí elas entravam de nove a dez mulheres e só num dia elas terminavam. Então era uma vantagem. Então o nosso ficava pronto e aí já ia aprontar a de outra, e assim ia, amanhã é de um, depois de amanhã outro, e assim ia. Elas, mulherada, se reuniam pra ajudar uma as outras, porque alguns de seus maridos estavam nos pimentais. Outros estavam em outros afazeres e aí elas ficavam sozinha. E se viram que no mutirão elas se ajudavam mais. E assim fizeram. E aí a capina da roça ficava pra mulherada. E aqui se tinha um dizer que sempre a capina da roça era a mulher que fazia. Mas a gente tinha o entendimento que não era só pra mulher, o homem também, se quisesse fazer, também podia fazer, ajudar, quer dizer o homem também faz né?

O relato do quilombola **Teneca** (Entrevista 6) apresenta sua experiência com o trabalho das "mulheradas", que foram e são fundamentais no (re)criar-se do mutirão. O papel das mulheres em manter o mutirão enquanto os maridos trabalhavam "pro outro" foi crucial para que a comunidade não morresse. Ao ficarem, demonstraram que o trabalho da comunidade é o que dignifica, é o que dá subsistência, e valores como a união são o que ainda mantêm a comunidade e têm provado todos os dias a real possibilidade de outras vivências humanas e solidárias.

Comparável com relatos de outros homens quilombolas, em outras pesquisas, como de Pinto (2004), ao estudar homens e mulheres quilombolas de outras comunidades do Baixo Tocantins, observou-se semelhanças significativas entre elas no que concerne à divisão do trabalho. Desse modo, Pinto (2004, p. 130) nos faz pensar que:

> A mulher rural (quilombola) ao se entregar aos trabalhos da roça garante a subsistência e em consequência disso sobrevive e luta pela sobrevivência de seus descendentes. Ela é uma artista da vida porque em meio a todos os sacrifícios e sofrimentos da vida dura de trabalho que vive faz de seu cotidiano uma escola de onde acumula saberes consagra-

dos na sua experiência de vida. As trabalhadoras rurais são mulheres "camaradas" e companheiras dos homens – como eles e elas mesmas dizem em Umarizal.

No Quilombo Umarizal, Baião (PA), conforme nos revelou Pinto (2004), os homens, assim como no Quilombo Tambaí-Açu, Mocajuba (PA), reconhecem a importância das mulheres na produção do trabalho, pois, para eles, elas foram e são "companheiras". Entretanto, é válido ressaltar, conforme Pinto (2004, p. 137), que:

> O momento do sobreviver é o momento do poder. É no âmbito da luta pela sobrevivência que se evaporam a "fragilidade" e a "dependência" das mulheradas negras rurais na região do Tocantins/Pará, [...] Mulheres sofridas, calejadas, envelhecidas pela dureza da vida e ressecadas pelo sol escaldante do dia-a-dia cortam com machado, encoivam, plantam, capinam e colhem. A elas estão designadas as tarefas ditas mais "leves" dos trabalhos da roça. Mas a elas também cabe o ato de gerar, parir, cuidar e alimentar os filhos. Atividades que se acumulam ultrapassando as barreiras da noção de "leves", ganhando uma densa complexidade, mas possível para essas mulheres, que na labuta do cotidiano na luta pela sobrevivência tornam-se fortes, independentes e detentoras de poderes.

A jornada exaustiva das mulheres, embora reconhecida por alguns homens, ainda é um campo de debate, pois prevalece o elemento patriarcal em termos de trabalho. Contudo, as mulheres da Comunidade Quilombola Tambaí-Açu sempre procuraram ocupar seus espaços, na(s) igreja(s), na Associação, na organização dos mutirões, ou seja, embora os homens procurem estar sempre à frente, como lideranças na comunidade, as mulheres também vêm (re)construindo seus espaços e se dividem entre as tarefas das roças, das famílias, da comunidade. As atividades laborativas voltadas às mulheres rurais são, conforme Thompson (1998, p. 287), "[...] os trabalhos mais árduos e prolongados de todos".

No recriar de suas práticas, as mulheres e os homens da Comunidade Quilombola Tambaí-Açu se (re)constroem. No processo de (re)afirmação quilombola, o ser quilombola mulher também se (re)afirma, e os homens também se (re)criam, daí a necessidade da educação, nos espaços (escolas) da família, nos movimentos sociais, nas escolas sistematizadas, nas igrejas, nos mutirões, nos grupos culturais, a exemplo do "Quilombauê", enfim, em todos os espaços-tempos do fazer-se humano, pois:

> [...] as mulheres do campo além de lidarem, historicamente, com desigualdade de gênero, discriminação e exclusão social, tem o seu bem viver desafiado, cotidianamente, pelo agronegócio, pela degradação da natureza e pela sedução de seus filhos pelo trabalho assalariado. (NEVES, 2017, p. 261 *apud* CAETANO, RAMOS, AZEVEDO, 2018, p. 185).

Assim, na contradição entre as reproduções ampliadas da vida e as reproduções ampliadas do capital, as mulheres e suas identidades se (re) constroem tanto para si quanto para os outros, já que:

> [...] O entendimento dessa sociedade (patriarcal-racista-capitalista) exige compreender que as classes sociais não são meras abstrações, mas sim relações sociais que envolvem antagonismos inscritos em uma materialidade de corpos reais, que possuem sexo/sexualidade, raça/etnia. (CISNE, 2018, p. 213).

Nesse sentido, entender as mulheres quilombolas, como gênero e luta, não é sinônimo de fragmentação da classe, mas de inseri-las no campo de debate da hegemonia (GRAMSCI, 2015), pois as lutas das mulheres também são parte dos processos de formação da classe econômico-cultural que vive do trabalho.

Compreendê-las como parte da classe econômico-cultural em formação é compreendê-las como parte das heterogenias que compõem a classe trabalhadora em constante formação. Assim, conforme Cisne (2018, p. 213), a: "Unidade exige, todavia, o reconhecimento das diferenças. Do contrário seria homogeneidade, (logo não sendo) homogênea é permeada e constituída pelas relações de sexo e raça".

Portanto, para continuarmos pensando, dado o espaço restrito desta obra, as mulheres quilombolas são fundamentais em qualquer processo de organização. Como vimos, suas forças de trabalho têm sido comumente importantes para a conservação da sociedade como está. Embora os avanços tenham direcionado à ampliação dos espaços da mulher, elas continuam na luta por romper com a subordinação do homem associado à mulher, que, de uma maneira ou de outra, ainda se manifesta como a própria concepção da propriedade privada (CISNE, 2018, p. 216). Entretanto, luta-se, nesses termos, continuamente para que transformações ocorram, não somente no campo econômico, mas também nos campos da cultura e dos valores.

3.3 AS/OS QUILOMBOLAS SENTEM, VIVEM E SÃO COMUNIDADE: ASSIM SE (RE)CONSTROEM E SE FORMAM NO CONSTANTE VIR A SER

A(s) identidade(s) quilombola(s) são resultantes do contínuo processo dialético de *vir a ser*, ou seja, da (re)construção de *si-outro*. Nesse sentido, com base em Fiabani (2005) e Moura (1959, 1993), entendemos que as negras trabalhadoras e os negros trabalhadores da África, ao serem atravessados pelas mediações do sistema capital na Era Moderna, foram trazidos para o Brasil e escravizados por mais de três séculos no período colonial.

No Brasil, determinados pelo sistema capital ao trabalho forçado, foram impedidos de se relacionarem entre si (negros e negras africanos). Estrategicamente, os escravizadores misturavam as diversas etnias e línguas, assim, embora as negras e negros fossem todos do mesmo continente, faziam parte de povos com especificidades diferentes, dificultando a socialização, que poderia levá-los à formação de rebeliões (FIABANI, 2005).

Diante desse etnocídio, as trabalhadoras negras e os trabalhadores negros precisaram criar ações de resistência, pois o processo de escravismo não se deu passivamente, como vimos em Reis e Gomes (2012), em que houve escravidão, houve resistência de várias formas. Nesse processo de reconstrução de *si-outro* (DUBAR, 2005), a recriação dos costumes, crenças, espiritualidade, saberes, portanto, as culturas, tornou-se crucial para a sobrevivência desses povos.

Assim, as fugas se configuraram como o principal processo de contraposição ao escravismo, o que levou à construção de inúmeros espaços--tempos, de liberdade do trabalho, pois as negras e os negros não fugiam do trabalho, mas do escravismo. Esses espaços-tempos de liberdade do trabalho se tornaram espaços-tempos da miscigenação entre negros, indígenas e outros coletivos de gente, que, também oprimidos pelo sistema capital, procuravam lugar para trabalharem livremente.

Entretanto, de acordo com Funes (2012), não houve processo de resistência negra que não tenha sido (ou houve tentativa) reprimida pelo escravismo. Os espaços-tempos de liberdade das negras e dos negros que resistiram ao escravismo foram alvo de diversas investidas repressivas do capital, por meio do "Estado" e/ou com as bênçãos da "Igreja".

Nesse processo de confronto de interesses entre o sistema escravizador e as negras e negros (MELLO, 2001), a denominação para os espaços-tempos de liberdade se tornou crucial para o fenômeno das fugas. Entende-se por espaço-

-tempo a construção histórico-social dos povos e o movimento que define outras necessidades, outras lutas, (re)construindo constantemente o ser social, ou seja, o ser do homem (e da mulher) em novos espaços e novos tempos (movimento) (SANTOS, 1988). O termo quilombo foi, assim, expresso pelo escravizador com o significado de "espaço de negro (negra) fugido(a)" (MOURA, 1959).

Esse termo foi, portanto, adotado pelo escravizador para que as tropas do Estado, bem como os capitães do mato e a própria sociedade escravista pudessem ter acesso a um conceito do que seriam esses espaços-tempos de liberdade, construídos a partir das fugas de negras/negros do trabalho escravizado (FIABANI, 2005).

Desse modo, o termo "quilombo", embora tenha significado africano, foi apropriado pelo escravizador para recapturar negras e negros e reescravizá-los. Percebe-se, com isso, que a denominação para as negras e os negros que fugiam da escravidão e formavam espaços-tempos de liberdade, a exemplo de mocambos, calhambolas, terras de pretos, terras de santo, cerca etc., tornara-se uma preocupação para o escravizador, pois era preciso reescravizá-los (FIABANI, 2005).

Os primeiros registros de tentativa de se nomear os espaços-tempos de liberdade das negras e negros foram de iniciativa do escravizador, e não pelos trabalhadores que, escravizados, fugiam em busca de liberdade. Ou seja, o primeiro registro que se tem do termo quilombo foi atribuído à Coroa portuguesa, datada de 2 de dezembro de 1740, que significava: "[...] toda habitação de negros fugidos que passem de cinco, em parte despovoada, ainda que não tenham ranchos levantados nem se achem pilões neles" (MOURA, 1959, p. 11).

Percebe-se que o termo quilombo, apropriado pelo escravizador, designou os espaços-tempos, a fim de puni-los e, ao mesmo tempo (embora sem êxito), torná-los inexistentes e/ou, no dizer de Thompson (1990), "sujeitos desaparecidos". Todavia, como vimos em Fiabani (2005), mesmo sendo essa designação proferida pelos escravizadores, aos poucos os próprios movimentos sociais de resistência negra foram se apropriando do termo, como o caso do Quilombo de Palmares. Mas a palavra *quilombo* "[...] é uma incorporação à língua portuguesa de um termo africano que significa esconderijo" (SOUZA, 2012, p. 20).

Nesse sentido, diante das várias designações para os espaços-tempos de liberdade construídos pelas resistências negras, o fato é que ser quilombola, mocambeiro, calhambola, terreiro de pretos e pretas, terra de santo etc., no Brasil, é uma luta constante de (re)construção identitária e (re)afirmação de experiências sociais, isto é, está além das designações e termos.

Desse modo, entender a formação da identidade dos povos negros no Brasil tem-se tornado espaço de inúmeros debates epistemológicos no campo acadêmico. Porém, essa exposição não pretende levantar bandeira para correntes teóricas, muito menos procura um consenso sobre qual é a melhor definição para *identidade*, pois não usamos de profissão de fé, o que se pretende é contribuir com o debate, assim como Thompson (1981, p. 181): "Estamos interessados em fazer avançar a história e o entendimento de Marx, e não na marxologia", analisando a identidade quilombola como um processo de formação de *identidade social*, isto é, a partir das condições materiais e objetivas dos sujeitos, ou seja, das experiências, na produção da vida.

Dessa forma, conforme Dubar (2005), entende-se que há um processo contínuo de construção de significado para o indivíduo, que perpassa pela relação umbilical de *si-outro*, o que, para Castells (2010, p. 22), trata-se de *atributo cultural*, e que *atributos se prevalecem* na formação da identidade. Entendemos, entretanto, que a construção da identidade se dá no, pelo do trabalho, que cria o mundo da cultura. No dizer de Castells (2010), traduz-se em *matéria-prima*, ou seja, toda essa matéria-prima, para o nosso entendimento, faz parte do mundo da cultura, o mundo humano, criado por meio do trabalho.

De acordo com Bogo (2010, p. 118), ao se reportar a Castells (1999, p. 24): "Uma vez que a construção social da identidade, sempre ocorre em um contexto marcado por relações de poder", lembra que "é nelas que precisamos nos fixar para entender que ela (identidade) também tem, na vida social, natureza de classe" (BOGO, 2010, p. 118).

A formação da identidade não perpassa apenas por um processo de afirmação individual, isto é, somente de "identidade cultural", tal qual também não é somente um processo econômico. Trata-se do processo econômico-cultural, que forma o ser social integralmente, na unidade *si-outro*, ou seja, as identidades são fruto das relações sociais compostas de modos de vida e modos de produção, que, por meio da criticidade, entendemos como um processo histórico e, portanto, construído por mulheres e homens.

O processo de formação das *identidades* é algo heterogêneo, pois entende-se que a *identidade social* resulta da articulação entre duas transações, que perpassa tanto de processos *culturais* quanto de estratégias de ordem *econômica* (DUBAR, 2005). Nesse sentido, devemos considerar o longo processo histórico de resistência quilombola ao *status quo* do capital ao (re) criar possíveis formas de viver que se contrapõem à lógica mercadológica, a exemplo da prática de trabalho dos mutirões.

Trabalhadoras e trabalhadores quilombolas que se constituem como processo dialético tanto econômico quanto cultural, desde o sistema escravista operado pelo modo de produção capitalista até o espaço-tempo presente, ao se (re)criarem por meio de práticas de trabalho como os mutirões, que destoam do trabalho para o capital, personificado no trabalho dos pimentais.

Assim, considera-se que há exatamente 100 anos, após a assinatura da Lei Áurea (1888), a luta dos Movimentos Sociais Negros no Brasil levou ao reconhecimento legal dos territórios quilombolas, a partir da Constituição de 1988, artigo 68 do Ato das Disposições Constitucionais Transitórias (ADCT), conferindo direitos territoriais: "Aos remanescentes das comunidades dos quilombos que estejam ocupando suas terras é reconhecida a propriedade definitiva, devendo o Estado emitir-lhes os títulos respectivos" (SENADO FEDERAL, 2015, p. 159).

O artigo 68 do Ato das Disposições Constitucionais da Constituição Federal de 1988 é muito restritivo, direcionado à questão fundiária, ou seja, territorial. Embora considerado significativo, não repara os danos causados pela escravidão no Brasil; pelo contrário, a tentativa de homogeneizar as comunidades negras como remanescentes deu sentido comparável ao que a Coroa portuguesa tentou designar como quilombo no século XVIII (FIABANI, 2005).

Daí a importância de se manter as pressões dos movimentos sociais, para que esse direito se amplie, ocorrendo, com isso, a construção de um conjunto de leis complementares a esse dispositivo (FIABANI, 2005). A legitimidade do direito à territorialidade dos quilombolas garantiu a propriedade da terra, direitos sociais e culturais, e tem levado as comunidades tradicionais quilombolas a (re)construírem, (re)afirmarem suas identidades e especificidades históricas, por meio da luta pela implementação desses direitos conquistados, porém a luta deve ser permanente.

As necessidades de (re)construção e (re)afirmação identitária têm levado pesquisadores, como O'dwyer (2002), a estudar a *identidade quilombola*. Sabe-se que, no Brasil, nem todas as pretas e os pretos se reconhecem ou se identificam com esse conceito, pois há no país diversas denominações para as comunidades negras. Essa diversidade tem causado muito debate no meio acadêmico, nos movimentos sociais negros/quilombolas e:

> [...] inclusive, na esfera do legislativo, com a formulação de anteprojetos de lei que visam regulamentar a aplicação do artigo (68 da Constituição Federal de 1988). Agências de

> governo, como a Fundação Cultural Palmares, do Ministério da Cultura, e o INCRA, criaram suas próprias diretrizes e procedimentos para o reconhecimento territorial das chamadas comunidades rurais quilombolas. (O'DWYER, 2002, p. 5).

As disputas de interesses econômicos engessam processos de reconhecimento territorial quilombola. Por isso, a luta pelos territórios tem sido crucial no processo de autorreconhecimento identitário das negras e negros quilombolas, mesmo que, segundo Fiabani (2005), o processo de autoidentidade não se limite a esse aspecto, possui uma relação direta com o território. Os movimentos sociais têm conseguido, assim, reverter ideologias racistas-classistas sobre remanescentes de quilombos.

Nesse sentido, contribuímos com este debate analisando a formação da identidade quilombola como identidade social. Buscamos, assim, compreender como os processos de formação de identidades se configuram na contradição das materialidades da vida, ou seja, das necessidades dos povos tradicionais e necessidades do capital, pois entende-se que a identidade quilombola decorre de processos determinados, isto é, na luta de contrários.

Como o nosso enfoque de pesquisa é o materialismo histórico-dialético, foi necessário partir da realidade concreta, ou seja, das determinações objetivas da vida, que levam o sujeito a se afirmar quilombola. Assim, entendemos como um processo econômico-cultural, em que homens e mulheres se constituem no movimento constante das conjunções sociais (THOMPSON, 1987).

Igualmente, com base em Dubar (2005), entendemos que o termo quilombola, designado pelo Estado, é uma identidade com aspectos objetivos, ou seja, *identidade para o outro*. Entretanto, importa rever, como ponto de partida para análise, a *identidade para si*, isto é, os aspectos da subjetividade do indivíduo, para que possamos entender como se forma a identidade quilombola na inter-relação subjetiva-objetiva, ou melhor, na relação intrínseca entre o econômico e o cultural.

Dessa forma, entendemos que a mulher e o homem quilombola são resultados das relações sociais por meio da categoria trabalho. O trabalho define a mulher e o homem pela transformação da natureza que os constrói. Mulheres e homens são o que são pelo trabalho. No e pelo trabalho, constroem relações sociais que os levam a se afirmarem como são.

Porém, na construção histórica da sociedade, dialeticamente, criam-se processos que tentam moldar as estruturas sociais e, com isso, criam mecanismos que tentam homogeneizar heterogenias, a exemplo de comunidades tradicionais quilombolas. Logo, em vez de se perguntar ao sujeito o que é ser quilombola, perguntamos: *que formas de trabalho contribuíram para a história da comunidade e da identidade negra?*

Assim sendo, o dizer do sujeito **Mundico** (Entrevista 1) expõe que o trabalho é condição para *si* e *outro*, pois:

> [...] em todos os aspectos do trabalho que vejo, que é a questão do mutirão, parceria. Porque não só no cultivo da cultura, ou da agricultura, mas também em termos de parceria nos momentos de doenças ou em outras atividades que a comunidade vem executando. Então o mutirão, de todas as formas, foi quem contribuiu muito pra que a gente pudesse ter uma comunidade formada e hoje reconhecida. Identificada como comunidade quilombola, uma comunidade que é de um povo, que tem uma história [...].

O contexto ao qual **Mundico** (Entrevista 1) se refere é o do período em que os mutirões aconteciam embalados com muita festividade e cultura, assim:

> [...] no tempo do meu pai, eles faziam a brincadeira na véspera do mutirão, que era no caso, por exemplo, se fosse meu amanhã, hoje a brincadeira era aqui na minha casa. E aí o pessoal iam trabalhar cedo e quando voltavam, a brincadeira continuava. Na época era samba-de-cacete, era o banguê. Eles tocavam, então era assim que funcionava. Eu vivenciei pouco estes momentos mais antigos, eu era criança, mas alembro[...].

Os mutirões envolviam todos da comunidade e das comunidades vizinhas, até meados de 1980, pois, a partir dos japoneses e seus pimentais, o saber do trabalho mutirão foi "atravessado", com a introdução do monocultivo intensivo da pimenta-do-reino na região de entorno à comunidade. Entretanto, **Mundico** (Entrevista 1) afirma que a prática dos mutirões contribuiu para a unidade da comunidade e, portanto, a resistência ao trabalho, individualizado, parcelado, assalariado, operado pelo sistema capital.

Os mutirões, segundo o quilombola **Mundico** (Entrevista 1), têm sido base da organização que os levou e leva a se reconhecerem como quilombolas. Prática de trabalho como resistência econômico-cultural ao modus operandi capitalista, presente no chão da vida quilombola, que até os dias atuais recruta trabalhadores ao sistema assalariado do agronegócio e suas diversas faces.

Portanto, discutir a identidade, a partir do método marxiano, pressupõe compreender os processos históricos como luta de classes. É preciso entender as relações de classe, que se engendram no mundo material e de como, neste mesmo mundo material, constroem-se processos que se contrapõem à lógica de homogeneização imposta pelo capital. Esses processos são resistências que contribuem diretamente para a (re)construção da identidade quilombola da Comunidade Tambaí-Açu, Mocajuba (PA), como formação constante da classe econômico-cultural que vive do trabalho.

O processo de contraposição aqui analisado é o processo da contradição trabalho-capital, materializado no monocultivo intensivo da pimenta-do-reino, na região nordeste paraense. Processo esse que afetou e afeta relações de produção, a exemplo das comunidades tradicionais, desde que esse monocultivo foi introduzido no estado do Pará, nos anos 1933, com a empresa Cultivar Cingapura, de propriedade japonesa, conforme os dados levantados por Lourinho (2014).

Assim, a travessia de segunda ordem do capital (MÉSZÁROS, 2011), configurada nos grandes pimentais no município de Mocajuba (região nordeste paraense), a partir da década de 1970, levou mulheres e homens da Comunidade Quilombola Tambaí-Açu a (re)construírem processos que se contrapusessem à lógica do capital, possibilitando estabelecer mediações (resistência) às metamorfoses nos mundos do trabalho.

As mediações de primeira ordem, movimentam os seres sociais à subsistência, a exemplo da venda do excedente do que produzem na roça para, conforme **Mundico** (Entrevista 1), *"[...] fazer outras coisas, pra comprar outras coisas"*, ou seja, adquirir dinheiro para suprir as necessidades, como: combustível para seus veículos e assim poder se locomover; pagar a conta da energia elétrica; comprar produtos que não se produz na comunidade, a exemplo de calçados, roupas, redes para dormir, entre outros.

Logo, entende-se que, por meio da contradição trabalho-capital, a Comunidade Quilombola do Tambaí-Açu (re)construiu práticas de resistência. Os povos formam sua(s) classe(s) a partir de suas identidades (re)construídas, resultantes das conjunções sociais. Homens (e mulheres) são resultado de "[...] experiências comuns (herdadas ou partilhadas), que contribuem a sentirem e articularem a identidade de seus interesses entre si, e contra outros homens (*e mulheres*) cujos interesses diferem (e geralmente se opõem) dos seus" (THOMPSON, 1987, p. 10, grifos da autora).

Portanto, a resistência econômico-cultural, configurada em mutirões, fruto das conjunções sociais, analisadas nesta exposição, desde a luta contra o escravismo à luta pela (re)construção dos quilombos, é base para a identidade quilombola (re)construída historicamente, como processo de formação da classe econômica-cultural (THOMPSON, 1987) que vive do trabalho (ANTUNES, 2009).

Sendo o capital materializado também no monocultivo intensivo da pimenta-do-reino e introduzido vorazmente em comunidades tradicionais no estado do Pará, a exemplo do que ocorrera a partir da década de 1970 no município de Mocajuba, fazemos a relação com a obra de Thompson (1987), por entender que o autor, ao estudar as transformações nos séculos XVIII e XIX, constatou que elas afetaram as relações sociais de produção.

Dessa maneira, com base em Thompson (1987), o capital materializado no racionalismo, a exemplo da Igreja, tentou aniquilar a base material dos sujeitos, impedindo que se fizessem manifestações culturais, como: festas de santos, reuniões nas tabernas, outras atividades culturais denominadas "profanas" e/ou "orgias", punindo sistematicamente quem as fizesse. A Igreja tinha o controle. No entanto, dialeticamente, as diversidades, as singularidades dos sujeitos impedidos de se expressarem, construíram, nesse processo, relações de classe que os levaram a se organizar.

Ocorreram, de forma similar, porém não igual, os processos de resistência dos povos quilombolas. Atravessados de várias formas com o sistema capital, os/as negros/negras, desde sua saída (obrigados, açoitados, explorados, reificados, estranhados) da África, vêm configurando no Brasil, até os dias atuais, processos de contraposição ao estado de segregação imposto pelo capital. Privados de liberdade por diversos aspectos, negros e negras, como ato de contraordem, fogem, lutam e (re)constroem os quilombos.

Os quilombos, como base econômico-cultural, (re)construíram resistências, como os mutirões para encararem a realidade individualista imposta pelo capital. Com a travessia de segunda ordem, operada pelo monocultivo intensivo da pimenta-do-reino, o tempo se tornou fragmentado, afetando o mutirão, que em sua liberdade, criatividade, cultura e doação, é capaz de unir forças para o trabalho e ser contrário à forma fragmentada, parcelada e empreendedora dos pimentais, que somente visam ao trabalho para produção e lucratividade.

Os mutirões se configuram em organização do trabalho que se contrapõe ao modo de trabalho do capital, pois é contrário à lógica de só trabalhar, trabalhar, trabalhar e não sobrar tempo para o lazer, ou seja, para si mesmo e para a comunidade.

Nos pimentais, segundo as mulheres e homens entrevistados, faltavam a cultura dos quilombos e o lazer, dada a intensificação do trabalho e suas metamorfoses, pois o capital é:

> [...] um modo social de organização cujo tecido estrutural do conjunto de suas relações sociais tem como objetivo central e permanente a maximização da cumulação de capital. Possui, como leis imanentes e necessária, a acumulação, a concentração e a centralização. É uma sociedade que produz para produzir, isto é, somente se interessa por produzir bens úteis para o consumo enquanto portadores da virtude do lucro, da mais-valia e, portanto, da acumulação ampliada do capital (BELUZZO, 1980) [...] (FRIGOTTO, 2010, p. 67).

O capital e suas mediações precisam destruir materialidades-produtivas que destoam de seu receituário. Na contradição trabalho-capital, as identidades (re)criam-se, intensificam-se, (re)afirmam-se, pois as materialidades produtivas dos povos, a exemplo dos quilombolas, são diferenciadas. Essas necessidades distintas, não contempladas nas materialidades dos modos de produção capitalista, produzem contradições de várias ordens e, nessas, reconstroem-se as identidades sociais (DUBAR, 2005). Assim, as materialidades produtivas da comunidade quilombola se diferenciam do "trabalho pro outro", como nos disse a quilombola **Tia Biro** (Entrevista 2), porque, no trabalho dos mutirões, o trabalho é:

> [...] em conjunto, e a gente se sentia bem, por que não tinha trabaio que a gente não desse conta, como de capina. A gente trabaiava em conjunto. Nós se reunia muitos, mulherada, pra trabalhar e trabaiava nos trabaio de cada pessoa, de cada família né? E trabaiava também no trabaio da comunidade. E a gente ia aprendendo. Todo mundo se serviam ali, trabaiando, conversando, e a gente conseguia. Com o trabalho pro outro, mudou a gente e passamo a trabaiá já num outro ritmo, servindo o outro. [...] No mutirão, um ajudava o outro e depois a gente fazia, assim o convidado. E aí a gente tinha o direito de dá a comida, de dá a merenda, lá. Os convidado era muito animado. A gente fazia as brincadeiras, mas eram as brincadeiras mais animadas, como esse que a gente tem até hoje o banguê. E eles faziam o samba-de-cacete. Eles fazia muito animado, eu me alembro [...] tinha capadão [porco]. Com a pimenta-do-reino, eu achei que mudou, até assim, que é o trabalho pro outro. No serviço da gente, se a gente quiser entrar oito horas, a gente entra. Se a gente quiser sair nove a gente sai. E é assim que é. E no do outro, não. Você vai entrar sete horas, sete meia, sai meio

> dia e de lá, entra uma e meia, duas horas. Hoje nós entende, e já tamo parando já, de trabalhar pro outro. Com a nossa volta pra nossa roça, nos voltemos a plantar e produzir mandioca, o milho, o feijão. E a gente produzia muito feijão, desse feijão branco que é igual o do sul. Não é daquele miudinho, ainda tem até numa garrafa aí, um pouco, que a gente não deixa faltar. E a gente vendia muito feijão, porque o pessoal deixou de plantar. É igual, hoje, a farinha de tapioca. Quando eu tenho roça avortada, eu vendo muito. Se pela semana santa, se eu tivesse, eu tinha pego muito dinheiro. Era encomenda de todo lado. E aí nós voltemos a fazer a nossa roça, a nossa farinha, a nossa economia também, porque a gente também tem que economizar né? Porque as coisas são muito caro, a gente vai economizando e a nós vamos vivendo [...].

Entende-se, dessa forma, que as materialidades produtivas da Comunidade Quilombola Tambaí-Açu se configuram como reproduções ampliadas da vida. Ao produzirem seus alimentos, suas subsistências, produzem a si mesmos, em uma relação dialética com a natureza e com os outros, experienciada nos movimentos e contradições da vida.

Nesse sentido, o capital, que visa acumular, concentrar e centralizar, tenta, em favor de seu *status quo*, homogeneizar as relações sociais, e esse movimento busca descaracterizar relações de produção, como o mutirão, prática de trabalho dos povos tradicionais quilombolas. As investidas do modo de produção capitalista transformam as singularidades, mas os sujeitos, ao se perceberem afetados, ampliam as suas necessidades e se organizam, mantendo, mesmo modificado, o mutirão.

As comunidades tradicionais quilombolas têm vivido, historicamente, experiências com base na centralidade do trabalho, forma de produzir baseada no trabalho colaborativo, não assalariado, portanto ontológico, e isso tem construído contradições diante da ordem hegemônica. O capital tem buscado o estado contrário, ou seja, a homogeneização produtivo-cultural, nos campos, por exemplo, do trabalho, cultural, social etc., a fim de padronizar, universalizar as universalidades (SANTOS, 2001), para aniquilar possibilidades de organização contra-hegemônicas.

Porém, mesmo com a tentativa de padronização, operada de diversas formas pelo capital, que levou alguns sujeitos quilombolas, inclusive, a aceitarem o monocultivo intensivo da pimenta-do-reino, ao trabalharem por diárias nos pimentais, principalmente nos períodos da colheita, como complemento de renda, as comunidades tradicionais quilombolas resistem. Há evidências de elementos nas dimensões forma de produzir, organização (religiosa e política), saberes, que se contrapõem à ordem capitalista, a exemplo da prática de trabalho mutirão permeada de cultura popular, como o banguê e o samba-de-cacete, que ainda sobrevive, embora modificado.

Nessas comunidades, a prática de trabalho organizado nos mutirões quilombolas, conforme afirma o quilombola **Preto do Batuque** (Entrevista 4), é um trabalho que *"[...] nos define. Pra mim, o mutirão contribuiu bastante pra resistência dessa comunidade"*.

Percebe-se, no dizer do quilombola **Preto do Batuque**, que a prática de trabalho que lhes deu e dá identidade é o mutirão, que é resultado da resistência econômico-cultural desse povo, a forma de trabalho operada nos pimentais, ou seja, o modus operandi capitalista. A partir dessa afirmação, sustentamos que o mutirão é base identitária da Comunidade Quilombola Tambaí-Açu e tem-se (re)criado na organização da comunidade como remanescente. Vem sendo, assim, resistente às diversas formas de investida do capital, que tem levado dialeticamente alguns da comunidade a aceitarem processos homogeneizantes do capital, a exemplo do trabalho "pro outro" (assalariado), nos grandes pimentais da região, em forma de complementação de renda.

O mutirão na Comunidade Quilombola Tambaí-Açu, Mocajuba (PA), tem sido resistente à lógica do trabalho para o capital, isto é, ao trabalho assalariado, havendo famílias, conforme nos relatou **Irlê** (Entrevista 7), que não trabalham nos pimentais do "outro", ou seja, somente trabalham na comunidade. Eis o seu ponto de vista:

> *[...] eu vejo a resistência em ir para o trabalho do outro, em algumas famílias aqui. Pois, tem famílias aqui que prefere trabalhar só aqui, só pra si, e não gostam de trabalhar pro outro, que é o nosso caso, o caso da minha família. Aqui em casa, a gente não trabalha pro outro, as pessoas daqui (comunidade) que não vão trabalhar pro outro, trabalha só na roça aqui. Mas essas famílias que não vão, são poucas, não são muitas. Essas famílias que não trabalham pro outro existem aqui, eu posso citar nós, a nossa família, a gente só trabalha no nosso.*

Portanto, é necessário afirmar que há famílias que permanecem na comunidade com o trabalho que produz a subsistência e os valores. E embora modificados (THOMPSON, 1998), resistem econômica e culturalmente ao "trabalho pro outro", isto é, ao trabalho dos homens de negócio (FRIGOTTO, 2010), por meio da forma de produção associada do mutirão. Podemos afirmar, com base nos sujeitos, que o mutirão (re)construído continua contribuindo para a identidade social desse povo, e organizados em associação, como determinação do Estado, esses sujeitos entendem, conforme **Tia Preta** (Entrevista 8), que o ato de se (re)afirmarem quilombolas:

> [...] foi bom pra nós, né? Tem gente que diz: Ah! Porque é Associação de pretos. Eu digo: quem de nós que não é preto? Quem de nós não quer ser preto? Tem gente que não quer. E pra nós, eu digo: eu que não me renego, porque minha mãe era preta, meu pai também é, e nós sempre fumo trabaiador.

A identidade quilombola é, pois, fruto dos "chãos" do trabalho construídos pelas mãos (corpos) das negras e negros, que, ao construírem a história, com base nas experiências da vida, identificam-se e (re)afirmam-se pertencentes ao povo trabalhador. Isso ocorre pela resistência e sobrevivência à reificação, cada vez mais intensa, do capitalismo. Organizam-se, definem seu projeto de sociedade, de viver e permanecer no campo, produzindo a vida, (re)construindo constantemente a consciência de ser social. Quilombolas que se (re)constroem todos os dias, com base na herança das pretas e pretos velhos que, no dizer da quilombola **Tia Preta** (Entrevista 8), não se renegam, porque têm consciência de que são povo preto, de luta, de resistência, trabalhador.

O não se renegar e se organizar em associação se tornou um ato de resistência ao modo capitalista de organização da sociedade, ou seja, pautado no lucro, acúmulo, concentração da propriedade privada. (Re)afirmarem-se quilombolas foi condição fundamental para que pudessem manter a comunidade, com o seu território legalmente constituído. O capital vem tentando aniquilar as experiências quilombolas de organização em comunidade. Em seu processo destrutivo, conseguiu suprimir muitas áreas do quilombo, pois houve alguns sujeitos que venderam suas terras, e o território quilombola foi suprimido pela ação voraz do capitalismo, personificado nos pimentais, fazendas de gado e, mais recentemente, monocultivos de dendê e açaí.

A (re)afirmação do ser social quilombola vai de encontro à lógica do mercado. Nessa lógica, experiências que destoam de seu receituário precisam ser aniquiladas no campo material e simbólico. Por isso, a prática do mutirão se configura como resistência econômico-cultural, pois é (re)construído constantemente, ao contrário da lógica perversa do capital, que padroniza, que fragmenta, que individualiza por meio do fetiche ideológico do trabalho assalariado, que nada mais faz que manter as trabalhadoras e trabalhadores em estado de pobreza.

A experiência da prática do mutirão quilombola foi e tem sido crucial para a organização da comunidade. Essa experiência humana, composta de diversos saberes sociais, constrói a consciência e a cultura do povo quilombola, pois:

> [...] homens e mulheres também retornam dentro deste termo (experiência) – não sujeitos autônomos, "indivíduos livres", mas como pessoas que experimentam suas situações e relações produtivas determinantes como necessidades e interesses e como antagonismos, e em seguida "tratam" esta experiência em sua consciência e sua cultura. (THOMPSON, 1981, p. 182).

Experiências e resistências ao capitalismo configurado como trabalho que não permite o festivo, pois atrapalha o ritmo da produtividade, ou seja, o trabalho em formato fabril e mecanizado, voltado para a produção que produz mais trabalho, como o círculo vicioso de exploração do homem pelo próprio homem (MARX; ENGELS, 2007).

No trabalho que, para os quilombolas, é chamado de "trabalho pro outro" e não para construir a si mesmo, o humano desaparece. Há somente o trabalho como máquina de derrubar árvores, extrair estacas, empiná-las, produzir mudas, plantá-las, cuidar, irrigar, capinar, colher, pôr para secar ao sol, ensacar, armazenar... etapas do trabalho rotineiro, da alta produção, do salário no final de semana. O trabalho nos pimentais é previsível, calculado, fragmentado; já nos mutirões não, a "brincadeira", a animação e o lazer são garantidos. Nos mutirões se reúnem, unem-se pela produção de todos. Nos mutirões, como nos disseram os nove sujeitos entrevistados da Comunidade Quilombola Tambaí-Açu, *"é muito animado"*, pois se ajudam, sentem-se felizes em ajudar, cuidar do outro. Nos pimentais é diferente, pois a alegria é individual, está relacionada ao salário que paga a produção individual, não causa, portanto, a felicidade coletiva da produção nos mutirões.

Os mutirões são fundamentais à vida da Comunidade Quilombola Tambaí-Açu, como nos disse a quilombola **Tia Preta** (Entrevista 8), que na comunidade tem felicidade: *"[...] eu nasci, me criei, eu sempre fui daqui, sempre fui feliz aqui. O que a minha filha já fez pra mim ir embora pra Belém, eu digo a ela: Hum! eu vou nada! Eu quero nada! não tenho custume de cidade não, sô"*. A consciência, como nos disse Marx e Engels (2009), é determinada pela vida, e não o seu contrário.

A fala da quilombola **Tia Preta** (Entrevista 8) é reveladora, pois práticas de trabalho como o mutirão, por estarem na contramão do capitalismo, produzem consciência, valores, para além da produção de subsistência, a exemplo da felicidade do *bem viver*, viver em comunidade. Por isso, configura-se como resistência econômico-cultural e, ao (re)construir consciência, (re)constrói identidades, como parte dos constantes processos de formação da classe econômico-cultural que vive do trabalho.

Então, os pretos e pretas velhas da Comunidade Quilombola Tambaí-Açu encaminham o sentido do trabalho como prática do bem viver em comunidade às crianças e à juventude. Todos os sujeitos (mulheres e homens) apresentaram como se sentem quilombolas a partir da produção da vida, junto de seus pais. Todos relembraram a aprendizagem do mutirão, desde crianças, como trabalho que ajuda o outro, que ajuda quem está doente, que une forças, que (re)cria sentimentos de pertencimento, de animação, festividade, experiências que se (re)criam todos os dias, em cada criança e jovem quilombola.

Assim, disse a professora quilombola **Lili** (Entrevista 9), ao descrever o papel educativo dos mutirões, que aprendeu com seus pais o valor do trabalho, ao participar da prática com todos:

> *Eu cheguei a participar dos mutirões, mas como eu era muito criança, ainda, eu lembro só do plantio. A gente se juntava com outras crianças e nossos pais. A gente ia pra lá, pra roça, e aí o que a gente gostava de fazer lá, era quando ia uma mulher adulta na frente, ia semear as manivas e a gente ia cobrir. A gente gostava de cobrir o buraco. E aí quando a gente estava já próximo do cavador, e aí a gente metendo a maniva e cobrindo com a terra. E aí eles iam incentivando, animando e falando – bora meter a maniva! A gente (criança) ficava todo animado por ajudar a fazer aquele trabalho. A gente se animava, a gente ia com elas (mulheres) que ensemeavam. Era muito bom, a gente gostava muito. [...] Eu lembro também de fazer farinha no retiro, com a minha mãe (que ficara viúva bem jovem). A gente sofria, mas era junto, pois sozinho a gente não conseguia. Então tudo era junto...*

Observa-se que as crianças e jovens participavam, e ainda participam, das atividades do mutirão, que se estende à festividade de estarem juntos fazendo as tarefas. Ao pensar na luta da mãe, a professora quilombola **Lili** lembra do sofrimento, ao ter ficado órfã de pai ainda criança, e do trabalho que ficou mais pesado. Entretanto, esses sujeitos conseguem superar as dificuldades, conforme o dizer de **Teneca**, no *"ajuntamento"*, pois a união que diminui a força de trabalho na roça também diminui a carga das "perdas" da vida. Assim, as crianças se educam na *escola do trabalho*, em que aprendem a habilidade do trabalho coletivo, que perpassa pela habilidade de dirigir e pelo necessário obedecer quando for preciso (PISTRAK, 2018). E nesse aprender a ser compreendem na prática que, juntos, têm mais força para enfrentar qualquer obstáculo, experiências de trabalho-cultura (re)passadas de geração em geração (THOMPSON, 1998).

O mutirão não é só para a produção da roça, o mutirão é uma prática de Bem Viver, permeada de cultura. Nos mutirões há, no dizer do quilombola **Preto do Batuque** (Entrevista 4), *"a situação de ajudar o outro quando tá doente, porque nós que trabalhamos em comunidade a gente tem que olhar essa parte do nosso outro que tá doente"*, ou seja, o *eu-outro* que precisa estar mutuamente bem. Assim, nesse cuidar do outro, pensar no outro, preocupar-se com o outro, a cultura do banguê e samba-de-cacete se (re)cria. O quilombola **Preto do Batuque** (Entrevista 4), dotado de herança da musicalidade de seu povo, apresentou, entre outras composições, a seguinte:

> *Forró da ilha, não me contento*
> *Eu gosto de dançar*
> *No banguê do centro (2x)*
> *Ó vira meu bem no samba*
> *Não chore que ele não vem*
> *Mas ante tu dançar comigo*
> *Que em toda vida eu te quero bem (2x)*
> *Hora quem me mandou bater este samba*
> *Pensava que não sabia (2x)*
> *Se este samba fosse em casa*
> *Esse samba amanhecia (2x)*
> *Eu bato esse samba*
> *Eu faço barulho*
> *Até o dia arraiá (2x)*
> *Eu canto com alegria*
> *Na luz do dia*
> *E do luar (2x)*
> (Grupo cultural de Banguê e Samba-de-cacete do Tambaí-Açu: Quilombauê)

Registra-se que todos demonstram, embora nem todos sejam membros do grupo Quilombauê, sentimento de pertença com relação ao grupo, pois é considerado patrimônio cultural da Comunidade Quilombola Tambaí-Açu. Suas composições retratam, assim como em outros grupos de banguê e samba-de-cacete do nordeste paraense, a produção da vida, e cantam no formato de duas, três vozes, que chamam de "dobrado". As músicas são sobre a lida da roça, os relacionamentos, os seus amores e desamores, os momentos de dor, de partida de entes queridos e, mais recentemente, sobre as lutas do movimento social quilombola.

O quilombola **Preto do Batuque** (Entrevista 4), membro do grupo Quilombauê, falou do banguê e samba-de-cacete como necessidade de continuar (re)criando a comunidade, pois é parte da história, permeada de ancestralidade africana. Assim como os demais sujeitos entrevistados (mulheres e homens), suas palavras registraram o ato de trabalho socializado do mutirão que *"não tem fim"*, que precisa do banguê para (re)fazer, e que está (o grupo Quilombauê), como nos disse, *"trabalhando para que volte às suas origens"*, ou seja, aos mutirões.

O mutirão, não se finaliza tal qual o soar das sirenes das fábricas, mas quando o trabalho de homens e mulheres - cavadores, semeadores e enche buracos, indica que *"[...] todas as enxadas se encontraram e, no formato de cruz, parecem agradecer a Deus por finalizar mais um mutirão, é dimais bonito ver este momento"* (PRETO DO BATUQUE, ENTREVISTA 4). O finalizar de um dia de trabalho se dá no costume reproduzido de geração em geração ao cruzar as enxadas. Ato do trabalho no sentido do ser quilombola. As enxadas sobrepostas em cruz, que simbolizam o fim de um dia de trabalho, também simbolizam o novo início, pois assim que finalizam o mutirão já marcam ali mesmo o próximo, e a produção da vida continua no mutirão, prática de bem viver que resiste até os dias atuais e evidencia que ainda resistirá por muito tempo.

CAPÍTULO QUARTO

CONSIDERAÇÕES

Os tempos difíceis que estamos experimentando, de supressão e violação de direitos, reafirmam a necessidade de estudarmos as categorias: TRABALHO, RESISTÊNCIA e IDENTIDADE, como tarefa revolucionária. Nos últimos anos, grandes confrontos políticos e ideológicos vêm transformando o Brasil numa curva à direita. Vivenciar essas experiências tem nos conduzido a compreender a relevância científica e sociopolítica desta pesquisa, que expomos neste tempo presente.

Assim, a pesquisa tratou das condições objetivas do mundo material e das assimilações e resistências socioculturais ao capitalismo, que se engendram na dinâmica desse mesmo mundo material, para que, dessa forma, possamos compreender as alternativas socioculturais, econômicas e políticas que se (re)constroem nesse processo.

De tal modo, a pesquisa buscou resposta para o seguinte problema: *como as mulheres e homens quilombolas constroem processos de resistência, ou não, às determinações do modo de produção capitalista, considerando as reproduções ampliadas da vida e as reproduções ampliadas do capital, que lhes possibilitam estabelecer, conforme Marx (2013), mediações que (re)constroem suas identidades como classe?*

Encontramos, por meio da investigação, com base em documentos, observações, anotações de campo e entrevistas, o entendimento de que é por meio da prática de trabalho denominado mutirão pelas comunidades tradicionais que a Comunidade Quilombola Tambaí-Açu vivencia a resistência à lógica perversa, individualista do capital, operada por meio do monocultivo intensivo da pimenta-do-reino, a partir da década de 1970 até os dias atuais, e, portanto, à tentativa do capital de homogeneizar as bases produtivas-culturais dos povos do campo.

Dessa forma, delinearemos, a seguir, os resultados a que chegamos.

Em *termos de resistência*, compreendemos que, por estar inserida no sistema capital, a resistência quilombola, no(s) mundo(s) do trabalho, dá-se na mediação contraditória entre aderência-resistência ao modo de produção capitalista, configurado no agronegócio e seus monocultivos. O povo da Comunidade Quilombola do Tambaí-Açu, Mocajuba (PA), assim, tem resistido econômica e culturalmente no e pelo trabalho.

Nessa perspectiva, compreende-se que esta pesquisa não elegeu apenas o trabalho, mas as trabalhadoras e os trabalhadores, suas culturas, suas experiências de formação de classe, a partir das formas históricas em que se situam e se apresentam, no(s) contraditório(s) mundo(s) do trabalho (TIRIBA, 2018).

Nesse sentido, as comunidades quilombolas (re)construíram processos de resistência que compõem o saber experiencial à organização do trabalho. Esse saber em experiência, até os dias atuais, organiza a comunidade contrapondo-se à lógica perversa do capital, pois possibilita que a trabalhadora e o trabalhador determinem o seu tempo de trabalho, permitindo pausas para viver a cultura, para viver o lazer, em contraposição à lógica do trabalho para o capital, que intensifica o tempo-espaço do trabalho. O sujeito nos pimentais somente é responsável por partes da produção, tais como derrubar árvores, extrair estacas, empiná-las, fazer mudas, plantar, irrigar, capinar, roçar (com foice ou roçadeira), colher, secar, ensacar, armazenar, carregar/descarregar o transporte para comercialização. Com isso, inviabiliza outras dimensões da existência humana.

Esse achado foi observado porque entre a adesão e a resistência no e pelo trabalho alguns sujeitos da Comunidade Quilombola Tambaí-Açu foram "seduzidos" ideologicamente pelo trabalho assalariado nos pimentais implantados por japoneses na região Vale Tambaí-Açu, no entorno da comunidade, a partir dos anos 1970, e a tomada de consciência externada na fala dos sujeitos da pesquisa, do desencanto com esses trabalhos "pro outro", teve início ao percebê-los como análogos à escravidão.

Em *termos de (re)construção da(s) identidade(s)*, conclui-se que, com relação aos quilombolas, ela se tem dado como processos de formação constantes da classe econômico-cultural que vive do trabalho. Logo, a linha teórica que conduziu, como "fio de Ariadne", esta análise foi a do trabalho-educação.

De tal modo foram considerados estudos já consolidados de outras linhas teóricas, como contribuição inegável à ciência sobre processos de (re)construção da identidade quilombola, como formação da classe econômico-cultural, que vive do trabalho. Por isso, acreditamos que, em certa medida, este estudo é interdisciplinar, entretanto sem uso de dogmas ou profissão de fé (TIRIBA, 2018). Portanto, que este trabalho contribuirá com pesquisadores/as e comunidades tradicionais quilombolas como tarefa coletiva.

A pesquisa buscou compreender *outras* culturas do trabalho e, por conseguinte, *outras* dimensões de formação humana, que provam a real possibilidade de outras vivências e coletividades que destoam do receituário capitalista. Assim, tendo o trabalho como princípio educativo (GRAMSCI, 1989), a investigação desta pesquisa concluiu que, em termos de (re)construção da(s) identidade(s), a identidade da Comunidade Quilombola do Tambaí-Açu, Mocajuba (PA), vem se (re)construindo até o tempo histórico presente, na contradição capital-trabalho.

Essa contradição configura-se nas *mediações de primeira ordem*, ou seja, os costumes, as crenças, a religiosidade, as danças, as músicas, as festividades, os convidados, os mutirões, o banguê, o samba-de-cacete, o cuidar do outro, o bem viver, *atravessadas* pelas *mediações de segunda ordem do capital*, configuradas no monocultivo intensivo da pimenta-do-reino, a partir da década de 1970, no nordeste paraense, em que o trabalho foi intensificado como exigência do mercado mundial, com alguns elementos dos moldes fordista-taylorista, ou seja, fragmentado, individualizado, mecanizado, assalariado, que suprimiu o pensar do fazer (ANTUNES, 2009).

Nessa conjunção social, as consciências se (re)constroem ao observar a diferença entre trabalho nos pimentais e trabalho nos mutirões, (re) construindo as bases da identidade como processo de formação da classe econômico-cultural, que vive do trabalho.

A diferença entre o trabalho para o capital e trabalho para o quilombola está na forma do mutirão, trata-se de uma prática de trabalho que possibilita o lazer e a cultura, ou seja, a relação com outro, mas contraditoriamente também (re)cria e tem se recriado a capacidade do saber da autogestão que, conforme Pistrak (2018, p. 52), "[...] significa, também, a habilidade de dirigir quando necessário, e obedecer quando é preciso". Elementos próprios da organização do trabalho coletivo, (re)criado em prol da produção, não apenas da subsistência em termos vitais, mas também em termos de valores, como o companheirismo, a colaboração, o cuidar do outro. Na autogestão, aprendem que não há necessidade de serem geridos por outros que não sejam da comunidade, e no fazer-se se auto-organizam.

Contraditoriamente, o mutirão contribui para a produção e comercialização do excedente. Mesmo produzindo socializadamente, o resultado da produção não é dividido coletivamente, ou seja, o resultado da produção é particularizado entre as famílias da comunidade. Entretanto, essa particularização não gera riqueza e desigualdade entre as famílias, pois a produção tem seguido a mesma média entre todos porque ajudam-se mutualmente movidos pelo sentimento de pertença a uma comunidade.

A autogestão do mutirão propicia, além da produção, a cultura e o lazer, ou seja, a produção de valores que o trabalho nos pimentais suprime em razão da produção em larga escala, consumo, concentração, lucro.

Dessa forma, para responder: *que relação há entre as reproduções ampliadas do capital e as reproduções ampliadas da vida no contexto de comunidades quilombolas?* A investigação constatou que há *mediações* configuradas como resistência-aderência ao modo de produção capitalista e, nessa contradição, as trabalhadoras e os trabalhadores vão se (re)criando, formando sua identidade como classe econômico-cultural, que vive do trabalho.

As mediações de resistências são as próprias reproduções ampliadas da vida. Mediações de primeira ordem, que resistem às mediações de segunda ordem do capital, ao manterem práticas de trabalho e de cultura, como mutirões quilombolas, permeados de saberes ancestrais africanos que se entrecruzam com saberes amazônicos, por meio de ritmos, batuques e tambores do banguê e samba-de-cacete. A religiosidade, benzeções, parteiras, curas com ervas medicinais, raízes, frutas, chás, "garrafadas"; suas crenças, as donas e donos de santos, os saberes das melhores raízes de mandioca, na forma de fazer a farinha de mandioca, a tapioca, o beiju de massa, a cocada, o "retiro" ou casa da farinha; o se preocupar com o outro, cuidar do outro, viver em comunidade, portanto, viver o "Bem Viver".

O mutirão quilombola, atividade de trabalho de autogestão, é considerado por todos os sujeitos da Comunidade Quilombola Tambaí-Açu como a própria resistência da comunidade. Seu fundamento sustenta-se no trabalho colaborativo, que produz companheirismo, amizade, uma rede de solidariedade pela qual circulam experiências e saberes gestados na contradição capital-trabalho.

Em termos das transformações no(s) mundo(s) do trabalho que afetaram a Comunidade Quilombola Tambaí-Açu, descobriu-se que, ao experienciarem as travessias de segunda ordem do capital, de forma mais intensa a partir de 1970, os sujeitos *têm sido modificados com a centralidade do trabalho na lógica do mercado*, por meio do monocultivo intensivo da pimenta-do-reino, que objetiva suprir as necessidades do mercado internacional. Para isso, tem recrutado muitas trabalhadoras e trabalhadores aos campos de trabalho nos pimentais, entre eles alguns quilombolas da Comunidade Quilombola Tambaí-Açu.

Nesses pimentais, as trabalhadoras e trabalhadores quilombolas vivenciaram o trabalho diferente do trabalho da autogestão em suas roças, ou seja, o trabalho no molde fabril, rotineiro, enfadonho, em que não há espaço para o lazer, a festividade, a cultura dos mutirões, do cuidar do outro, do Bem Viver, portanto, o trabalho mecanizado e desumanizado do capital.

Entretanto, mesmo *"seduzidos"* ideologicamente pelo sistema de assalariamento operado nos pimentais, ao trabalharem, principalmente nos períodos da colheita, como forma de complementação de renda, a experiência do trabalho nos pimentais não foi suficiente para destruir o sentido do trabalho no mutirão quilombola. Mesmo tendo vivenciado o trabalho, no dizer dos sujeitos, "pro outro", isto é, nos pimentais, o saber social do trabalho mutirão, embora modificado, tem-se (re)criado como resistência econômico-cultural ao sistema capital, personificado no monocultivo intensivo da pimenta-do-reino.

Em *termos de (re)construções de saberes,* o mutirão se constitui como prática de Bem Viver da Comunidade Quilombola Tambaí-Açu e ajuda a responder: *de que forma as comunidades quilombolas (re)constroem suas identidades frente às mediações de segunda ordem do capital?*

Essa inquietação foi respondida ao compreender que as comunidades tradicionais quilombolas, como a do Tambaí-Açu, (re)constroem-se no seu fazer-se, ou seja, ao resistirem ao modo de produção fragmentado, mecanizado do capital. Logo, o mutirão, conforme a fala de todas e todos os sujeitos desta pesquisa, tem-se configurado como principal processo de resistência ao modo de produção individualista dos grandes pimentais no entorno da Comunidade Quilombola Tambaí-Açu, Mocajuba (PA). Diferencia-se em termos de prática de trabalho socializado, que os mantêm unidos.

O mutirão, portanto, configura-se na comunidade como o trabalho que lhe dá identidade coletiva, pois tem como base a socialização do trabalho e sua autogestão. No entanto, mesmo sendo um trabalho de prática coletiva, modificou-se a partir das metamorfoses do(s) mundo(s) do trabalho que afetaram a comunidade, em termos dos saberes simbólicos ressignificados pela prática do mutirão, como o banguê e samba-de-cacete, que se esmiuçou e se diluiu. Atualmente, seus componentes resistem às tentativas das mediações do capital a torná-lo estilizado, procurando manter sua essência, mesmo não sendo, hoje, instrumento metodológico do mutirão, como foi no passado. Resiste, como ato educativo, com o propósito de introduzir as novas gerações nos saberes herdados das ancestralidades e os saberes que se (re)constroem na contradição do capital-trabalho.

Nesse sentido, os mutirões, mesmo sem o soar dos tambores e as músicas do samba-de-cacete e banguê, permanecem. Ainda são organizados como força colaborativa que move o modo de produzir quilombola da Comunidade Tambaí-Açu. Assim, os sujeitos nos revelaram que o banguê e o samba-de-cacete não estão presentes nos mutirões em dias atuais por dois fatores: primeiro, porque seus primeiros membros já estão cansados para o trabalho na roça, portanto, hoje, aposentados rurais, não trabalham na roça como antes; segundo, porque o mutirão foi modificado em sua forma, ao não se realizarem como no passado. Os convidados do dia anterior ao mutirão, em que o dono recebia em sua casa os trabalhadores, com festa, janta, almoço e muito ganzá, o ato do convidado foi suprimido pelo relógio do trabalho "pro outro".

Atualmente o mutirão se modificou e, como disseram os sujeitos, configura-se em "troca de dias" de trabalho entre as famílias. Entretanto, mesmo modificado, o ato festivo dos mutirões ainda ocorre nos cafés da manhã, "merendas" e almoços realizados pelos donos dos mutirões. Nas pausas do trabalho para a alimentação, as trabalhadoras e os trabalhadores se divertem ao contar histórias, fazer brincadeiras com o outro, contar piadas, ali mesmo, antes de finalizar, já fica marcado (agendado) o próximo mutirão.

Outro achado importante com relação aos mutirões é o papel das mulheres, tanto no passado quanto no presente. Os sujeitos da pesquisa foram unânimes na afirmativa de que as mulheres foram e são relevantes no processo de resistência da prática do mutirão. Com o monocultivo da pimenta-do-reino, algumas se dividiram entre a casa e os pimentais. Com o objetivo de ajudar nas despesas das famílias, elas percorriam longas distâncias entre ir e vir dos pimentais com seus esposos nos períodos da safra. Entretanto, aquelas que optaram por ficar na comunidade foram cruciais para a sobrevivência dos mutirões e, portanto, da vida na comunidade, pois foram elas que mantiveram as roças após as travessias de segunda ordem do capital, operadas por meio dos pimentais.

Os homens (esposos), ideologicamente seduzidos pelo trabalho nos pimentais, como ato de companheirismo, faziam o trabalho "mais pesado" da roça. Isso não como ato de não reconhecimento da capacidade das mulheres, pois sabiam, como disse o quilombola **Teneca** (Entrevista, 6): *"as mulherada conseguem"*, ou no dizer de **Tia Biro** (Entrevista, 2): *"juntas não há trabalho que não demos conta"*. Assim, (re)construíram o mutirão, na ausência dos homens, ao irem nos seus dizeres *"trabalhar pros outros"*.

Logo, *em termos de saberes do trabalho*, a Comunidade Quilombola Tambaí-Açu resiste ao capital por meio dos mutirões, que se fazem como prática colaborativa-coletiva da força de trabalho, que os une para a produção. Assim, mesmo sendo particularizado, o resultado da produção entre as famílias, e, em *termos de cultura*, a partir das transformações operadas pelo "trabalho pro outro" que suprimiram o banguê e o samba-de-cacete da prática do mutirão, o lazer se configura, nos dias atuais, na preparação e degustação do café com beiju de massa, do chocolate com tapioca, no almoço, nas muitas conversas, piadas e risadas. Registra-se, portanto, que o banguê e o samba-de-cacete ainda existem na comunidade como patrimônio cultural. O grupo Quilombauê se apresenta em festividades de santos, eventos da associação e aniversários no quilombo e comunidades vizinhas, quando convidado.

Nota-se, portanto, que as relações de trabalho, coletiva e colaborativa, continuam, resistem. No entanto, as modificações causadas pelas metamorfoses do trabalho particularizaram o ato festivo do banguê e do samba-de-cacete. As transformações operadas pelas mediações do capital contribuíram até mesmo para a particularização da *poiése* constituída nos mutirões quilombolas.

Em *termos de saberes da religiosidade*, constatou-se uma relação com o trabalho, configurando-se como consciência organizativa. A pesquisa revelou que, ao (re)construírem o mutirão, os sujeitos incorporaram elementos da religiosidade africana, como as romarias, cultos e irmandades, de forma que são realizadas rezas no início e no término dos trabalhos. Dessa forma, os saberes da religiosidade agregaram aos mutirões valores que fortaleceram a vida em comunidade, como trabalho festivo e humanizado.

Atualmente, além de aprender a conviver com as assimilações da Igreja Católica, a comunidade se divide entre as assimilações com outras igrejas cristãs, como Batistas, Assembleia de Deus, entre outras que vêm adentrando-a nos últimos anos. Assim, entre resistir-aderir, (re)constrói(em) sua(s) identidade(s) religiosa(s). Essa contradição entre a(s) identidade(s) religiosa(s) favorece as tentativas de homogeneização do capital, pois a homogeneização cultural do capital também perpassa pela apropriação da religiosidade ocidental, ou seja, cristã.

Em *termos de organização política*, encontrou-se saberes histórico-sociais da associação, pois, no trabalho nos pimentais, experienciaram a negação de diversos saberes e costumes que resultam na negação, inclusive humana, de se viver em comunidade. No ritmo mecanizado operado nos pimentais, aqueles que, "seduzidos" ideologicamente pelo trabalho assalariado, vivenciaram o monocultivo da pimenta-do-reino (re)construíram a consciência de que o trabalho que os dignifica é o trabalho nos mutirões, e nos pimentais, conforme o relato de **Dico** (Entrevista 3), é análogo à exploração escravista.

Nesse processo de (re)construção de consciências, fundam a Associação de Moradores do Tambaí-Açu (1999), com o propósito da luta coletiva e do acesso a políticas públicas. Ressalta-se que esse primeiro formato de associação foi rejeitado pela maioria dos sujeitos da Comunidade Quilombola Tambaí-Açu. A ausência do Estado gerou o temor da perda do bem mais precioso para os sujeitos da comunidade: suas terras. Temor dissolvido com a integração e a articulação das lideranças da Comunidade Quilombola Tambaí-Açu com o Movimento Negro Quilombola Paraense - Malungu, por meio da quais (re)constroem os processos de (re)afirmação da identidade quilombola na comunidade.

Estudos antropológicos no início da década de 2000 reconstruíram a história de formação do Quilombo Tambaí-Açu, por meio da memória das pretas e dos pretos velhos, e a generosa experiência humana foi revelada. Ressalta-se, conforme o quilombola **Dico** (Entrevista 3), que esse processo não foi fácil, pois muitas pretas e pretos não se reconheceram "quilombolas", apesar de se dizerem filhos de pretos, mas não quilombolas. Isso é compreensivo pelo fato de o conceito quilombola ter sido introduzido apenas na (recente) Constituição Federal de 1988.

Assim, superadas as questões conceituais, em 2001, foi instituída a Associação da Comunidade Remanescente de Quilombo Tambaí-Açu (Acreqta), que integrou, de forma definitiva, a comunidade ao Movimento Negro Quilombola e a construção de uma agenda de lutas por políticas públicas que levaram à Titulação do Território Quilombola de Tambaí-Açu, concedido pelo Iterpa (30 de novembro de 2009), e ao seu reconhecimento com a Certidão de Autodefinição Quilombola pela Fundação Palmares (28 de março de 2012), em cumprimento à Constituição Federal de 1988. Por meio da Acreqta foi possibilitado o acesso a algumas políticas de governo, tais como: "Luz para todos", água encanada e, mais recentemente, "habitação rural pelo PNHR", além de outros programas sociais.

A *não* autodefinição quilombola, observada nos primeiros passos da (re)construção da comunidade, como território de quilombo, foi entendida como um processo de negação à *identidade objetiva*, introduzida pelo Estado como forma de legalizar as terras de pretos no Brasil. Assim, (re)criam a denominação "quilombola" para designar esses territórios, isto é, conforme Dubar (2005), a *identidade objetiva* é aquela que vem do *outro*. Compreende-se, assim, que, ao se negarem como quilombolas no primeiro momento dos processos de autodefinição designados pelo Estado, negam a intensificação da identidade adotada pela lógica do capital, ou seja, a mesma que tornou seus ancestrais escravos. Observam como se o Estado estivesse tentando reescravizá-los, e, assim, o que recusam é a identidade escrava imposta (objetiva), que ainda se configura em outras faces do racismo.

(Re)afirmar-se quilombola foi e tem sido importante como visibilidade aos povos tradicionais neste país e como luta por direitos. Esses movimentos têm possibilitado a legalidade de seus territórios por meio da titulação. Entretanto, com "certa" visibilidade dos povos quilombolas, também se acentuaram os conflitos com relação à propriedade privada, e propriedade coletiva, sobre quilombolas e não quilombolas. Mesmo assim, os quilombolas sabem lutar, e a resistência histórica desse povo tem sido base para as bandeiras de suas lutas. Logo, eles se fazem "quilombolas" todos os dias ao produzirem a vida no e pelo trabalho-cultura, que une forças, que comunica e organiza.

Em *termos da (re)construção da(s) identidade(s)*, conclui-se que esse processo se dá na constante formação da classe econômico-cultural, que vive do trabalho. Isso implica dizer que não há como enquadrar conceitos estáticos sobre a identidade do ser social quilombola em (re)construção, pois a *identidade quilombola* também perpassa por processos identitários impostos e intensificados pelo capitalismo, configurada em *identidade excludente*, que remete ao escravismo.

Os quilombos são territórios (re)construídos como espaços-tempos de liberdade contrários ao trabalho escravo vivenciado pelos negros arrancados dos territórios africanos. Nesses espaços-tempos de liberdade, (re)criam suas culturas, suas vidas, no e pelo trabalho, que constituíram as comunidades tradicionais quilombolas até o tempo histórico presente. Ao (re)construí-las, (re)constroem a si mesmos, isto é, suas identidades.

Esse movimento de (re)construção da(s) identidade(s) configura-se na contradição capital-trabalho, em que as questões culturais, inerentes a esse processo, não podem ser vistas como se estivessem a distância, como nos disse Thompson (2001), pois trata-se do mesmo processo, ou seja, tanto econômico quanto cultural.

A contradição capital-trabalho, como constatado, configurou-se mais intensamente a partir da década de 1970, momento em que o(s) mundo(s) do trabalho passava(m) por transformações. Assim, operou-se na região de entorno da Comunidade Quilombola Tambaí-Açu a implantação do monocultivo intensivo da pimenta-do-reino, diferente do trabalho nos mutirões.

A esse processo de aderir-resistir ao modo de produção capitalista operado nos pimentais alguns trabalhadores da Comunidade Quilombola Tambaí-Açu foram recrutados ao trabalho do monocultivo intensivo da pimenta-do-reino. Nessa experiência, vivenciaram o trabalho fragmentado, pois, nos pimentais, individualizam-se as tarefas de capina, colheita etc.

Ocorre, nesse modo de produzir, o estranhamento do trabalho (MARX, 2008b), e na (re)construção da consciência do significado do trabalho "pro outro" (re)constroem a identidade do ser trabalhador/a. À medida que o sujeito percebe que o trabalho nos pimentais é diferente do trabalho nos mutirões, já que nos pimentais não há união de forças, não há festividade, não há cooperatividade, muito menos valores do cuidar do outro como experienciam na comunidade, retornam ao trabalho a que são acostumados. Esses/as que retornam dão exemplo de que o "trabalho pro outro" não produz a comunidade. Assim, (re)iniciam o processo de (re)construção do mutirão, dos seus trabalhos, dos seus valores, da sua cultura. Nesse movimento constante da (re)construção da consciência de si e da comunidade, (re)constroem a(s) identidade(s), entendidas, com base em Thompson (1987), como processo de formação da classe econômico-cultural que, para Antunes (2009), vive do trabalho.

Em *termos de experiência humana, a Comunidade Quilombola de Tambaí--Açu se integra às generosas e solidárias experiências do Bem viver*. Antes de ser atravessada de forma mais intensa pelas mediações de segunda ordem do capital, a Comunidade Quilombola Tambaí-Açu vivenciou as reproduções ampliadas da vida, para atender às mediações de primeira ordem, como: a subsistência; o lazer; a festividade; a cooperatividade; a colaboração; a socialização do trabalho; a poesia, as músicas e os ritmos do banguê e samba-de-cacete; o agitado e festivo comércio do excedente nas tabernas de negociação, em que se encontravam, compartilhavam conhecimentos; os saberes que se cruzavam nos "retiros" e nas casas de farinha; as redes de solidariedade que transgrediam o território da comunidade e onde transitavam experiências e saberes; os valores inerentes aos mutirões, como cuidar do outro, preocupar-se com o outro, viver em comunidade.

Com a chegada do monocultivo intensivo da pimenta-do-reino, ou seja, do modo de produção capitalista em sua forma mais voraz, voltada a suprir as necessidades mercadológicas, essas metamorfoses do trabalho afetaram as comunidades tradicionais, como as quilombolas, e com o Tambaí-Açu não foi diferente. O fato de seu território estar nas proximidades dos grandes monocultivos implantados a partir da década de 1970 no município de Mocajuba favoreceu o recrutamento da mão de obra de algumas mulheres e alguns homens quilombolas para o "trabalho pro outro", ou seja, dos pimentais.

Esse recrutamento, objetivado a alguns pela "sedução" do trabalho assalariado, impactou negativamente a lógica de coletivização, ou seja, do sentido comunitário do trabalho auto-organizado pelos mutirões. O sentido comunitário de se cuidar do outro, observado na fala do quilombola **Preto do Batuque**, na realização dos mutirões que não são apenas para produção de alimentos, mas também para produzir amizade.

Em contraponto ao sentido do trabalho nos mutirões está o trabalho "pro outro". Nos pimentais, os sujeitos vivenciam o trabalho em outro ritmo, como nos disse a quilombola **Tia Biro** (Entrevista 2), *"servindo o outro"*. Trabalho que intensifica as rotinas, que segue o relógio, com hora para iniciar, hora para terminar e com pausas na produção, não como nos mutirões voltados ao almoço, à festividade, mas na lógica de descansar para iniciar tudo de novo, da mesma forma e no mesmo ritmo da produção fabril. O trabalho na lógica capitalista nega o sentido do Bem Viver quilombola, do cuidar do outro, cuidar da comunidade.

O mutirão e suas dimensões ontocriativas, tanto objetivas quanto subjetivas, materializam-se nos saberes festivos, culturais e humanizantes, como o companheirismo, a poesia, a música e a dança dos samba-de-cacete e banguê. Nos saberes culinários, nas ervas medicinais, na religiosidade (espiritualidade), nos saberes do meio ambiente, no respeito e no preocupar-se com o outro, com a natureza, a água, o ar, a terra, a floresta e os animais. Mutirão quilombola como espaço-tempo do respeito aos seres da natureza, dos "encantados", da ajuda mútua, do cuidar do outro, do conhecimento de si e da comunidade.

No entanto, o mutirão como prática de Bem Viver tem resistido à lógica do capital, pois, ao cuidar do *outro*, constrói o bem a si mesmo, já que o Bem Viver implica que, para *eu* estar bem, o *outro* precisa estar bem também (ACOSTA, 2016).

A pesquisa apresenta, entre outros achados, que os sujeitos, diante da lógica do capital, (re)construíram o saber de uma produção comunitária, e embora não tenham socializado diretamente o que produziram, construíram saberes de uma economia voltada para a subsistência, para a organização e para a comunicação de todos. Economia para subsistência diferente do que se opera na economia para o capital, como intensificação da produção para o acúmulo de propriedade, lucro, consumo, dinheiro e riqueza. Produção capitalista configurada em monocultivos, agronegócio, para a larga escala, objetivada a suprir as necessidades do mercado, em detrimento do ser humano e do seu Bem Viver.

O Bem Viver, conforme Acosta (2016, p. 84), "[...] aponta a uma ética da suficiência para toda a comunidade e não somente para o indivíduo. Sua preocupação central, portanto, não é acumular para então viver melhor", como ousa imprimir o capitalismo, ou seja, o contrário do sentido do Bem Viver, ao tentar inviabilizar a sobrevivência e (re)construção das comunidades, a exemplo do que se tentou realizar na Comunidade Quilombola Tambaí-Açu, desde sempre, entre outras formas, ao recrutá-los ao trabalho assalariado no agronegócio.

A suficiência da Comunidade Quilombola Tambaí-Açu foi, portanto, apontada nesta pesquisa por meio do mutirão. O mutirão foi e tem sido base da resistência econômico-cultural às travessias de segunda ordem operadas pelo capitalismo na Comunidade Quilombola Tambaí-Açu. Já que o que se opera, a partir da classe hegemônica, é tentar tornar, no dizer de Arroyo (2010), "inexistentes" as experiências dos povos do campo e, entre esses, dos quilombolas. Historicamente, o que se tem construído, hegemonicamente, é tentar tornar os povos de comunidades quilombolas coletivos de sujeitos desiguais, ou seja, aniquilar possibilidades de organização social que se contrapõem ao projeto capitalista de sociedade.

Entre as grandes e pequenas lutas das trabalhadoras e trabalhadores do(s) mundo(s) do trabalho estão as experiências e saberes das comunidades quilombolas do nordeste paraense, que vivem e experimentam, nos seus "chãos" e/ou terreiros, a produção da vida, portanto a real possibilidade de outras vivências humanas e solidárias. Dimensões dos saberes sociais do trabalho, ou seja, de práticas de Bem Viver, base para a (re)construção do projeto de emancipação da(s) classe(s) trabalhadora(s).

Nesse sentido, a pesquisa encaminha perspectivas de novos estudos sobre a real experiência humana quilombola, pois visam à (re)construção das identidades, como processos de resistência econômico-cultural, isto é, como processos constantes de formação da classe econômico-cultural que vive do trabalho, composta de suas diversas, grandes e pequenas lutas, verificadas, conforme Thompson (2001), na agência humana e na consciência costumeira, ou seja, tanto em termos econômicos quanto culturais.

O sistema capital não reconhece e ignora experiências humanas como a dos quilombolas, apesar das evidências, pois, só para as Américas, vieram 15 milhões de mulheres e homens negros, pessoas que foram arrancadas de suas famílias, de suas terras, de suas culturas, de suas religiões (REIS; GOMES, 2012). Arrancadas à força, porque assim que eram capturadas, eram jogadas em navios para atravessar o Atlântico, onde grande parte morria durante a viagem, para serem escravizadas. Para o Brasil, vieram mais de seis milhões de mulheres e homens negros (REIS; GOMES, 2012).

Porém, a história registra que em qualquer lugar do mundo onde houve escravidão, houve resistência, e no Brasil não foi diferente (REIS; GOMES, 2012). A resistência levou esses povos a construírem alternativas que pudessem lhes oferecer a tão sonhada liberdade. Liberdade de poder viver de acordo com a sua cultura, com a sua religião, de acordo com seus valores, saberes e experiências. A partir da luta por liberdade, organizaram os quilombos no Brasil, e não foram poucos. A história talvez nunca consiga registrar todos os quilombos (re)construídos.

Nesses quilombos tanto rurais quanto urbanos, (re)construíram-se como comunidades tradicionais, experiências humanas generosas e solidárias, que têm atraído os olhares da universidade (o saber sistematizado, científico), por se tratar de experiências relevantes, reveladoras de que, na dialética da contradição capital-trabalho, são gestados *outros* projetos de sociedade. Projetos esses que "vão na contramão" da lógica do capital e se alicerçam em valores como o cuidar do outro, a exemplo dos mutirões quilombolas, permeados de: cultura; lazer; festividade; saberes e experiências da medicina alternativa, pautada em ervas, raízes, frutos. Saberes e experiências da produção da farinha de mandioca, seus "retiros", as melhores raízes, os melhores sabores. Saberes e experiências da espiritualidade, o viver em comunidade, preocupar-se com os outros, com a natureza, com a vida em todas as suas dimensões.

As experiências de trabalho socializado, auto-organizado, em percurso nas comunidades tradicionais, em seus diversos espaços-tempos, precisam ser analisadas, estudadas, pesquisadas como práticas do Bem Viver, que se inserem na luta contra-hegemônica da classe trabalhadora à lógica do capital, baseada na exclusão, na fome, no desemprego, na ameaça à vida.

Daí a necessidade da compreensão científica dos processos de (re)construção da(s) identidade(s) quilombola(s) na contradição capital-trabalho. Já que, como afirma Acosta (2016, p. 59), o capitalismo, com seu modo de "desenvolvimento", não cumpriu e não cumprirá o que prometeu, pois "A promessa feita há mais de seis séculos em nome do progresso – e 'reciclada' há mais de duas décadas em nome do desenvolvimento – não se cumprirá". A pobreza no mundo, em números, é a prova dessa realidade, pois, segundo a Organização das Nações Unidas (ONU), 10% da população mundial ainda vive na pobreza extrema; cerca de 1,3 bilhão de pessoas vivem na chamada "pobreza multidimensional" – sem renda, sem saúde, sem educação (ONU, 2018). Isso torna a (re)construção do Bem Viver na comunidade humana necessária para (re)construção do projeto de sociedade para além do capital.

As comunidades quilombolas precisam (re)construir esse saber do trabalho, como se reconstroem na produção da vida as identidades. As comunidades precisam (re)construir constantemente o saber do trabalho do mutirão quilombola, como estratégia de fortalecimento de suas bandeiras de luta, e a educação tem papel fundamental nessa jornada. O mutirão que, no dizer dos sujeitos, está "ganhando" outras formas, precisa se (re)construir como saber social do trabalho, em favor da luta dos movimentos sociais quilombolas e da (re)construção da identidade do Bem Viver quilombola.

Diante de tudo que foi investigado, levantado, encontrado, analisado, finalizamos esta obra não com conclusões prontas e acabadas, mas com outras perguntas, o que é próprio da (re)construção do conhecimento.

Assim, experiências como as dos quilombolas do nordeste paraense possuem viabilidade para contribuir com a (re)construção de um projeto contra-hegemônico, capaz de encaminhar o nosso mundo para além do capitalismo, como constatou Mészáros (2011), por meio da tese da incontrolabilidade do capital?

As experiências de (re)construção da(s) identidade(s) quilombola(s) têm viabilidade básica para contribuir com a construção de *outro* mundo possível, já que essa(s) identidade(s) vem se construindo na contradição capital-trabalho, ou seja, na luta de classe?

Essas experiências, *a seu modo*, tempo e espaço, vêm (re)construindo-se como possibilidade real de vivências humanas coletivas, com base em práticas de trabalho, como o mutirão, que além de produzir as mediações de primeira ordem produz valores, sentimentos, Bem Viver, contraditoriamente neste mesmo mundo material, sistematizado pelo capitalismo.

Assim, podemos afirmar que essas experiências podem contribuir com um projeto contra-hegemônico, haja vista que os apologistas do capital pontuam que tais experiências tendem a desaparecer, bem como desaparecerá a centralidade do trabalho, sendo, portanto, engolidas pelo sistema capital?

Vivências humanas como a dos quilombolas, pautadas na centralidade do trabalho, cuja trajetória remonta há mais de 400 anos, são reveladoras da resistência da classe trabalhadora e da utopia de que outros projetos de sociedade são possíveis. Dessa forma, faz-se necessário que a rede de solidariedade entre os quilombos (re)construa redes de integração com outras experiências de Bem Viver, que já estão em percurso, ou seja, já estão em experiência, em diversos espaços-tempos deste nosso mundo, gestando processos de enfrentamento ao capital e a todas as suas mazelas.

Nesse sentido, já despontam projetos de sociedade humanizantes, solidários e sustentáveis, que alimentam e são alimentados por movimentos sociais, como: Movimento Negro/Quilombola, Movimento dos Sem Terra, Movimento de Mulheres do Campo e da Cidade, Movimento das Civilizações Andinas, Indígenas da América Latina, entre outros, pois a constituição do(s) mundo(s) humano(s) é um constante vir a ser.

Todo esse movimento perpassa pela (re)construção da(s) identidade(s) na contradição trabalho-capital. Identidades (re)construídas na resistência alicerçada em uma extraordinária vivência humana, que mescla saberes ancestrais com saberes modernos. Dialeticamente, busca-se afirmar como *identidade de projeto*, fundamentada em uma nova forma de viver solidária e sustentável, em que a centralidade do ser humano se sobrepõe à questão econômica, tornando o processo mais humano, rompendo com a lógica predadora do capital imposta aos homens e à natureza, e projetando-se como uma proposta de Bem Viver.

Entretanto, convém ressaltar que, apesar das evidências do fracasso do capitalismo como projeto societário e da força transformadora do projeto de Bem Viver, é necessário intensificar o debate, apropriar-se da educação como princípio educativo do trabalho, a exemplo do que está em experiência na Comunidade Quilombola Tambaí-Açu com seus mutirões. Isto é, trabalho socializado, auto-organizado, que precisa ir para as escolas sistematizadas, que educam as crianças e os jovens da classe econômica cultural, que vive do trabalho e está em constante formação. O futuro dessas experiências humanas está, portanto, fundamentalmente relacionado com o trabalho-educação.

REFERÊNCIAS

ACOSTA, Alberto. **O Bem Viver**: uma oportunidade para imaginar outros mundos. Tradução de Tadeu Breda. São Paulo: Autonomia Literária: Elefante, 2016.

ACREQTA – Associação da Comunidade Remanescente de Quilombo São Luís de Tambaí-Açu. **Relato Histórico, Econômico, Social e Cultural do Quilombo de Tambaí-Açu Mocajuba**. Mocajuba, 2003. Mimeo.

ANTUNES, Ricardo. **Os sentidos do trabalho**: ensaio sobre a afirmação e a negação do trabalho. 2. ed. São Paulo: Boitempo, 2009.

ARANHA, Antônia Vitória Soares O conhecimento tácito e a qualificação do trabalhador. **Revista Trabalho e Educação**, Belo Horizonte, v.2 n. 2, p. 12-30, ago./dez. 1997.

ARAUJO, Ronaldo. **O marxismo e a pesquisa qualitativa como referências para investigação sobre educação profissional**. *In:* RELATÓRIO de Pesquisa do Projeto de Pesquisa "Práticas Formativas em Educação Profissional: em busca de uma didática de educação profissional", financiada pelo CNPq. Belém, 2007. Mimeo. Disponível em: http://www.ufpa.br/ce/gepte. Acesso em: 18 maio 2017.

ARAUJO, Ronaldo; TEODORO, Elinilze Guedes. Aproximações para entender a subjetividade numa perspectiva marxista. **Revista Trabalho & Educação**, Belo Horizonte, v. 15, n. 1, p. 68-83, jan./jun. 2006.

ARROYO, Miguel González Pedagogia em movimento: o que temos a aprender dos movimentos Sociais. **Currículo sem Fronteiras**, [*s. l.*], v. 3, n. 1, p 28-49, jan./jun. 2003.

ARROYO, Miguel González. Políticas educacionais e desigualdades: à procura de novos significados. **Educ. Soc.**, Campinas, v. 31, n. 113, p. 1.381-1.416, out./dez. 2010.

AURÉLIO. **Dicionário Aurélio Online**, 2018. Disponível em: https://dicionariodoaurelio.com. Acesso em: 9 abr. 2019.

BACCHI, Lilian.; GOULART, Augusto; DEGRANDE, Paulo. **Revista Cultivar Grandes Culturas**, v.1 n. 32, set. 2001. Disponível em: https://www.grupocultivar.com.br/ artigos/doencas-no-solo. Acesso em: 5 maio 2018.

BANEGAS, José Efraín Astudillo; CORDERO, Miguel Angel Galarza. El trabajo comunitario en la práctica del Buen Vivir: Comuna Manteña de Agua Blanca – Ecuador. **Revista Trabalho Necessário**, UFF:Niterói, v. 16, n. 31, p. 12-35, 2018. Disponível em: http://periodicos.uff.br/trabalhonecessario/article/view/27370/15911. Acesso em: 8 set. 2018.

BARDIN, Laurence. **Análise de conteúdo**. Lisboa: Edições 70, 1977.

BOGO, Ademar. **Identidade e luta de classes**. 2. ed. São Paulo: Expressão Popular, 2010.

BORBA, Francisco da Silva. **Dicionário UNESP do Português Contemporâneo**. São Paulo: Piá, 2011.

BRASIL. Lei n.º 12.288, de 20 de julho de 2010. Institui o Estatuto da Igualdade Racial; altera as Leis n.º 7.716, de 5 de janeiro de 1989, 9.029, de 13 de abril de 1995, 7.347, de 24 de julho de 1985, e 10.778, de 24 de novembro de 2003. **Diário Oficial da União**, Poder Legislativo, Brasília, DF, 21 jul. 2010. Disponível em: https://www.planalto.gov.br/ccivil_03/_ato2007-2010/2010/lei/l12288.htm. Acesso em: 11 out. 2018.

BRASIL. Resolução Nacional 08/2012, de 20 de novembro de 2012. Define Diretrizes Curriculares Nacionais para a Educação Escolar Quilombola na Educação Básica. **Conselho Nacional de Educação (CNE)** – Câmara de Educação Básica. Ministério da Educação, Brasília, 2012.

BRASIL. Regularização de Território Quilombola: Perguntas e Respostas. **INCRA** - Instituto Nacional de Colonização e Reforma Agrária: Diretoria de Ordenamento da Estrutura Fundiária Coordenação Geral de Regularização de Territórios Quilombolas – DFQ. Brasília, 2017 (atualizado). Disponível em: https://www.gov.br/incra/pt-br/assuntos/governanca-fundiaria/perguntas_respostas.pdf - Acesso realizado em jun. 2018.

BRASIL. Lei n.º 10.639, de 9 de janeiro de 2003. Altera a Lei n.º 9.394, de 20 de dezembro de 1996, que estabelece as diretrizes e bases da educação nacional, para incluir no currículo oficial da Rede de Ensino a obrigatoriedade da temática "História e Cultura Afro-Brasileira". **Diário Oficial da União**, Poder Legislativo, Brasília, DF, 10 jan. 2003. Disponível em: https://www.planalto.gov.br/ccivil_03/leis/2003/l10.639.htm. Acesso em: 11 out. 2018.

BRASIL. **Pronaf completa 22 anos com números importantes para a história do Programa**. Brasília, DF: MDA, 2007. Disponível em: http://www.mda.gov.br/

sitemda/ noticias/pronaf-completa-22-anos-com-n%C3%BAmeros-importantes--para-hist%C3%B3ria-do-programa. Acesso em: 23 abr. 2018.

BRASIL. Lei n.º 11.645, de 10 março de 2008. Estabelece as diretrizes e bases da educação nacional, para incluir no currículo oficial da rede de ensino a obrigatoriedade da temática "História e Cultura Afro-Brasileira e Indígena". **Diário Oficial da União**, Poder Legislativo, Brasília, DF, 11 mar. 2008. Disponível em: https://www.planalto.gov.br/ccivil_03/_ato2007-2010/2008/lei/l11645.htm. Acesso em: 11 out. 2018.

CAETANO, Edson; NEVES, Camila Emanuella Pereira. Saberes da produção associada: implicações e possibilidades. **Trabalho & Educação**, Belo Horizonte, v. 22, n. 3, p. 259-274, set./dez. 2013.

CAETANO, Edson; RAMOS, Anatália Daiane de Oliveira; AZEVEDO, Eva Emília Freire do Nascimento. A produção associada em comunidades e povos tradicionais em Mato Grosso: pesquisas e reflexões coletivas do GEPTE/UFMT. **Revista Trabalho Necessário**, UFF: Niterói, v. 16, n. 31, p. 165-190, 2018. Disponível em: http://periodicos.uff.br/trabalhonecessario/article/ view/27376. Acesso em: 8 set. 2018.

CALDART, Roseli Salete. Sobre Educação do Campo. *In:* SANTOS, Clarisse Aparecida dos (org.). **Por uma Educação do Campo**. Brasília, DF: MDA, 2007. p. 67-86.

CALDART, Roseli Salete *et al.* (org.). **Dicionário da Educação do Campo**. Rio de Janeiro: EPSJV; São Paulo: Expressão Popular, 2012.

CASTELLS, Manuel. **A sociedade em rede**. São Paulo: Paz e Terra, 1999.

CASTELLS, Manuel. **O poder da identidade**. Tradução de Klauss Brandini Gerhardt. 2. ed. São Paulo: Paz e Terra, 2010.

CIAVATTA, Maria. A historicidade do conceito de Experiência. *In:* MAGALHÃES, Lívia Diana Rocha.; TIRIBA, Lia. **Experiência: o termo ausente?** Sobre história, memória, trabalho e educação. Uberlândia: Navegando Publicações, 2018.

CISNE, Mirla. Feminismo e marxismo: apontamentos teórico-políticos para o enfrentamento das desigualdades sociais. **Serv. Soc. Soc.**, São Paulo, n. 132, p. 211-230, maio/ago. 2018. DOI: http://dx.doi.org/10.1590/0101-6628.138. Disponível em: http://www.scielo.br/pdf/sssoc/ n132/0101-6628-sssoc-132-0211.pdf. Acesso em: 8 set. 2018.

CONGILIO, Célia Regina; IKEDA, Joyce Cardoso Olímpio. A ditadura militar, expansão do capital e as lutas sociais no sudeste paraense. **Revista Lutas Sociais**,

São Paulo, v. 18, n. 32, p. 79-90, jan./jun. 2014. Disponível em: http://www4.pucsp.br/neils/revista/vol.32/celia_e_ joyce.pdf. Acesso em: 23 maio 2018.

CORREA, Raimundo Nonato Gaia; RODRIGUES, Doriedson do Socorro; ARAUJO, Ronaldo Marcos de Lima. **Práxis produtiva, metamorfoses no mundo do trabalho e processo de constituição de identidade entre trabalhadores na Amazônia paraense**. Revista Trabalho Necessário, UFF:Niterói v. 16, n. 31, p. 85-111, 2018. Disponível em: http://periodicos.uff.br/trabalhonecessario/article/view/27385. Acesso em: 8 set. 2018.

COSTA, João Paulo Alves. **Gênero, saberes e poder**: o protagonismo de mulheres negras na organização política e social da Comunidade Remanescente de Quilombos São José de Icatu – Mocajuba/PA. 2017. Dissertação (Mestrado em Educação e Cultura) – Programa de Pós-Graduação em educação e Cultura, Campus Universitário do Tocantins/Cametá, Universidade Federal do Pará, Cametá, PA, 2017.

CRUZ, Valter do Carmo. Povos e comunidades tradicionais. *In:* CALDART, Roseli Salete *et al.* (org.). **Dicionário da Educação do Campo**. Rio de Janeiro: EPSJV; São Paulo: Expressão Popular, 2012. p. 594-600.

DUBAR, Claude. **A socialização**: construção das identidades sociais e profissionais. São Paulo: Martins Fontes, 2005.

DUBAR, Claude. **A crise das identidades**: a interpretação de uma mutação. Tradução de Catarina Matos. Porto: Afrontamentos, 2006.

DURRIVE, Louis; SCHWARTZ, Yves. Glossário da ergologia. **Laboreal**, Torino, v. 4, n. 1, p. 23-28, jul. 2008. Disponível em: http://laboreal.up.pt/files/articles/2008_07/pt/23-28pt.pdf. Acesso em: 19 jun. 2018.

EMBRAPA. **Trilha ecológica**: espécies. Brasília, DF: EMBRAPA, [201?]. Disponível em: https://www.embrapa.br/agrossilvipastoril/sitio-tecnologico/trilha-ecologica/especies. Acesso em: 25 abr. 2019.

ENGELS, Friedrich [1896]. **Sobre o papel do trabalho na transformação do macaco em homem**. Alemanha: Edição Ridendo Castigat Moraes, 1999.

ENGUITA, Mariano Fernandez. **A face oculta da escola**: educação e trabalho no capitalismo. Tradução de Tomaz Tadeu da Silva. Porto Alegre: Artes Médicas, 1989.

FAPESPA – Fundação Amazônia de Amparo a Estudos e Pesquisas. **Estatística Municipal**. Mocajuba. Belém: FADESP, 2016. Mimeo.

FERNANDES, Bernardo Mançano. Educação do Campo e Território Camponês no Brasil. *In:* SANTOS, Clarice Aparecida dos (org.). **Educação do Campo**: campo – políticas públicas – educação. Brasília, DF: Incra; MDA, 2008 (NEAD Especial; 10) p. 39-66.

FIABANI, Aldemir. **Mato, palhoça e pilão**: o quilombo, da escravidão às comunidades remanescentes [1532–2004]. São Paulo: Expressão Popular, 2005.

FILGUEIRAS, Gisalda Carvalho. **Conjuntura do mercado da pimenta-do-reino no Brasil e no Mundo**. Belém: UFPA, 2009.

FISCHER, Maria Clara.; FRANZOI, Naira Lisboa. Experiência e Saberes do Trabalho: Jogo de luz e sombras. *In:* MAGALHÃES, Lívia Diana Rocha; TIRIBA, Lia. **Experiência**: o termo ausente? Sobre história, memória, trabalho e educação. Uberlândia: Navegando, 2018.

FLOHRSCHÜTZ, Gerhard Hubert Hermann; HOMMA, Alfredo Kingo Oyama (org.). **O processo de desenvolvimento e nível tecnológico de culturas perenes**: o caso da pimenta-do-reino no nordeste paraense. Belém: EMBRAPA·CPATU, 1983. (Documentos; 23).

FONSECA, Marcus Vinicius. **Relações étnico-raciais e educação no Brasil**. Rio de Janeiro: Maza, 2011.

FREITAS, Décio. **O escravismo brasileiro**. 2. ed. Porto Alegre: Mercado Aberto, 1982.

FREIRE, Paulo. **Educação como prática da liberdade**. 19. ed. Rio de Janeiro: Paz e Terra, 1989.

FREIRE, Paulo. **Pedagogia da autonomia**: saberes necessários à prática educativa. São Paulo: Paz e Terra, 1996.

FRIGOTTO, Gaudencio. A polissemia da categoria trabalho e a batalha das idéias nas sociedades de classes. **Revista Brasileira de Educação**, v. 14, n. 40, jan./abr. Rio de Janeiro - RJ, 2009. p.168-194.

FRIGOTTO, Gaudencio. **Educação e a crise do capitalismo real**. 6. ed. São Paulo: Cortez, 2010.

FUNES, Eurípedes Antonio. Nasci nas matas, nunca tive senhor. História e memória dos mocambos do baixo Amazonas. *In:* REIS, João; GOMES, Flávio dos Santos (org.). **Liberdade por um fio**: história dos quilombos no Brasil. São Paulo: Claro Enigma, 2012. p.534-565.

GENOVESE, Eugene Dominick. **A economia política da escravidão**. Rio de Janeiro: Pallas, 1976.

GOMES, Flávio dos Santos. Ainda sobre os quilombos: repensando a construção de símbolos de identidade étnica no Brasil. *In:* REIS, Eliza.; ALMEIDA, Maria Hermínia. Tavares de; FRY, Peter. (org.). **Política e Cultura**. Visões do passado e perspectivas contemporâneas. São Paulo: ANPOCS/Hucitec, 1996. p. 197-221.

GOMES, Flávio dos Santos. **Experiências atlânticas**: ensaios e pesquisas sobre a escravidão e o pós-emancipação no Brasil. Passo Fundo: UPF, 2003.

GOMES, Flávio dos Santos. Nos labirintos dos rios, furos e igarapés: camponeses negros, memória e pós-emancipação na Amazônia, c. XIX e XX. **História Unisinos**, v.10, n.3, set./dez. São Leopoldo, Rio Grande do Sul 2006. p. 281-292. Disponível em: https://revistas.unisinos.br/index.php/historia/article/view/6182. Acesso em: 1 jul. 2018.

GOMES, Flávio dos Santos. **Mocambos e Quilombos** – Uma história do campesinato negro no Brasil. São Paulo: Companhia das Letras, 2015.

GRAMSCI, Antonio. Americanismo e Fordismo. *In:* GRAMSCI, Antonio. **Temas de cultura. Ação católica. Americanismo e fordismo**. Volume 4. Rio de Janeiro: Civilização Brasileira, 2015. p.257-303. Versão digital.

GRAMSCI, Antonio. **Maquiavel** – Notas sobre o Estado e a política. Volume 3. Rio de Janeiro: Civilização Brasileira, 2017. Versão digital.

GRAMSCI, Antonio. **Os intelectuais e a organização da cultura**. 6. ed. Rio de Janeiro: Civilização Brasileira, 1989.

GRAMSCI, Antonio. **Cadernos do cárcere**. Tradução de Carlos Nelson Coutinho. Rio de Janeiro: Civilização Brasileira, 2011. v. 2.

HAGE, Salomão Antonio Mufarrej; CARDOSO, Maria Bárbara da Costa. Educação do campo na Amazônia: interfaces com a educação quilombola. **Revista Retratos da Escola**, Brasília, v. 7, n. 13, p. 425–438, jul./dez. 2013.

IBGE. **Censo Agrícola 1960**. Rio de Janeiro: IBGE, 1960. Disponível em: https://biblioteca.ibge.gov.br/visualizacao/periodicos/45/ca1960pdf. Acesso em: 15 mar. 2019.

IBGE. **Censo Agrícola 1970**. Rio de Janeiro: IBGE, 1970. Disponível em: https://biblioteca.ibge.gov.br/visualizacao/periodicos/45/ca1970pdf. Acesso em: 15 mar. 2019.

IBGE. **Censo Agrícola 1980**. Rio de Janeiro: IBGE, 1980. Disponível em: https://biblioteca.ibge.gov.br/visualizacao/periodicos/45/ca1980pdf. Acesso em: 15 mar. 2019.

IBGE. **Mocajuba**. Rio de Janeiro: IBGE, 2007. Disponível em: https://cidades.ibge.gov.br/brasil/pa/mocajuba/historico. Acesso em: 1 abr. 2018.

IBGE. **Cidades**. Rio de Janeiro: IBGE, 2016. Disponível em: https://biblioteca.ibge.gov.br/cidades. Acesso em: 15 dez. 2018.

IBGE. **Cidades**. Rio de Janeiro: IBGE, 2018. Disponível em: https://biblioteca.ibge.gov.br/cidades. Acesso em: 15 dez. 2018.

ITERPA. Instituto de Terras do Pará: **Relatório** de gestão 2010 e análise do período de 2007-2010. Belém, dezembro de 2010. Disponível em: http://portal.iterpa.pa.gov.br/wp-content/uploads/2020/04/relatorio_iterpa_2010.pdf. Acesso em: 10 maio 2018.

LEÃO, Noemi Vianna Martins; *et al.* **Ilha de germoplasma de Tucuruí:** uma reserva de biodiversidade para o futuro. Brasília: Eletronorte, 20005.

LENIN, Vladimir Ilyich Ulianov. **Obras Completas**. Tradução em espanhol. México: Editora Akal – 34, 1981. Tomo XLII. *Cuadernos Filosóficos*. 1914–1915. *Versão editorial Cartago*. Disponível em: https://historiaycritica.wordpress.com/2012/11/08/lenin-tomo-xlii-cuadernos-filosoficos. Acesso em: 11 ago. 2018.

LIRA, Sérgio Roberto Bacury. A crise do Estado brasileiro e o financiamento do desenvolvimento da Amazônia. **Revista Econômica do Nordeste**, Fortaleza, v. 39, n. 1, p. 7-24. jan./mar. 2008.

LOURINHO, Marcela Pereira. Conjuntura da pimenta-do-reino no mercado nacional e na Região Norte do Brasil. **Enciclopédia Biosfera**, Centro Científico Conhecer, Goiânia, v. 10, n. 18, p. 1016-1031, 2014.

LUCKÁCS, György. **O trabalho**. Tradução de Ivo Tonet. Extraído de Per L'ontologia Dell'essere Sociale. Tradução de Aberto Scarpioni. Roma: Riuniti, 1981. Mimeo. v. 2.

MAGALHÃES, Lívia Diana Rocha.; TIRIBA, Lia. **Experiência:** o termo ausente? Sobre história, memória, trabalho e educação. Uberlândia: Navegando Publicações, 2018.

MARX, Karl. Para a crítica da economia política. *In:* MARX, Karl. **Manuscritos econômico-filosóficos e outros textos escolhidos**. São Paulo: Abril Cultural, 1978. p. 25-54.

MARX, Karl. **O capital**. São Paulo: Fundação Vitor Civita; Nova Cultural, 1996.

MARX, Karl. **Contribuição à crítica da economia política**. Tradução de Florestan Fernandes. 2. ed. São Paulo: Expressão Popular, 2008a.

MARX, Karl. **Manuscritos econômicos filosóficos**. Tradução de Jesus Ranieri. São Paulo: Boitempo, 2008b.

MARX, Karl. **O capital I**. Tradução de Rubens Enderle. São Paulo: Boitempo, 2013.

MARX, Karl; ENGELS, Friedrich. **Ideologia alemã**. Edição Ridendo Castigat Moraes. [S. l.]: Rocket, 1999. *E-book*.

MARX, Karl; ENGELS, Friedrich. Manifesto do Partido Comunista. *In:* BOGO, Ademar (org.). **Teoria da organização política**: escritos de Engels, Marx, Lênin, Rosa, Mao. São Paulo: Expressão Popular, 2005. p. 83-125.

MARX, Karl; ENGELS, Friedrich. **Manifesto comunista**. Edição Osvaldo Coggiola. São Paulo: Boitempo, 2007.

MARX, Karl; ENGELS, Friedrich. **Ideologia alemã**. São Paulo: Expressão Popular, 2009.

MARX, Karl. **18 de Brumário de Luís Bonaparte**. Tradução de Nélio Schneider. São Paulo: Boitempo, 2011.

MCGRATH, David. Parceiros no crime: o regatão e a resistência cabocla na Amazônia tradicional. **Novos Cadernos NAEA**, Belém, v. 2, n. 2, p. 57-72, dez. 1999.

MELLO, Alex Fiúza de. **Marx e a globalização**. São Paulo: Boitempo, 1999.

MELLO, Alex Fiúza de. **Modo de produção mundial e processo civilizatório**: os horizontes históricos do capitalismo em Marx. Belém: Paka-Tatu, 2001.

MÉSZÁROS, István. **Para além do capital**: rumo a uma teoria da transição. Tradução de Paulo Cezar Castanheira e Sérgio Lessa. Campinas: Ed. Unicamp; São Paulo: Boitempo, 2011.

MINAYO, Maria Cecília de Souza. **Pesquisa social**: teoria, método e criatividade. Petrópolis: Vozes, 2001.

MOURA, Clóvis. **Rebeliões da senzala**. São Paulo: Zumbi, 1959.

O'DWYER, Eliane Cantarino (org.). **Quilombos**: identidade étnica e territorialidade. Rio de Janeiro: FGV; Associação Brasileira de Antropologia, 2002.

OIT. **Decreto n.º 5.051, de 19 de abril de 2004**. Promulga a Convenção n.º 169 da Organização Internacional do Trabalho sobre Povos Indígenas e Tribais. [S. l.], 2004. Disponível em: http://www.rcdh.ufes.br/sites/default/files/1989%20Convencao%20 OIT% 20169%20com%20Decreto%205051-2004_0.pdf. Acesso em: 18 nov. 2017.

ONU – Organização das Nações Unidas. **Jovens são metade da população global afetada pela pobreza, alerta relatório da ONU**. [S. l.], 20 set. 2018. [Recurso eletrônico]. Disponível em: https://nacoesunidas.org/jovens-sao-metade-da-populacao-global-afetada-pela-pobreza-alerta-relatorio-da-onu. Acesso em: 15 fev. 2019.

ORGANISTA, José Henrique Carvalho. **O debate sobre a centralidade do trabalho**. São Paulo: Expressão Popular, 2006.

PARÁ. **Anais da Biblioteca e Arquivo Público do Pará**, v. 9, p. 243–319, 1909. Disponível em: http://ufdc.ufl.edu/AA00013075/00007/257j. Acesso em: 1 abr. 2018.

PARANÁ. **Tabaco nicotina**. Curitiba, década de 2010. Disponível em: http://www.denarc.pr.gov.br/ modules/conteudo/conteudo. Acesso em: 26 abr. 2019.

PEREIRA, Edir Augusto (coord.). **Laboratório Programa de Ordenamento Territorial e em Meio Ambiente (Prootma)**, do Campus Universitário do Tocantins/Cametá (UFPA. Sistema de Informação Geográfica (SIG), 2018-2019. Disponível em: http://www.campuscameta.ufpa.br/ index.php/laboratorios/135-laboratorio-prootma.

PINTO, Benedita Celeste de Moraes. **Escravidão, fuga e a memória de quilombos na região do Tocantins**. São Paulo: PUC-SP, 2001.

PINTO, Benedita Celeste de Moraes. **Nas Veredas da sobrevivência**: memória, gênero e símbolos de poder feminino em povoados amazônicos. Belém: Paka-Tatu, 2004.

PINTO, Benedita Celeste de Moraes. **Memória, oralidade, danças, cantorias e rituais em um povoado amazônico**. Cametá: BCMP, 2007.

PINTO, Benedita Celeste de Moraes. Samba-de-cacete: ecos de tambores africanos na Amazônia Tocantina. *In:* **Tambores e Batuques**: Sonora Brasil/Circuito 2013–2014. Rio de Janeiro: Sesc, Departamento Nacional, 2013. p. 28-37.

PISTRAK, Moisey Mikhaylovick [1888–1940]. **Fundamentos da escola do trabalho**. Tradução de Luiz Carlos de Freitas. São Paulo: Expressão Popular, 2018.

PORTAL Amazônia de A Z. **Década 2010**. Disponível em: http://www.amazoniadeaaz.com.br/cidades/o-que-e-breu/. Acesso em: 25 abr. 2019.

PORTELLI, Hugues. **Gramsci e o bloco histórico**. Rio de Janeiro: Paz e Terra, 1977.

PRADO JUNIOR, Caio. **História Econômica do Brasil**. São Paulo: Brasiliense, 2006.

REIS, João José; GOMES, Flávio Santos. (org.). **Liberdade por um fio** – História dos Quilombos no Brasil. São Paulo: Claro Enigma, 2012.

RODRIGUES, Doriedson do S. **Saberes sociais e luta de classes**: um estudo a partir da colônia de pescadores artesanais Z-16 Cametá/ Pará, 2012. Tese (Doutorado em Educação) – Programa de Pós-Graduação em Educação, Instituto de Ciências da Educação, Universidade Federal do Pará, Belém, 2012.

RODRIGUES, Doriedson do Socorro; CASTRO, Osvaldo Luís Martins de Castro. Tecnologias de produção da vida: saberes do trabalho da pesca em comunidades ribeirinhas. *In*: ALVES, A. E. S.; TIRIBA, L. (org.). **Cios da terra**: sobre trabalho, cultura, produção de saberes e educação do campo. Uberlândia: Navegando Publicações, 2022. p.175-189.

SALLES, Vicente. **O negro no Pará**: sob o regime da escravidão. 2. ed. Belém: Secretaria de Estado da Cultura; Fundação Cultural do Pará "Tancredo Neves", 1988.

SANTOS, Milton. **Metamorfoses do espaço habitado**. Fundamentos teórico e metodológico da Geografia. São Paulo: Hucitec, 1988.

SANTOS, Milton. **Por uma outra globalização**: do pensamento único a Consciência Universal. 6. ed. Rio de Janeiro; São Paulo: Record, 2001.

SAVIANI, Dermeval. Trabalho e educação: fundamentos ontológicos e históricos. **Revista Brasileira de Educação**, Rio de Janeiro-RJ, v. 12, n. 34, p. 152–165, jan./abr. 2007. Disponível em: http://www.scielo.br/pdf/ rbedu/a12v1234.pdf. Acesso em: 8 set. 2018.

SAVIANI, Dermeval. **Pedagogia histórico crítica**: primeiras aproximações. 11. ed. Campinas: Autores Associados, 2011.

SCHWARTZ, Yves. A experiência é formadora? **Revista Educação e Realidade**, UFRGS: Porto Alegre, v. 35, n. 1, p. 35-48, jan./abr. 2010. Disponível em: http://

www.seer.ufrgs.br/index.php/educacaoerealidade/article/view/11030/7181. Acesso em: 19 jun. 2018.

SCHWARTZ, Yves. Qual sujeito para qual experiência? **Revista Tempus** – Actas de Saúde Coletiva, UNB; Brasília, v. 5, n. 1, p. 55-67, 2011. Disponível em: http://www.tempusactas.unb.br/index.php/tempus/article/view/916/927. Acesso em: 19 jun. 2018.

SENADO FEDERAL. **Constituição da República Federativa do Brasil [1988]**. Brasília, DF: Editora do Senado Federal, 2015.

SERRÃO, Aldo Conceição Silva; CORREA, Graziela Maia. **Da cultura da floresta a cultura de consumo**: transformações e resistências na Comunidade Quilombola São Luís de Tambaí-Açu. Trabalho de Conclusão de Curso (Graduação em Pedagogia) - Faculdade de Educação, Universidade Federal do Pará, Campus Universitário do Tocantins. Orientador: Prof. Dr. Edir Augusto Pereira. 2011. Núcleo Universitário, Mocajuba, PA, 2011. Mimeo.

SHANLEY, Patrícia *et al*. **Frutíferas e plantas úteis na vida amazônica**. 2. ed. Brasília, DF: Ministério do Meio Ambiente; CIFOR, 2010.

SOUZA, Laura Olivieri Carneiro de. **Quilombos**: identidade e história. Rio de Janeiro: Nova Fronteira, 2012.

SOUZA, Marcileia Wanzeler de. **Os múltiplos espaços de trabalho**: sítio, centro, acomodação e conflito em Mocajuba entre 1970–1990. 2013. Trabalho de Conclusão de Curso (Graduação em História) – Faculdade de História, Campus Universitário do Tocantins/Cametá, Universidade Federal do Pará, 2013.

THOMPSON, Edward Palmer. **A miséria da teoria ou um planetário de erros**: uma crítica do pensamento de Althusser. Rio de Janeiro: Zahar, 1981.

THOMPSON, Edward Palmer. **Tradición, revuelta y consciência de clase**. Barcelona: Editorial Grijalbo, 1984.

THOMPSON, Edward Palmer. **A formação da classe operária inglesa**: a árvore da liberdade. 4. ed. São Paulo: Paz e Terra, 1987. v. 1.

THOMPSON, Edward Palmer. Crawling from the wreckage: the labour process and the politics of production. *In:* KNIGHTS, David; WILLMOTT, Hugh (org.). **Labour process theory**. Londres: The Macmillan Press, 1990. p. 95-125.

THOMPSON, Edward Palmer. **Costumes em Comum**. Estudos sobre a cultura popular tradicional. Tradução de Rosaura Eichemberg. São Paulo: Companhia das Letras, 1998.

THOMPSON, Edward Palmer. Modos de dominação e revoluções na Inglaterra. *In:* NEGRO, Antonio Luigi; SILVA, Sergio (org.). **As peculiaridades dos ingleses e outros artigos**. Campinas: Editora da UNICAMP, 2001. p. 269-281.

TIRIBA, Lia. **Economia popular e cultura do trabalho**. Pedagogia(s) da produção associada. Porto Alegre: Unijuí, 2001. (Coleção Fronteiras da Educação).

TIRIBA, Lia. Cultura do trabalho, autogestão e formação de trabalhadores associados na produção: questões de pesquisa. **Perspectiva**, Florianópolis, v. 26, n. 1, p. 69-94, jan./jun. 2008. Disponível em: https://periodicos.ufsc.br/index.php/perspectiva/article/view/2175-795x.2008 v26n1p69/9566. Acesso em: 13 set. 2018.

TIRIBA, Lia. **Trabalho, educação e produção associada**: fios do "econômico" e do "cultural" na tessitura de relações sociais não capitalistas. 2012. Projeto de pesquisa – Universidade Federal Fluminense, Niterói, RJ, 2012. Mimeo.

TIRIBA, Lia. Fios invisíveis do(s) mundo(s) do trabalho: a experiência à lupa. *In:* MAGALHÃES, Lívia Diana Rocha;TIRIBA, Lia (org.). **Experiência**: o termo ausente? Sobre história, memória, trabalho e educação. Uberlândia: Navegando, 2018a. p. 95-112.

TIRIBA, Lia. Reprodução ampliada da vida: o que ela não é, parece ser e pode vir a ser. **Otra Economía**, Argentina, v. 11, n. 20, p. 54-87, jul./dez. 2018b.

TIRIBA, Lia; FISCHER, Maria Clara Bueno. Espaços/tempos milenares dos povos e comunidades tradicionais: notas de pesquisa sobre economia, cultura e produção de saberes. **R. Educ. Públ.**, Cuiabá, v. 24, n. 56, p. 405-428, maio/ago. 2015.

TRIVIÑOS, Augusto Nibaldo Silva. **Introdução as pesquisas em ciências sociais**: a pesquisa qualitativa em educação. São Paulo: Atlas, 1987.

TUMOLO, Paulo Sergio. O significado do trabalho no capitalismo e o trabalho como princípio educativo: ensaio de análise crítica. **Revista Trabalho Necessário**, UFF: Niterói, v. 1, n. 1, p. 1–21, 2003. Disponível em: http://periodicos.uff.br/trabalho necessario/article/view/2919/2411. Acesso em: 14 set. 2018.

VÁZQUEZ, Adolfo Sánchez. **Filosofia da práxis**. Buenos Aires: Consejo Latinoamericano de Ciências Sociales – CLACSO; São Paulo: Expressão Popular, 2007.

VENDRAMINI, Célia Regina; TIRIBA, Lia. Classe, cultura, e experiência na obra de E. P. Thompson: contribuições à pesquisa em educação. **Revista HISTEDBR Online**, Campinas, v. 14, n. 55, p. 54–72, mar. 2014. ISSN: 1676-2584.

WEBER, Max. **A ética protestante e espírito do capitalismo**. 3. ed. Tradução de M. Irene de Q. F Szmrecsányi e Thomás J. M. K. Szmrecsányi. São Paulo: Pioneira, 1983.

BIBLIOGRAFIA CONSULTADA

AMORIM, Maria Joana Pompeu. **Etnografia do cunvidado:** trabalho e lazer de grupos familiares em Tomásia, Cametá – Pará. 2000. Dissertação (Mestrado em Planejamento de Desenvolvimento) – Núcleo de Altos Estudos Amazônicos, Universidade Federal do Pará, Belém, 2000.

ARROYO, Miguel González. **As matrizes pedagógicas da educação do campo na perspectiva da luta de classes**. Palestra proferida no Evento de Extensão "O Protagonismo dos Movimentos Sociais na Educação do Campo". Curitiba: Universidade Federal do Paraná, 2006. Mimeo.

BRAVERMAN, Harry. **Trabalho e capital monopolista**. 2. ed. Rio de Janeiro: Zahar, 1980.

CAETANO, Edson. Considerações sobre o binômio trabalho e educação: um olhar pantaneiro. **Trabalho Necessário**, UFF:Niterói, v. 9, n. 13, edição especial, p. 1-18, 2011. Disponível em: http://periodicos.uff.br/trabalhonecessario/article/view/6848. Acesso em: 30 mar. 2018.

CIAVATTA, Maria. Trabalho como princípio educativo. *In:* PEREIRA, Isabel Brasil; LIMA, Julio César França (org.). **Dicionário da Educação Profissional em Saúde**. Rio de Janeiro, Escola Politécnica de Saúde Joaquim Venâncio, 2009. p. 408-415.

ENGELS, Friedrich. **A situação da classe trabalhador em Inglaterra**. Tradução de Anália C. Torres. Porto: Afrontamentos, 1975.

FISCHER, Maria Clara. O trabalhador no centro de propostas de pesquisa-formação para o trabalho associado. **Perspectiva**, Florianópolis, v. 26, n. 1, p. 95-117, jan./jun. 2008. Disponível em: http://www.perspectiva.ufsc.br. Acesso em: 27 out. 2018.

FRANCO, Maria Laura Puglisi Barbosa. **Análise de Conteúdo**. Brasília, DF: Liber Livro, 2007.

FRANZOI, Nara Lisboa; FISCHER, Maria Clara Bueno. Saberes do trabalho: situando o tema no campo trabalho-educação. **Trabalho Necessário**, Rio de Janeiro, ano 13, n. 20, p. 147-172, 2015. Disponível em: http://periodicos.uff.br/trabalhonecessario/article/view/8617. Acesso em: 4 set. 2018.

FRIGOTTO, Gaudencio. Educação, crise do trabalho assalariado e do desenvolvimento: teorias em conflito. *In:* FRIGOTTO, Gaudencio. **Educação e crise do trabalho**: perspectivas de final de século. Petrópolis: Vozes, 1998. p. 25-54.

FRIGOTTO, Gaudencio. O enfoque da dialética materialista histórica na pesquisa educacional. *In:* FAZENDA, Ivani. (org.). **Metodologia da pesquisa educacional**. 7. ed. São Paulo: Cortez, 2001. p. 69-90.

FRIGOTTO, Gaudêncio; CIAVATTA, Maria; RAMOS, Marise (org.). **Ensino médio integrado: concepção e contradição**. São Paulo: Cortez, 2005.

GOMES, Flávio dos Santos. Gênero, etnicidade e memória na Amazônia: notas de pesquisas etnográficas em comunidades negras. *In:* ÁLVARES, Maria Luzia Miranda; SANTOS, Eunice Ferreira dos; D'INCAO, Maria Ângela. (org.). **Mulher e modernidade na Amazônia**. Belém: GEPEM/CFCH/ UFPA, 1997. p. 151-180.

GRAMSCI, Antonio. **Concepção dialética da história**. Rio de Janeiro: Civilização Brasileira, 1987.

GRAMSCI, Antonio. **Escritos políticos**. Tradução de Carlos Nelson Coutinho. Rio de Janeiro: Civilização Brasileira, 2004. v. 1.

GUERINO, Mariana de Fátima. **O movimento dos saberes na produção da vida na Comunidade Quilombola Campina de Pedra**. 2013. Dissertação (Mestrado em Educação) – Programa de Pós-Graduação em Educação, Instituto de Educação, Universidade Federal de Mato Grosso, Cuiabá, 2013.

KOPNIN, Pavel Vassílyevitch. **A dialética como lógica e teoria do conhecimento**. Tradução de Paulo Bezerra. Rio de Janeiro: Civilização Brasileira, 1978.

KOSIK, Karel. Dialética da moral e moral da ética. **Revista Civilização Brasileira**, Rio de Janeiro, ano III, n. 15, set. 1967.

KOSIK, Karel. **Dialética do concreto**. Tradução de Célia Neves e Alderico Toríbio. 7. ed. Rio de Janeiro: Paz e Terra, 2002.

MARX, Karl; ENGELS, Friedrich. **Formações econômicas pré-capitalistas**. São Paulo: Paz e Terra, 1991.

MOURA, Clóvis. **Quilombos** — Resistência ao Escravismo. São Paulo: Ática, 1987.

MOURA, Clóvis. **História do negro brasileiro**. 2. ed. São Paulo: Ática, 1992.

NETTO, José Paulo. **O que é o marxismo**. 9. ed. São Paulo: Brasiliense, 2006. (Coleção Primeiros Passos).

NETTO, José Paulo. **Introdução ao estudo do método de Marx**. São Paulo: Expressão Popular, 2011.

NEVES, Camila Emanuella Pereira. **A produção associada em capão verde**: entre bananas, saberes e utopias. 2012. Dissertação (Mestrado em Educação) – Faculdade de Educação, Universidade Federal de Mato Grosso, Cuiabá, 2012.

PAIVA, João Daltro. **Plano Territorial de Desenvolvimento Rural Sustentável do Baixo Tocantins**. Belém: PTDRS/MDA, 2011.

PEREIRA, Edir Augusto Dias. Amazônia tocantina: o território. *In:* OLIVEIRA, José Pedro Garcia; RODRIGUES, Doriedson do Socorro; SILVA, João Batista do Carmo; MENDES, Odete da Cruz (org.). **Educação, ciência e desenvolvimento da Amazônia Tocantina**: Diálogos Científicos. Cametá: UFPA/Campus Universitário do Tocantins/Cametá, 2012.

PINTO, Benedita Celeste de Moraes. **Filhas das matas**: práticas e saberes de mulheres quilombolas na Amazônia Tocantina. Belém: Açaí, 2010.

RODRIGUES, Doriedson do Socorro. Trabalho e educação: investigações em comunidades tradicionais a emergência de um novo. **Revista Trabalho Necessário**, UFF: Niterói, v. 16, n. 31, p. 4-11, 2018.

SANTOS, Lirian Keli dos. **Trabalho, produção associada e produção de saberes na comunidade tradicional IMBÊ-MT**. 2013. Dissertação (Mestrado em Educação) – Programa de Pós-Graduação em de Educação, Instituto de Educação, Universidade Federal de Mato Grosso, Cuiabá, 2013.

SANTOS, Milton. **Economia espacial**: críticas e alternativas. São Paulo: EDUSP, 1978.

SATO, Michèle *et al.* **Mapeando os territórios e identidades do Estado de Mato Grosso**. Cuiabá: UFMT, 2013.

SAVIANI, Dermeval. O trabalho como princípio educativo: as novas tecnologias. *In:* SAVIANI, Dermeval. **Tecnologias, trabalho e educação**: um debate multidisciplinar. Petrópolis: Vozes, 1994.

SILVA, José Bittencourt da. População tradicional amazônida *versus* racionalidade estatal: "Decifra-me ou te devoro". *In:* RODRIGUES, Doriedson do Socorro; SEIBT, Cezar Luís; GARCIA, José Pedro (org.). **Educação e desenvolvimento regional**: desafios e perspectivas. Cametá: CUNTINS/Cametá, 2012. p. 231-258.

TIRIBA, Lia. Cultura do trabalho, produção associada e produção de saberes. **Educação Unisinos**: São Leopoldo, Rio Grande do Sul, v. 10, n. 2, p. 116-122, maio/ago. 2006.

TIRIBA, Lia; FISCHER, Maria Clara Bueno. Saberes do trabalho associado. *In:* CATTANI, Antonio; LAVILLE, Jean-Louis; GAIGER, Luís Inácio; HESPANHA, Pedro. **Dicionário Internacional da Outra Economia**. Coimbra: Almedina, 2009. p. 293-298.

ENSAIO DE GLOSSÁRIO

Acapú – Nome científico: *Vouacapoua americana Aubl*. Da família: *leguminosae caesalpinoideae*. Assim, conforme Leão *et al* (2005, p. 61) trata-se de "[...]Árvore grande, bastante ramificada, de bonito aspecto, com folhagem escura e bela inflorescência, capaz de produzir fustes de 15m a 25m de altura e 60cm a 100cm de diâmetro sem sapopemas". Muito apreciada para construção civil, encontra-se cada vez mais rara, podendo ser considerada como espécie em processo de extinção.

Açaí – Alimento típico amazônico, palmeira (*Euterpe oleracea Mart*.). Atualmente produzido por meio de monocultivos, em larga escala, para suprir as necessidades do mercado e indústria de alimentos, tais como: suco, palmito, entre outros, tanto a nível nacional como mundial (SHANLEY *et al*., 2010, p. 167).

Bacuri – Trata-se, conforme Shanley *et al*. (2010, p. 55), de um fruto cujo nome científico é *Platonia insignis Mart*. O nome bacuri vem da língua tupi-guarani, na qual "ba" significa cair e "curi" significa logo, ou seja, o bacuri é uma fruta que cai logo que amadurece "[...] O bacurizeiro é natural do estado do Pará. [...] Ocasionalmente é encontrado na floresta alta."

Banguê – "O banguê é uma espécie de cantoria acompanhada de dança; é formado por um grupo de pessoas, que cantam em duas vozes, improvisando os versos musicais. Semelhante ao samba de cacete, possui letras que traduzem algum fato pessoal, popular ou regional. Episódios vividos, que musicados, passam de uma geração a outra. Os instrumentos mais comuns que acompanham as melodias do banguê são o roufo, a bandurra, a caixa, o violão, o reco-reco, o bumbo e o pandeiro. É uma dança rápida, saltadinha. Os dançarinos ou casais saem para roda (sala) a fim de dançar de rosto bem 'coladinho' enquanto os bustos e quadris têm que se manter afastados" (PINTO, 2001, p. 340).

Batelão – Tipo de embarcação construída pelos povos da Amazônia, com capacidade média de carregamento de 2.000 kg ou mais. Usada para carregar (no passado) cana-de- açúcar para os engenhos, barro para as olarias, lenha para as caldeiras dos engenhos, para escoar a produção, a exemplo do arroz, milho e produtos do nativo, como maçaranduba, castanha-do-pará, borracha de seringueira, palha de buçu (cobertura para telhado), cipó de timbuí, entre outros produtos, bem como para a comercialização feita pelos regatões, que adentravam as comunidades de difícil acesso. Nesse tipo de embarcação, também se tinha o costume de transportar pessoas falecidas, e as remadas seguiam um protocolo específico para enterro, ou seja, remadas rápidas, com pequenas batidas nas laterais da embarcação. Esse ritmo de remadas era conhecido entre as comunidades ribeirinhas, que ao ouvirem, mesmo a longas distâncias, já identificavam que se tratava de um cortejo fúnebre. Suas características têm como dimensões 15 m de cumprimento e 5 m de largura, e geralmente não eram fundas. Seus remos (em média cinco), conhecidos como faia (cumpridos e estreitos), eram direcionados (no *gingado do faia*) por três remadores, sendo dois que iam na proa, chamados de proeiros, e um na poupa (parte de trás), chamado de piloto, que tinha o papel de não deixar o barco perder a direção nas diversas curvas dos furos, rios e igarapés (Anotações de campo, 2018).

Breu – "[...] (*Protium heptaphyllum March*) é uma árvore comumente encontrada em matas de terra firme, em solo argiloso, da região amazônica, Bahia, Minas Gerais e Goiás. E também no Suriname, Colômbia, Venezuela e Paraguai. [...] A casca, da maioria das espécies, é rica em resina aromática que é utilizada para fins medicinais, em rituais religiosos, como incenso em terreiros, igrejas, ou ainda como material de calefação de barcos. [...] Os principais usos do breu são para acabamentos internos, móveis populares, marcenaria, construção em geral, carpintaria, caixotaria, carvão, entalhes, esquadrias, lambris, cabos de vassoura. [...] Algumas espécies possuem seiva que pode ser utilizada como combustível." (PORTAL AMAZÔNIA DE A Z, s. d.).

Caititu – Embora seja o nome de uma espécie de porco-do-mato amazônico, aqui trata-se de instrumento de produção elétrico, pois, por ser contornado por "dentes" de ferro, que parecem a pelagem dura do animal caititu, assim foi denominado, já que tritura a mandioca. Esse instrumento causou mudança na forma de fazer a farinha tradicionalmente, pois permitiu que não se ponha mais a mandioca na água para amolecer. Com esse processo de trituração, a massa da mandioca vai direto para a prensa, outro instrumento introduzido no lugar do típico **tipiti** (instrumento de trabalho com a mesma função de prensa da massa de mandioca, feito com palha de jacitara – espécie de palmeira amazônica) – para a intensificação da produção da farinha da mandioca (Anotações de campo, 2018).

Casco – Tipo de canoa própria da Amazônia, caracterizada por embarcação de pequeno porte (Anotações de campo, 2018).

Cavaco – Trata-se de telhado de madeira, tradicionalmente produzido com jarana (árvore) (*Holopyxidium jarana*). É produzido de forma rústica. Apesar de difícil, ainda se encontra na comunidade casas cobertas de cavaco, pois proporcionam um ambiente mais agradável, frio (Anotações de campo, 2018).

Cuivara – Processo de trabalho da roça organizado em mutirões. Corresponde ao período de limpeza da roça, após a queima do roçado, em que ficam partes das árvores chamadas de capoeirões (árvores de pequeno porte, que estão em fase de (re)constituição natural de floresta), que são derrubadas e queimadas para que os trabalhadores da roça replantem seus roçados. Esse processo da produção em roças ocorre todos os anos (Anotações de campo, 2017, 2018).

Cumaru – É uma árvore com um perfume agradável e que por isso é utilizada como matéria-prima para a indústria cosmética. Essa árvore possui várias propriedades medicinais, além de ser útil para diversos fins. [...] O nome científico do cumaru é *Dipteryx odorata*. A espécie é pertencente à família das *fabaceae*, leguminosa, e é muito comercializada no presente. Disponível em: https://www.greenme.com.br/usos.beneficios/6617-cumaru-beneficios-como-usar. Acesso em: 25 abr. 2019.

Dendezeiro – Espécie cientificamente conhecida como *Elaeis guinensis Jacq*, é uma palmeira existente nas regiões tropicais e originária da África. A cultura foi introduzida no continente americano a partir do século XV e produz o óleo conhecido no Brasil como azeite de dendê, e no mundo como *palm oil*, sendo utilizado para diversos fins na indústria de alimentos, cosméticos, higiene e limpeza, agroenergia e biocombustíveis. Disponível em: http://www.sedap.pa.gov.br/content/dend%C3%AA. Acesso em: 10 jan. 2019.

Encantados – Trata-se de protetores da natureza, materializados em cobras, botos (lendas do boto-cor-de-rosa, boto-preto, boto-cinza), em aves (lenda da Matinta Perêra), "visages", pedras, correnteza do rio, árvores, peixes, outros animais, amuletos, crendices, ervas medicinais, entre outros (Anotações de campo, 2018).

Estacamento – Deriva da palavra estaca. Segundo o Dicionário Unesp de Português Contemporâneo (BORBA, 2001, p. 550), trata-se de: "1. pilar para alicerce numa construção: Estacas aparentes davam sustentação às paredes. 2. pau aguçado que se finca na terra; cerca de estacas. 3. Haste ou ramo que se coloca na terra para criar raízes: A hortelã só se multiplica por estaca".

Fava – Trata-se, segundo o Dicionário Unesp (BORBA, 2011 p. 601), de "planta leguminosa de pequeno porte, caule aéreo e vagem grande e fruto com aspecto de bainha".

Fórum Mocajubense de Educação do Campo (Formec) – Fundado em 2011 pela Turma de Licenciatura em Pedagogia 2007, Mocajuba, UFPA, em parceira com o Grupo de Pesquisa em Educação do Campo da Região Tocantina (Gepecart), Grupo de Estudo e Pesquisa em Educação do Campo na Amazônia (Geperuaz) e outros movimentos sociais da região do Baixo Tocantins (Anotações de Campo, 2018).

FTM – Fundamentos Teóricos e Metodológicos. Disciplina ministrada no interior de cursos de licenciatura.

Fusarium" – A murcha de fusarium, ou fusariose, causada pelo fungo *Fusarium oxysporum f. sp. vasinfectum*, ocorre no Nordeste brasileiro desde 1935, e em São Paulo desde 1957/58, disseminando-se para outros estados. As variedades plantadas na época eram suscetíveis à doença, o que gerou a necessidade de obtenção de variedades resistentes, pois é essa a única medida de controle economicamente viável. Os sintomas da doença são variáveis, dependendo do grau de resistência da variedade e das condições ambientais. Plantas afetadas são menores, com folhas e capulhos menores. Os sintomas se iniciam pelas folhas basais, que amarelam, secam e caem. Murcha das folhas e morte prematura das plantas ocorre em variedades suscetíveis. Cortando-se o caule ou raiz transversalmente, pode-se notar o escurecimento dos feixes vasculares. Ocorre obstrução dos vasos pela formação de estruturas de barreira pela planta (que tenta se defender do fungo) e presença de micélio e esporos do próprio patógeno, resultando em resistência ao livre fluxo da seiva e, consequentemente, em sintomas de murcha. A disseminação do patógeno pode se dar pela semente e por partículas de terra contaminada, arrastadas pelo vento e pela água. Uma vez contaminadas, as áreas de cultivo permanecem nessa condição por um longo período, pois o organismo sobrevive no solo, produzindo esporos de resistência (os clamidosporos) e sobre restos culturais de algodão ou outros materiais orgânicos. Ao contrário de outras formas de *Fusarium oxysporum*, que são altamente específicas, a do algodoeiro apresenta hospedeiros secundários, como algumas variedades de soja, amendoim, quiabeiro, fumo e alfafa. O fungo possui diversas raças fisiológicas, e apenas o algodoeiro e o quiabeiro são suscetíveis à raça 6, presente no Brasil e Paraguai. Alfafa, fumo e soja são resistentes a essa raça. Em condições ambientais apropriadas, perdas extremamente altas ocorrem quando as cultivares são suscetíveis e os solos pesadamente infestados (BACCHI; GOULART; DEGRANDE, 2001).

Ganzá – Palavra de origem africana, é atribuída ao instrumento musical chocalho em forma de cilindro, com grãos ou pedras soltas dentro (BORBA, 2011). No dicionário Aurélio Online (2018), é atribuído a "1 - Chocalho feito de um cilindro de metal que contém pedras ou sementes. 2 - Tambor feito a partir de um tronco escavado. 3 - Dança acompanhada desse tambor. 4 - O mesmo que reco-reco". Já para os quilombolas do Tambaí-Açu, trata-se de brincadeira em formato de disputa entre dois músicos na composição de pequenos versos sobre assuntos do cotidiano. (Anotações de campo, 2018).

Jarana – Nome Científico: *Holopyxidium latifolium Sinonímea*, é popularmente conhecida por castanha-jarana, jarana-da-folha-grande. Origem: Amazônia brasileira, mais especificamente Pará. Família: *Lecythidaceae*. Altura: até 30 m. Finalidade: a madeira é pesada, dura, de grande durabilidade mesmo quando utilizada em ambientes externos, o que a torna própria para postes, moirões, estacas e dormentes, e ainda, cabos de ferramenta e outras aplicações que precisem de madeira resistente. Os frutos são consumidos por roedores. Disponível em: http://www.maniadeamazonia.com.br. Acesso em: 25 abr. 2019.

Jenipapo – *Genipa americana*, é muito conhecido, principalmente nas regiões Norte e Nordeste do Brasil. Os indígenas guaranis já conheciam e utilizavam de várias formas, na alimentação, para uso medicinal e como tinta. Os quilombolas, entre outros povos do campo, também a usam para fazer licor. Disponível em: https://www.greenme.com.br/alimentar-se/alimentacao/6518-jenipapo-beneficios-como-comer. Acesso em: 26 abr. 2019.

Maçaranduba – Nome científico: *Manilkara huberi*, popularmente conhecida por maçaranduba; maçaranduba-balata (MA), maçaranduba-da-terra-firme (AM), maçaranduba-mansa (EMBRAPA, 201?) Produz também uma espécie de seiva, látex, comercializável.

Maniva – Trata-se, conforme os sujeitos da Comunidade Quilombola Tambaí-Açu, da planta cuja raiz é a mandioca, e dela se faz a farinha de mandioca; seu caule é usado como reprodução da planta, pois de seus pedaços, ao serem semeados, nascem outras plantas. Seu nome científico é *Manihot esculenta Crantz*. A sua raiz (mandioca) é base alimentar dos povos da Amazônia. Suas folhas também são base da culinária amazônica, essas são base/ingrediente, entre outros pratos, da tradicional maniçoba (Anotações de campo, 2018).

Mesorregião nordeste paraense – trata-se de uma das seis que compõem o estado do Pará. Em 2016, segundo o IBGE, sua população foi estimada em 1.942.216 habitantes. É formada pela união de 49 municípios, agrupados em cinco microrregiões, a saber: Bragantina ou Caetés, Cametá, Guamá, Salgado, Tomé-Açu (IBGE, 2016).

Monocultivo intensivo da pimenta-do-reino – Trata-se da própria descrição da forma de trabalho operada nos pimentais, em que as atividades de trabalho são fragmentadas e repetitivas, configurando-se com elementos dos moldes taylorista-fordista, analisados nesta exposição. Assim, entende-se por monocultivo intensivo a característica de se produzir algumas espécies vegetais, em larga escala, desconsiderando outras culturas, ou seja, plantando-as em formato de linhas e espaçamentos que facilitam o trabalho de limpeza, colheita etc. Nos pimentais, o trabalho fragmentado é direcionado pelo dono (patrão) ou gerente, e por meio desses se faz o recrutamento das/dos trabalhadores/as para produzir as seguintes etapas: **1. Limpeza da área** – onde serão plantadas as pimenteiras, feita no período em que as chuvas cessam; por ainda se usarem da queima para limpeza da área, essa etapa causa grande impacto ambiental; **2. Derrubada de árvores** (específicas) e extração das estacas; **3. Empinação das estacas** – exige muita força de trabalho e é feita de maneira totalmente manual; **4. Produção de mudas** – exige espaço específico e técnica adequada, diante da necessidade da delicadeza no trato, e dedicado cuidado; **5. Plantação das mudas** – exige muita força de trabalho e técnica adequada; **6. Limpeza dos pimentais** – no passado, essa etapa do trabalho era feita com enxada; nos dias atuais se trabalha com máquina-roçadeira, movida à gasolina, que aligeira o processo, já que, principalmente no período das chuvas, o trabalho da limpeza necessita ser feito várias vezes. O processo da limpeza exige técnica, pois pode danificar a planta, ou seja, a pimenteira; **7. Replantação de mudas** – os pimentais dependem bastante dos fatores climáticos. Geralmente, dependendo da rigorosidade do período seco, as pimenteiras morrem, e são replantadas no período chuvoso. Esse trabalho exige técnica, pois há recomendações específicas sobre o lugar onde se planta e se aduba; essa etapa do trabalho é feita geralmente por homens; **8. Adubação** – o processo de adubação do pimental exige bastante mão de obra. As/os trabalhadoras/es se dividem em duplas, um carrega o adubo (no carrinho de mão) e outro aplica a adubação na planta (pimenteira). Ressalta-se que, no processo de adubação, há diferença entre grandes produtores e pequenos produtores da agricultura familiar, já que na agricultura familiar geralmente prevalece a adubação orgânica, de custo baixo, acessível ao pequeno produtor, e os grandes pimentalistas aplicam a adubação química, que exige grande investimento financeiro; **9. Amarração das pimenteiras** – após o processo de adubação, os/as trabalhadores/as, em menor quantidade, fazem a amarração, pois, por serem trepadeiras, tem-se o cuidado de amarrá-las nas estacas, para que elas se agarrem mais rápido à madeira, sustentando, assim, os cachos de pimenta-do-reino. Essa etapa é feita geralmente por mulheres. Cada pimenteira em fase de colheita produz em média 3 kg; **10. Irrigação** – no passado, a necessidade de irrigação dos pimentais não se operava, pois os períodos regulares de chuva supriam o cultivo. Entretanto, observa-se atualmente que devido às mudanças climáticas, causadas também pelos desmatamentos, que afetam a regularidade das chuvas, vem se condicionando a criação de formas de se manter a umidade nos pimentais, nos períodos de estiagem. Assim, os grandes produtores já usam sistemas automáticos de irrigação, por meio de engenharia hidráulica especializada. Ressalta-se, porém, que esses sistemas têm custo-produção elevado, e os pequenos agricultores familiares optam por sistemas alternativos e orgânicos, como manter a umidade por meio de cobertura nos plantios tanto por cima como no solo, com folhagens secas, caroço de açaí, entre outras formas. Configura-se, dessa forma, que os sistemas de irrigação automáticos não são para todos e causam grandes impactos ambientais, pois exigem grande volume de água para que se processe; **11. A colheita** – o processo da colheita é o que mais exige mão de obra. No passado, envolvia, segundo os sujeitos entrevistados, famílias inteiras, incluindo crianças, pois trata-se da etapa do trabalho no pimental que não necessita de técnica especializada, e até os dias atuais a colheita recruta bastante mão de obra. A colheita acontece em paralelo à **(12.) limpeza dos grãos**, feita em espécies de peneiras, e posteriormente são postos ao sol para a **(13.) secagem em lonas**, revirados de tempo em tempo, com uma espécie de rodo, e após alguns dias são **(14.) ensacados**, **(15.) pesados, (16.) armazenados** e levados à **(17.) comercialização; 18. Poda de formação das pimenteiras** – ou seleção das mudas, também é uma etapa fundamental do trabalho nos pimentais, pois ajuda na formação das pimenteiras. Etapa feita no mês de novembro, já que o clima se torna mais ameno e propício para que as plantas se recuperem na chegada do período de chuvas; **19. O pagamento** – Os/as trabalhadores/as recebem o pagamento (salário) do trabalho produzido, geralmente por semana (seis dias) ou quinzena. No período da colheita, o pagamento do seu trabalho varia de acordo com a produção do que se colhe. O quilo colhido é pago atualmente entre 15 e 20 centavos. A jornada de trabalho se dá em média de 8/9h por dia, iniciando às 7h e finalizando às 17/18h, com uma única parada para o almoço (12h), retornando no período da tarde, a partir das 13h em diante (Anotações de campo, 2018).

Mucajá – Fruto amazônico (nome científico: *Acrocomia aculeata*), da culinária amazônica. Principal ingrediente do conhecido mingau de mucajá. Curiosa e tradicionalmente vendido no Dia de Finados, em frente ao cemitério de Mocajuba (Anotações de campo, 2007).

Muruci – *Byrsonima crassifolia* é uma árvore da família Malpighiaceae, ordem Malpighiales. Murici vem do tupi-guarani e quer dizer "árvore pequena". Com esse fruto, podemos fazer sucos, cremes e licor. (Disponível em: https://www.greenme.com.br/usos-beneficios/6064-murici-beneficios-saude-muito-mais. Acesso em: 26 abr. 2019).

Mutirões quilombolas – Também chamados pelos quilombolas de muxirum, cunvidado ou: "Putirum é uma forma de trabalho coletivo caracterizado pelo sistema de troca de dias; na região do Tocantins ganhou regras ritualizadas de antigos quilombos que tinham por finalidade celebrar e partilhar em grupos tarefas dos trabalhos das roças, principalmente as do plantio da roça de mandioca. Nos povoados de Mola e Tomázia, no município de Cametá, onde esta prática cultural ainda se faz presente, homens e mulheres e crianças transformam-se em atores de uma peça teatral. À véspera do Convidado, à noite, parentes, vizinhos e amigos reunidos rezam uma ladainha, que é oferecida ao 'santo advogado do dono do cunvidado', em seguida se divertem dançando o samba-de-cacete. Enquanto os participantes do convidado se divertem, embalados pela música, pela pinga, pelo estrondar convidativo e rústico dos tambores do samba-de-cacete, familiares do dono do roçado se encarregam de preparar toda a alimentação a ser distribuída no dia seguinte. Pela manhã, após um reforçado café com beiju ou bolacha, mingau de arroz e feijoada com bucho e mocotó, inicia-se o convidado ou Putirum, quando, após uma breve oração de 'pedido de proteção e encomendação dos trabalhos a Deus' e santos venerados, que é rezada na beira da roça, entram em cena os atores (como capitua, pastoras, soldados, cavadores de cova, general das flores, sangueiro e guaxini) para uma animada, fantástica e amistosa batalha entre homens e mulheres. O trabalho todo transcorre ao som de músicas, versos e gritos de incentivos, próprios do Convidado, nos quais a regra para a vitória consiste na destreza dos soldados no ato de abrir as covas e na rapidez das pastoras em jamais deixar a cova sem muda. O fim do Convidado, assim como o alcance da vitória, é demarcado pela conquista de uma bandeira, símbolo do convidado ou Putirum, que foi plantada pelo dono do convidado no fim do roçado" (PINTO, 2007, p. 42).

Olho d'água – Lugar onde mina água cristalina, fonte de água, nascente de rio ou olho d'água (Anotações de campo, 2018).

Paricá – Espécie de nome científico *Shizolobium amazonicum*, possui aceitação do comércio madeireiro por apresentar rápido crescimento, fuste reto e madeira com elevada cotação no mercado interno e externo; vem sendo bastante cultivada pelas empresas madeireiras das regiões Norte e Nordeste do país, principalmente nos estados do Pará e Maranhão (Disponível em: http://www.ciflorestas.com.br. Acesso em: 12 abr. 2019).

Pimenta-do-reino – É uma planta denominada cientificamente *Piper nigrum L.*, classificada como *commodity*, ou seja, "[...] produtos que são produzidos para serem transacionados unicamente no mercado – nesse caso específico, no mercado internacional – e está associado a um tipo de organização da produção que representou historicamente a integração das economias e sociedades periféricas à divisão do trabalho no sistema capitalista internacional" (CALDART et al., 2012, p. 136).

Pretas e pretos velhos – Trata-se de termo que reporta à ancestralidade africana, que tem os Pretos-Velhos e as Pretas-Velhas como representação da *ancestralidade e sabedoria*. Carregam em suas memórias a produção da vida das *terras de pretos*. Disponível em: https://www.geledes.org.br/ancestralidade-ago-meus-pretos-velhos. Acesso em: 25 abr. 2018.

Regatão – "O regatão é um comerciante ambulante que viaja entre centros regionais e comunidades rio acima, comercializando mercadorias para pequenos produtores caboclos e comerciantes do interior em troca de 'produtos regionais', agrícolas e extrativistas. O regatão tem uma história longa e controvertida na Amazônia: de um lado, é visto como um pioneiro heroico, trazendo a civilização para produtores isolados na floresta (GOULART, 1968); de outro, como um atravessador sem escrúpulos, explorando os pobres da zona rural e roubando comerciantes locais em seus negócios (PENA, 1973). Mas apesar das diferenças de opinião, ninguém tem dúvida da importância do regatão para a sociedade e a economia amazônica. Junto do caboclo e seu patrão, ele formava a base do sistema de aviamento e o nexo da luta para controlar o excedente que o sistema produzia. Jogando nos dois lados da luta entre caboclo e patrão, o regatão tem sido uma força decisiva em vários períodos da história econômica e social da Amazônia, ajudando a construir, manter e, mais tarde, desmantelar o sistema mercantil que dominou a região até os meados do século vinte" (MCGRATH, 1999, p. 57).

Samba-de-cacete – Para Pinto (2013, p. 32): "[...]É uma espécie de batucada com participação de todos os presentes naquele momento, vem da improvisação, onde as músicas surgem livremente no momento, ou, então, canta-se as já tradicionais, passadas de uma geração para outra. Recebe o nome de samba de cacete porque os únicos instrumentos musicais são dois tambores, ou tambouros, como também é comumente denominado na região, de aproximadamente um metro e meio de comprimento, feitos pelos próprios habitantes das povoações negras rurais a partir de troncos ocos de árvores resistentes, como jareua, acapu, maçaranduba e cupiúba, os quais são ritualisticamente escavados no interior, tendo em uma das extremidades um pedaço de couro amarrado com cipó ou corda de curuanã, além de quatro cacetinhos de madeira. No momento do samba sentam-se em cima de cada tambor dois batedores, também chamados de tamborineiros ou caceteiros, que ficam de costas um para o outro. Aqueles que ficam do lado que tem o couro batucam com as mãos e os que ficam na outra extremidade batem com os cacetinhos. Os batedores cantam as estrofes das músicas enquanto os dançarinos e as dançarinas, em tons unissonantes, fazem o coro. As letras das músicas são constantemente voltadas à vida cotidiana dos habitantes das povoações remanescentes de quilombolas. Estão relacionadas a temas como trabalho, louvação aos santos, modos de resistência, defesa da natureza e encantos e desencantos amorosos. Podem ser improvisadas ou tradicionais, sendo essas últimas transmitidas oralmente entre as gerações. A melodia, assim como a dança, começa em ritmo lento e vai evoluindo até tornar-se alucinante. A dança é solta, as mulheres geralmente giram em torno de si mesmas, gestualizando conforme a letra da música, esquivando-se para que os cavalheiros não consigam tocá-las. Estes, por sua vez, gingando ao ritmo da música, tentam, sem sucesso, tocar os pés das damas. O samba de cacete também é conhecido na região do Tocantins como siriá, devido a sua música mais 'tradicional' intitular-se 'Siriá'. [...] O samba parece ser nos povoados negros rurais, acima de tudo, uma saudação ao trabalho, uma vez que o momento que antecede cada pausa do samba de cacete é denominado fornada, uma alusão a um dos atos da feitura da farinha de mandioca, quando a massa ao secar no forno é denominada pelos roceiros e roceiras da região tocantina de fornada".

Tabaco – O tabaco é uma planta cujo nome científico é *Nicotiana tabacum*, da qual é extraída uma substância chamada de nicotina. Começou a ser utilizada aproximadamente no ano 1000 a.C., nas sociedades indígenas da América Central, em rituais mágico-religiosos, com o objetivo de purificar, contemplar, proteger e fortalecer os ímpetos guerreiros. Além disso, esses povos acreditavam que essa substância tinha o poder de predizer o futuro. A planta chegou ao Brasil provavelmente pela migração de tribos tupis-guaranis. A partir do século XVI, seu uso foi introduzido na Europa por Jean Nicot, diplomata francês vindo de Portugal, após ter-lhe cicatrizado uma úlcera na perna, até então incurável. No início, utilizado com fins curativos, por meio do cachimbo, difundiu-se rapidamente, atingindo Ásia e África no século XVII. No século seguinte, surgiu a moda de aspirar rapé, ao qual foram atribuídas qualidades medicinais, pois a rainha da França, Catarina de Médicis, o utilizava para aliviar suas enxaquecas. No século XIX, surgiu o charuto, que veio da Espanha e atingiu toda a Europa, Estados Unidos e demais continentes, sendo utilizado para demonstração de ostentação. Por volta de 1840 a 1850 surgiram as primeiras descrições de homens e mulheres fumando cigarros, porém somente após a Primeira Guerra Mundial (1914 a 1918) seu consumo apresentou grande expansão (PARANÁ, 2010).

Tambaí-Açu – Na língua tupi-guarani, a palavra ta+api ou tambá = fundo + í (y) = água, portanto água-funda, ou rio profundo. Enquanto a palavra açu = grande, comprido, longo. Assim, concluiu-se que Tambaí-Açu significa rio profundo e comprido. Em termos geográficos, trata-se de rio secundário, afluente do rio Cairarí, município de Moju (PA). (Disponível em: https://www.dicionariotupiguarani.com.br. Acesso em: 12 mar. 2018).

Taylorismo – Conforme Mészáros (2011, p. 977), trata-se de: 1) fragmentar profundamente as tarefas e as habilidades de trabalho, expurgando, assim, a habilidade da força de trabalho, de forma a minimizar, e até anular, o poder de controle dos trabalhadores e designar as tarefas fragmentadas a alguma maquinaria à qual os trabalhadores se fixem como meros apêndices. Ao mesmo tempo, 2) a questão da intensidade pode ser em parte administrada por meio de dispositivos instrumentais, como a linha de montagem veloz, que – junto da maioria dos métodos e técnicas organizacionais industriais exploradores, como o taylorismo – força os trabalhadores a aplicar suas energias até a exaustão (acelerada pela extrema monotonia das detalhistas tarefas executadas); e, em parte, pela compulsão econômica e/ou política imposta ao trabalho, sob o domínio do capital, pela regulamentação da extração de trabalho excedente.

Taylorismo-fordismo – Conforme Antunes (2009, p. 38-39), entendemos que, "De maneira sintética, podemos indicar que o binômio taylorismo/fordismo, expressão dominante do sistema produtivo e de seu respectivo processo de trabalho, que vigorou na grande indústria, ao longo praticamente de todo século XX, sobretudo a partir da segunda década, baseava-se na produção em massa de mercadorias, que se estruturava a partir de uma produção mais homogeneizada e enormemente verticalizada. [...] Esse padrão produtivo estruturou-se com base no trabalho parcelar e fragmentado, na decomposição das tarefas, que reduzia a ação operária a um conjunto repetitivo de atividades cuja somatória resultava no trabalho coletivo produtor dos veículos. [...] Uma linha rígida de produção articulava os diferentes trabalhos, tecendo vínculos entre as ações individuais das quais a esteira fazia as interligações, dando o ritmo e o tempo necessários para a realização das tarefas".

Timbuí – Cipó usado para amarrar sacas, fazer paneiros e vassouras. Usado também para amarrar pimenteiras, bem como para chás, rituais religiosos. Algumas lendas amazônicas, como a do Curupira, reportam-se ao cipó timbuí como aquele que o engana, ao servir como fio para amarrar os pedaços de pau, bem amarrado com a ponta para dentro, para o Curupira não conseguir desamarrar. O cipó timbuí assim é denominado pelos povos do campo como resistente, e por essa característica foi muito comercializado. Atualmente escasso nas matas da Comunidade Quilombola Tambaí-Açu (Anotações de campo, 2018).

Uxi – Trata-se, segundo Shanley *et al.* (2010, p. 151), de um fruto cujo nome científico é *Endopleura uchi (Huber) Cuatrec*. A árvore desse fruto conhecida por uxizeiro é grande, com cerca de 25 a 30 m de altura, 1 m de diâmetro ou 3 m de rodo. O uxizeiro é originário da Amazônia brasileira. É uma espécie silvestre da mata alta de terra firme e ocorre frequentemente as regiões dos Furos [rios e igarapés].

Xerimbabos – Palavra indígena tupi-guarani que significa: animal domesticado e/ou tornado animal de estimação (BORBA, 2011).